KB090622

한국인이 잊은 문화·역사·인문학 총서

한국인 자부심

더 코어랑

"인류 문화의 고향과 그 근원을 갈구하는
세계인에게 이 책을 드립니다!"

"후세에.
이 책을 잡고 우는 사람이 있다면,
내 넋이라도 한없이 기뻐하리라!"

−북애자(北崖子)의 *규원사화

박종원 작가는 다복한 가정에서 부족함 없이 성장했으나 어릴 적, 국민소득 68 $의 대한민국의 존재감에 비감한다. 언어학·문학·문자·역사학·민속학·인류학 등의 연구를 통해 우리 땅의 문화(文化)가 인류를 숨 쉬게 했던 '시원문화'였고 '중국은 한국의 일부였다'는 사실과 그 속에 질식해 있는 한국의 불쌍한 역사(歷史)를 알게 된다.

누구도 보지 못한 한국의 웅혼한 역사와 아름다운 문화로 작가는 갈등의 우리 사회를 바꾸고 세계의 존중받는 국가가 되어 우리 땅의 평화를 원한다. 문제는 이 땅의 무책임이다. 작가는 지금 '역사의병'(義兵)으로서 역사광복을 함께 이룰 동지를 간절히 원하고 있다.

추천의 글 | ENDORSEMENTS

백산 박성수

한국학중앙연구원(한국정신문화연구원) 명예교수 · 국제평화대학원
대학교 총장 · (사) 대한사랑 초대이사장 · 대한상고사학회 공동대표

이 책을 권하면서 – '머리맡에 두고 읽어야 할 책'

2008년에 노벨 문학상 수상자인 프랑스 작가는 서울의 어느 여자
대학의 석좌교수와 기자들의 한국문학에 대한 질문을 받고서 "일본
과 중국 같은 강대국 사이에 에워싸여 있으면서 **용케도** 한국은 독자
적인 문학을 발전시켰다." 라고 답하였다. 나는 이 기사를 읽고 경악
을 금치 못했다. 문학은 문화의 핵심임으로 문학을 문화로 바꿔도 상
관이 없을 것이다. 프랑스인이 한국에 독창적인 문화(文化)가 있었다
는 것을 시인한 것은 고마운 일이었지만, '한국이 대국(?) 사이에 끼
어 어떻게 독자적인 자기 문화를 발전시킬 수 있었는가?' 하는…

그릇된 인식에서 놀라운 충격을 금할 수 없었다!

하기야 한국을 대표하는 양심적인 지식인으로 유명했던 H씨는
*〈뜻으로 보는 한국사〉에서 "**우리나라에는 민족고유문화가 없었다.**
있었다면 **밀림에서 발가벗고 나와 북치고 춤추는 야만인의 원시문화**
였다. 그러니 **그것은 문화가 아니다.**" 라고 폭언한 일이 있었다.

이러한 책이 지금도 서점에서 버젓이 팔리고 있고 장기베스트셀러

의 대열에 있으니, 외국인에게 무어라고 변명할 여지가 없는 것이다.
참으로 부끄러운 일이 아닐 수 없다!

일제침략사관이 문제라 하면서 앞대문에 나타난 호랑이의 습격에 대비하고 있었는데, 얼마 전부터는 뒷문에 중국의 '**동북공정**'이라는 **이리떼**가 나타나 놀라게 했다. 그리고 미처 대비하기도 전에, 중국은 고구리(려)와 백제, 신라, 발해의 역사가 모두 중국사의 일환이며 **고조선 역사까지도 중국의 역사라 선언**하고 말았다.
우리나라의 학자들은 그동안 무엇을 하고 있었는가?

제 나라가 아무리 부족한 나라라 할지라도, **자신의 뿌리문화와 뿌리역사를 알아야 당당할 수 있고 세계는 그를 인정하는 법**이다. 우리에겐 중국과 일본의 문화와 다른 고유의 민족문화가 있는데, 그것은 **동양은 물론 세계의 중심문화(中心文化)**였다. 그런 훌륭한 문화를 가지고도 그것을 모르면 아무 소용이 없다. 우리 문화는 이미 세계화된 문화이다. 좁고 답답하고 오만한 민족주의 문화가 아니라 **겸손하고 아름다운 세계보편적인 문화**이다. 그런 문화를 가지고서도 우리는 외래문화에 오염되어 상처투성이로 살고 있다.

단재 신채호(丹齋 申采浩, 1880-1936)는 "지금 우리는 서양문화와 사상을 받아들이고 있는데 장차 그 노예가 되어 **민족문화는 영영 소멸하고 말 것인가?**" 하고 물었다. 우리가 비록 양복을 입되 우리의 정신문화는 우리 것으로 단장되어야 한다.

서양문화를 받아들이되 우리 문화를 잊어서는 안 될 것이다.

이 책은 바로 한국인이 잊어버린 아(我나)와 오(吾우리)를 알게 하는 책이다. 잃어버린 본(本. 근본, 정체성)을 깨닫게 하는 책이다. **이 책을 읽지 않으면, 내가 누군지를 모르고 일생을 마치게 될 것이다.**

이 책은 서가에 꽂지 말고 머리맡에 두고 눈만 뜨면 읽어야 할 책이라 감히 추천한다.

(고인이 되신 박성수 교수님께서 *한국인 자부심 문화열차의 원고를 보시고 **"내가 쓰고 싶었던 책이다. 이 땅의 시원문화로써 우리가 세계의 중심문화였음을 꼭─ 밝혀 책을 완성하라!"** 하시던 遺志를 받들고 교수님 가족의 동의를 얻어 추천의 글을 싣습니다.)

이계진

방송인, 전 국회의원, 당 대변인

다변화하는 세계 속에서 지금 대한민국의 위상 또한 격변하고 있다. 미·중의 패권 경쟁과 미·중·일·러 4강체제에서 **국가의 생존과 존엄성을 지켜내기 위한 한국의 절대적인 존재감**은 무엇일까? 우린 왜, 저들처럼 당당할 수 없을까? 우린 언제까지 저들의 힘과 무례함에 휘둘려야 하나?

그러나 우리나라는 함부로 할 나라가 아니다!
우리에겐 세계의 문명에 빛이 되었던 아름다운 문화와 문명이 있었다.

조상이 물려주신 이 땅이 **저들 문명에 산모역할을 했던 문명·문화의 시원국**이었음을 우리 스스로가 먼저 깨닫고 저들에게 인식시킬 수 있다면, 군사적으로 좀 열등해도, 땅과 경제규모가 작더라도, 비록 인구가 적더라도 저들에게 존중(尊重)을 이끌 수 있지 않을까! 아름답고 품격 있는 **제 문화를 모르기에** 자신감이 없고 **당당했던 역사를 버렸기에** 남의 인정이나 바라면서 스스로 위축되었던 것이다.

시급히 당당하고 아름다웠던 우리 문화에 대한 소양을 갖춘 인재를 체계적으로 키워 나가야 한다. 그래서 우리 한국이 찬란했던 문화적 자존심을 되찾아 **품격(品格)을 갖추어서 존중 받는 나라**로, 변칙이 아닌 **원칙과 상식이 통하는 정의로운 나라**, 우리의 아들딸들이 조상의 혼을 느끼며 자랑스럽게 생각하고 그래서 **조국을 사랑할 수 있고 세계인의 존경을 받을 수 있는 나라**이기를 꿈꿔 본다.

수많은 역사 왜곡으로 굴종된 우리의 역사 속에서 심원한 시원문화를 더듬어 겨레의 정체성을 복원하려는 저자의 발상과 노력에 경의를 표한다. 저자는 역저 *한국인 자부심 문화열차에서 **우리나라가 얼마나 크고 소중한 가치를 간직한 자부심의 나라였는지를 조상의 혼으로 감동**시켰다.

이제 이 땅의 문명과 문화가 **우리가 아는 것보다 훨씬 더 장엄하고 크게 세계를 감동시켜왔음을** 〈한국인 자부심 시리즈〉인 *더 알씨랑, *더 물이랑, *더 코어랑, *더 아리랑 으로 이어지는 거대한 서사시로 밝혀낸 것에 대해 진심으로 축하와 감사를 드린다.

밖으로 한류(K-wave)가 세계를 감동시키고 있지만, 강대국의 일방적인 경제적·정치적 보복과 압력은 지금, 한국인으로 하여금 올바른 정신을 갖추어 **정체성의 패러다임을 바꿀 것을 시대사명**으로 하라고 한다. 나아가 역사 앞에 애국적인 분노가 필요함을 일깨운다. 그래서 우리의 선조가 결코 **인류문명의 조역이 아닌 주역**(主役)**이었으며 문화의 주인**(主人)이었음을 크게 깨달아 당당해져야 한다.

끝으로 **우리의 후손에게 당당한 한국인으로**, 존경받는… 부모로, 정의롭고 아름다운 미래를 살아가게 하고 싶다면, 이 땅의 정치가는 물론 각계각층의 지도자나 어른들이 먼저 *한국인 자부심 더(The) 시리즈의 필독을 진심으로 권한다.

이돈희

전 교육부장관, 전 민족사관고등학교장

우리나라에서는 그리스·로마신화를 알면, 품위 있는 사람으로 인정받아도 **우리의 신화**(神話)**를 말하면, 마치 미신을 믿는, 격이 떨어지는 사람**으로 폄훼하고 만다. 정작 **제 뿌리와 신화**는 알지도 못하면서! 국적 있는 교육이 이루어지고 있지 않다!

그래서 우리의 아들과 딸들은 **교육을 받아가면서 오히려 조상을 자랑스럽게 생각하지 않고** 우리나라를 사랑하지 않게 되는지 모른다. 이것이 우리의 교육현실이고 우리 사회의 모습이다.

진정한 세계화를 위해선 우리를 먼저 알고 세계로 나아가야 하는 것임에도 우리의 유학생들은 정체성에 대한 아무런 준비와 고민 없이 해외로 나가고 있다. 그래서 설혹 나름의 성공이 있을지언정 우리 모두의 기쁨으로 여겨지지 않고 있다. 심지어 조국을 버리고 외국에 귀화하며 '세계화'라고 자부하기까지 한다. 우리의 **뛰어난 인재들이 해외에 수없이 내던져지고 있다.**

우리에게는 스스로 **한국인임을 감사하며** 세계에 감동을 주는 강한 **글로벌 인재가 필요하다.** 그런데 우리의 피엔 **인류의 첫 문명과 첫 문화를 일구어내었던 DNA가** 흐르고 있다. 이제 한국인의 정체성 속에 들어 있는 문화의 잠재력을 깨닫게 하여 **큰 한국인, 큰 세계인으로 성장할 수 있는 기회를** 주어야 한다.

명저인 *한국인 자부심 문화열차에 이어 '더(THE) 시리즈'로 **이 땅의 시원문화의 자부심을 밝혀낸** 저자의 노고에 경이와 함께 힘찬 응원을 보낸다.

이제 **내 아들딸이 제 조상과 역사를 존중하고 나라를 사랑하게** 하고 싶다면, 해외의 많은 동포가 문화적 자긍심을 갖고 제 조국을 사랑하게 하고 싶거든 또한 **외국에 한국의 문화적 역량과 찬란한 역사를 알리고 싶다면,** 부디 이 책부터 읽기를 권한다.

박종명

시인, 前 예일여고 · 여중 교장 (사)시사랑문화인협의회 이사

생각이 다르고 느낌이 같지 않다면, 피를 나눈 형제나 겨레라도 언젠

가는 남이 되어버리는 것이다. 언제인가부터 우리 사회는 각기 다른 곳을 보면서 다른 생각을 하고 나와 같지 않다고 불평만 하며 **'우리' 를 마음에서 내려놓은 것** 같다.

우리가 제 역사의 끈을 놓아버렸기 때문은 아닐까? 그래서 남의 신화를 마치 우리의 것인 양 착각하고 정작 우리의 신화는 '미신'이라며 구석에 던져버린 것은 아닐까? 신화가 없기에 우리에겐 금기(禁忌) 또한 없어지고 그래서 **어른도 스승도 무서운 것도 없이 치닫는 힘든 사회**가 되었다. 그래서 종로의 인사동에서마저 우리의 문화를 지켜내지 못한 지 오래되었다. **근본도 모르는 한국**이 되어버린 것 같아 마음이 쓸쓸할 뿐이다. 심지어 민족주의와 국수주의마저 분별 못하는 수준까지 되어서 개천절(開天節)에 국가의 원수인 대통령이 참석하지 않는 유일한 나라가 되었나 보다.

역사와 문화를 찾지 않은 한, 우리는 **세계사의 객쩍은 손님일 뿐**이요, 우리의 시(詩)는 고향을 잃은 통곡일 뿐이다. **문화**는 시멘트와 같아서 **사회와 겨레를 '우리'로 '하나'로 결속시켜주는 힘**이 있는 것이다. 나는 우리 겨레가 인류의 시원문화를 이끌어 온 문화대국으로서의 정체성을 깨닫고 자긍심과 자신감 속에 힘찬 맥박을 이어갔으면 한다.

마침 한류(K-wave)로 인해 KOREA의 언어와 문화콘텐츠에 궁금해하는 이즈음, **이 땅의 배꼽문화와 언어에서 인류시원의 문화**(역사)**를 찾아내 한국의 진정한 정체성을 밝히고 인류의 문화의 메카를 찾아낸** 작가의 혁신적 집필과 용기에 큰 박수를 보낸다.

첫 번째 책인 〈한국인 자부심 문화열차〉가 세상에 나온 지 벌써 6년이 지났다. 이제 4권의 책으로 '**우리의 문화가 세계의 시원문화였음**'을 밝히는 책을 완성하여 차례차례 나온다 하니, 벌써부터 설레는 마음뿐이다. 작가의 끝없는 겨레사랑과 그간의 노고에 깊은 박수를 보낸다.

"독일이 왜 패했는가? 군대가 약해서가 아니다.
독일인 모두가 도덕적으로 타락하고 이기심이 가득차 있었기 때문이었다.
교육을 통해 국가혼(魂)을 길러야 한다.
내일로 미루지 말고 지금 당장 실천하자."
'독일국민에게 고함' (獨)철학자 피히테(Johann Gottlieb Fichte 1762~1814)

작가의 말 | PREFACE

"너는 누-구냐?" 라고 물었을 때, "나는 누-구다!" 라고
답할 한국인은 몇-이나 될까?

· **한국인에게 역사(歷史)는, 고향(故鄕)은 있는가?**
· 한국인의 **참 정체성을 알 수 있는 문화 · 역사책은 있는가?**
· 고금(古今)이 절단된 우리의 역사는 **진정한 역사인가?**
· 우리 한국인에게 '함께 소중히 받들고 가야 할 **무엇**'은 있는가?

BTS의 '아리랑' 노래에 세계인은 떼창과 추임새로 환호하고 세계
는 반전과 평화, 화합과 치유를 소망한다. 시대와 장소, 장르와 언어
와 인종을 뛰어넘어 지구를 하나(one)로 만들고 있는 우리의 문화(文
化)! 그(The) 거대한 세계성(世界性)의 원천은 무엇일까?

세상에 존재하는 것들은 존재감으로 살아간다. 그렇다면 우리는
살아있는 것일까? 한국인을 애틋한 마음으로 챙겨 줄 **어머니**(시조모)
와 고향, 한국인의 영혼이 쉴 집인 신화(神話)는 있는가?

세계의 학자들은, 우리 땅을 만 년이 넘는 '인류시원의 땅'이라 하
는 데도, 한국인은 2천 년, 길어야 3천 년이라며 제 역사를 낮추며 지
구에서 유일하게 자신의 땅과 조상(祖上)을 부정하고 있다.

그래서 세상의 주인 역사를 잊고 세상 밖에서 영웅을 찾고 뿌리를
느끼며 끝없이 떠나려 한다. 우린 **언제까지 뿌리 없는 사생아가 되어
이방인으로 세상을 떠돌며 고독하게 살아가야 하나?**

일찍이 인류의 문명을 시작하고 구석기 · 신석기 문화를 화려하게 꽃피워 세상의 질서를 잡고 문명을 이끌었던 배꼽의 땅, 신화의 땅이 있었다. 세상의 주인(CORE), 영웅(英雄)으로 세계의 지도를 바꾸었던 코리안들! '인류는 하-나(The)였다' 라고 학자들도 말한다.

그렇다! 한국의 역사는 지금껏 공허하게 외쳐왔던 '철학의 껍데기나 변두리 문명'이 아닌, 거대한 힘으로 인류에게 문화의 젖을 먹였던 그(The) 어머니였고 세계사의 큰 줄기 *파-스 코리아나(Pax Koreana) 였다! 세상이 전하는 ***홍익인간**(弘益人間)**의 역사였다!**

하얗게 잊은 자부심이다! 자신의 참 정체성에 대한 기억을 상실한 한국인에게 지금 세계는 묻는다. **"한국에서, 한국이 얼마나 위대했는지에 대한 역사를 쓴 사람이 한 사람이라도 있는가?"**

'21C는 문화가 지배하는 문화주권의 시대'라고 한다!
우리 한국인의 자존감과 자부심은 왜곡된 식민의 역사가 아닌, **이 땅의 문화**(文化), **-뜨거운 언어와 유물과 신화에 있었다.** 비록 지금 땅은 작아도, 힘으로 남의 땅과 역사를 왜곡하며 빼앗지 않아도 세상을 좌지우지할 수 있는 것은 '우리의 문화 자부심'이다!

이제 뜨겁게 살다 가신 조상님과 뜨겁게 이어갈 사랑하는 후손에게 이 책을 바친다. 그래서 한류를 따라 한국(문화, 역사)을 알려는 **세계인에게 제대로 우리를 알려야 한다. 세계의 어느 석학도 밝히지 못했던 한국의 역사, 그 모국**(The Mother), **인류시원의 역사를 '그 한국인이 한국땅의 수많은 문화'에서 밝힌다.**

첫 번째 힐링코리아 *한국인 자부심 문화열차(*문화향기)를 세상에 내놓은 지, 벌써 6년이 지났다. 몸도 눈도 많이 약해졌지만, 우리 한국인이 **자존감을 넘어 자부심을 갖게 하고 싶은 마음**에 행복한 시간들이었다. 앞으로 *한국인 자부심 **더 알씨랑** *더 물이랑 *더 코어랑 *더 아리랑 으로 우리나라가 존중받을 것을 생각하니, 가슴이 벅차오른다. 더 완벽한 정의는 후세의 석학에게 기대하겠다.

시원문명의 땅에서 한국인으로 낳아주신 부모님에게 감사를 드리고 **이 글이 나오기까지**, 마음을 지켜준 내 아내와 가족, 그 뜻을 지켜주었던 내 동생 박종명 교장과 변희태 대표, 나를 알아준 스승이신 박성수 교수님, 역사와 문화에 눈을 뜨게 해 주신 율곤 이중재 회장님, **이 땅의 역사를 애달파 하시며** 후원을 아끼지 않으셨던 권철현 대사님, 이계진 의원님, 역사광복을 꿈꾸는 결의형제, 또한 나의 깊은 곳을 헤쳐 책을 쓰게 했던 이재성 화백과 벗 이재량, 글씨에 혼을 부신 가숙진 작가, 주옥같은 연구와 자료로 큰 도움을 주신 강호제현과 맑은샘 김양수 대표에게 **깊은 사랑을 전합니다.**

(추신: 무엇보다, 열정밖에 없는 가난한 역사작가가, **시간과 인적·경제적 능력의 부족**으로 도움을 받을 수밖에 없었던 주옥같은 연구와 자료에 큰 도움이 되어주신 분들께 **감사와 양해의 말씀**을 엎드려 올립니다.)

開天 5916년 역사의병 다물 박종원

차 례

한국인 자부심 더 코어랑

"자식과 후손에 존경을 받고 싶다면,
조국의 자랑스러운 역사와 문화를 가르치라."   역사의병 다물

"한(韓)의 후예여,
간도 쓸개도 다 내던진 이 땅의 역사(歷史) 앞에서
비분강개(悲憤慷慨)하라!" 丹齋 신채호

"자기 조국을 모르는 것보다 더한 수치는 없다."

Gabriel Harvey(1552~1631)

고침 · 안내

(* ← 출전도서)

☞ **우리나라:** 흔히 말하는 '국가'가 아닌, 옛날 '물가를 에둘러 많은 인종이 인류의 시원문명터(울)에서 시작했던 역사의 강역! 한겨레만의 자부심이 담긴 고유명사!
예) 당나라(X), 여러 나라(X) – 당(唐), 여러 국가!

☞ **겨레:** 일반적인(편협한) 혈통 중심의 '민족'이 아닌, **마치 물결의 결을 이루듯, 희로애락을 함께 하며 인류시원의 역사와 문명·문화의 결**(경험, 역사)**을 함께 했던 우리 땅 시원겨레의 자부심의 말!**

☞ **한머리:** 대류에 종속된 표현 '한반도'가 아닌 **인류의 문명을 시작했던 머리와 같은 땅!** 예) 마니산(X)
(땅)

☞ **고구리:** 고구[려](高句驪)란 유주지방 현토군의 3개 현 중 하나
(高句麗) (*한서지리지)로 폄하시켜 '중국의 지방정부'로 정당화하는 표현. **하늘**(高) **같은 구리**(九夷)**의 영광을 이었기에 나라로 말할 때는 반드시 '리'로 함**을 김정호, 신채호, 최남선 등 신신당부. *옥편과 *사기에 '**리 동이국명야**'(黎 東夷國名也: 리는 동이의 나라이름)라 기록

☞ **BCE:** BC(Before Christ)→ BCE, AD(anno Domini)→ CE
(Before 미국 공립 초·중·고등학교에서 시작된, 비종교인과
Common Era) 타종교인을 포함한 인류의 공통시기
☞ **CE:** <국립중앙박물관 표기법>
(Common Era)

☞ **임금:**
단순히 '지배하는 왕'이 아닌 시원문명을 이룬 땅의 백성을 맡아(임) 다스렸던(다 살렸던) 신(금)격인 하늘임굼(天帝) 王들의 王! 예) 순임금(X) → 순왕

☞ **재팬:**
(JAPAN)
재팬은 '日本'(근본 태양)으로 불리길 원하지만, 본디 태양의 근본은 광명을 추구해 왔던 우리나라. "일본이라는 말은 '삼한'(마한·진한·변한)사람이 사용하던 말로 그 뜻이 너무 아름다워 만 년에 변치 않을 국호로삼는다."(*일본국호론)

☞ **지나:**
(支那)CHINA)
우리만 부르는 中國은 사대(事大)주의 호칭! 시원 문명·문화로, 큰 정신으로 이끌어 왔던 중심뿌리 '中國'(세상의 중심)은 정작 우리나라! China는 천손의 문명을 빌어 쓰던 '가지'(支)였기에 지나라 불렀음! ∴재팬은 지나, 서양은 차이나라 호칭.

☞ **이글:**
(夷契)
한(漢)족이 창안한 '漢字'로 불림은 잘못. 본디 한겨레 동이(夷)의 음과 뜻으로 창안한 글(契).
예) 한자(X) → 이글(夷契: 아름다운 천손 동이의 글)!

-한국학연구가 이재량 님 제안

"사랑의 반대말은 미움이 아닌 무관심이다."

– Elie Weisel(형, 노벨평화상 1986)

11부

한국인이 잊은
신의 코어 –
'팍스(pax) 코리아나!'

11부: 한국인이 잊은 신의 코어— '팍스(pax) 고리아나!'

core 출처: 유럽우주국 ESA

'The central part of thing, containing the kernels or seeds'

(씨나 핵을 포함하고 있는 중심이 되는 곳)

지구는 내부에 **거대한 코어**(core)**가 끊임없이 움직이고 있기에** 돌아 간다. 코어의 움직임(엔진)이 멈추면, 지구는 멈추고 생명체는 사라진 다. 지금 대한민국의 거대한 **코어**는 동력을 잃고 있다. **한국을 움직 이는 큰 정신**(魂)**이 없기 때문**이다. 지금 우리 사회는 **신바람**도, **행복** (幸福)도, **사람**도 사라져 가고 있다! 혼돈과 갈등의 대한민국!

대체 무엇을 잊고 있기에, 제 땅과 조상과 역사를 부정하는가?

아직 통일도 못했는데, 민족주의로 무장한 미·중 갈등―, **우리 겨레를 지킬 독자적인 세계관**은 무엇일까? 또 교조적 소중화(小中華)와 친미로 구걸하며 비커 속의 개구리로 죽어가야 하나?

지구의 문명·문화의 Core를 힘차게 돌렸던 'CORE-A'

그런데 COREA의 페이스메이커(심장박동기)는 식민사관으로 왜곡된 기록의 역사가 아닌, 바로 우리가 밟고 있는 이 땅을 이어오신 **뜨거운 선조의 심장들이 이루었던 찬란한 문화**(文化)였다. 우리의 선조는 어두운 세상을 신비한 문명으로 **해**(sun)처럼 밝히고 아름다운 문화를 세상으로 전파했던 **공기**(air) 같고 **바람**(風) 같던 사람들이었다!

한국인의 신명난 에너지…는 무엇…일까…?

이제, **전 세계의 엔진을 돌려 세상을 이**(夷)**끌었던 이 땅 천손**(天孫)**의 코어문화**(인류의 시원·중심문화)**를 찾아내어 세상의 주인**(主人)**으로서의 '한국인의 존재감'을 먼저 확인해야 한다. CORE-A는 큰 정신**(얼)**으로 움직이는 나라**이기 때문이다. 그러면, 대―한국은 다시 힘차게 돌아 위대했던 과거처럼 아름다운 미래를 약속할 것이고 세계 또한 옛날 '**팍스**(pax: 압도적인 힘으로 이룩한 장기간의 평화) **코리아나**'의 아름다운 질서를 기억하여 다시 큰 지구의 정신을 회복할 것이다.

우리 땅, 노예로 시작한 변방의 역사였나?

우리의 역사―? 대륙으로 뻗지 못한 역사라고 했다. 그래서 용(龍)이 두려워 크게 한번 울어보지도 못한 봉황(鳳凰)의 역사라고 했다.

우리 땅-? 지구의 구석진 곳, 수레도 다닐 수 없는 온통 협소한 산뿐, 변변찮은 자원에, 헐벗었던 땅에, **근원도 모르는 말과 글과 문화에,** 선진문명과 대륙의 영웅들이 들어와 점령했던 **대륙의 식민지** (기자조선?), 식민의 문화로 시작된 변두리 땅-!" 우린 이렇게 배웠다.

그래서 문명의 끝 동북쪽에 구겨져 살면서 문명을 구걸하며 분단 국가로 수모를 받는 것이 당연하다 생각했다. 시인 조지훈조차 그의 시 *봉황수(鳳凰愁)에서 '여의주 희롱하는 쌍룡 대신에 두 마리 봉황새를 틀어 올렸다'고 자조했던 우리의 땅! 그래서 우린 언제나 **허기진 걸인의 비굴함으로,** 벼랑 끝에 선 초조한 심정으로 오직, 근면만을 강조하며 **스스로 낮추는 겸손을 익히며**… "-살았습니다-요!"

아, 어찌 이들에게 세상의 주인이었음을 말할까?

아직 인류가 풀지 못한 **수수께끼,** 신(神)들의 코어(Core)를 상징한 다는, **거석문화**(巨石 Megalith 큰 돌)! 우리 땅에서 무려 세계의 반(2/3) 이상의 고인돌(권돌, 거북돌, Dolmen)이 발견되고 **선돌**(立石, menhir), **거석렬**(늘어세운 큰 돌), **환상열석**(環狀列石, Stone Circle: 원형배치 선돌), **피라미드** 등이 즐비해도 정작 우리는 '거석문화가 **무슨 의미인지, 어디서** 시작됐고 **어떻게** 발전했는지?' 아-무런 관심도 없다. 그런데 이상한 것은, 우리의 역사를 가만 놔두질 않고 끝-없이 덮고 왜곡하고 빼앗아 가고 있는 것이다. **무엇이 부럽고 두려운 것인가-?**

지구의 **70%의 고인돌**과 **거석**들을 이동했던 이 땅의 사람들! 아직도, 우리의 **거석문화**를 두고 1남방기원설(동남아)이니 2북방기원설 (시베리아)이니 식민의 문화였다고 악쓰지만, 생각이라는 것을 해 보자!

1남방문명이 세계를 이끈 **초고도의 문명이 아니었고** 2북방기원설 또한 떠돌이 유목민 스스로는 **성**(城)은 물론이거니와 **거대한 규모의 묘지**(적석총)나 **고인돌, 피라미드**를 쓰지 않는다는 점, 또한 수백 톤(화순, 고창, 김해)인 돌 운반에 필요했던 **수많은 인력**이나 돌을 운반하기 위한 밧줄과 발달된 기구 등의 **과학이 없었던 점**으로 미루어

가능성은 희박하다.

학자들은 말한다. '인류문명의 시작이 무덤' 이었다고!

그런데 거석 유적을 연구해 온 지건길 교수(동아대 고고학)는 '**거석문화란 유라시아 대륙의 북쪽 한대지방을 제외한 대서양의 동쪽 해안, 지중해, 인도양, 태평양 서쪽 해안 등 주로 해안과 섬에 분포하고 있는 강한 해양성문화였다**'고 한다.

그렇다면, 고인돌이 1**해안가와 가까운 내륙**의 강가에 분포되어 있고 2생산과 풍작에 감사하는 태양숭배문화와 관련되어 있는 사실로 볼 때, **난생**(알)**설화가 기원된 농경과 해양문화에서 유래**된 것이었다!

역시 우리 한국인이 잊고 있었던 **우리의 물**(水)**의 역사**였다.

이 땅의 거석문화는 어디서 흘러온 식민문화가 아닌, **지구의 주인**(코어) **땅에서 기원**된 사람의 주인(主人)과 신(神)들의 첫 문명였다!

거석문화, 시원문명의 코어-지구의 주인

아직 못 믿겠지요? 이 땅의 작은 돌멩이(세석기)가 **오늘날의 인류의 기술문명을 탄생시킨 초석**이 되었다면, 거석문화는 1**천혜의 자연적 조건**으로, 2**엄청난 인구의**, 그것도 3**조직은 물론 분업과 협업** 여기에

4**고도의 과학과 기술문명**까지 갖춘, 그래서 돌(石)을 떡 주무르듯 했던 '**이 땅의 돌쇠들의 문명**'을 증명하는 것이었습니다.

인류학자들은 고인돌(권돌)의 숫자는 '**정착인들의 수와 안정된 사회**, 거기에 **오랜 기간의 역사** 그리고 **경제력과 비례**하는 것'이라고 말하지요. 다시 말하면, 원시사회를 넘어 **천문지식과 농경과 어업**, 각 분야의 기술과 지식을 갖춘 **전문인들**이 모여 지구상에서 처음으로 **체계적인 조직과 힘을 갖추고 제천의식**을 행했던 인류의 **초기국가**였다는 것입니다. 인류의 역사는 **돌과 쇠에서 시작**되지요!

과학자들은 '30t의 덮개돌이 얹힌 고인돌을 만든 **집단의 인구수는 1000명 이상**'이라고 추정합니다. 그런데 전남 **고창의 300t**, 경남 **김해의 350t**의 고인돌…, **일제 땐 10만 기**가 넘었다고…! 학자들은 **1만 년 전, 지구의 인구가 1천만**(최소 400만) **명** 정도였다고 하는데 1/10로 줄여 100명(30t)×10만=1천만 명?

"상상을 초월했던 땅!"

거석문화를 평생 전문으로 했을 것을 감안해도 우리 땅(주로 남쪽의 서해와 남해)은 **세상 어느 곳과 비교가 불가한 수─퍼 울트라~ 초─밀집지대**로, 수많은 사람들이 모여 **문명·문화를 열었던** 지구의 코어였다는 증거였습니다. 지구에서 **가장 먼저 나무와 숲이 무성했었던 땅!** 빙하기에 **지구생명을 최후까지 품어 지켰던 땅!**

여기에 **동방을 인류의 시원문명지**가 되게 했던, 신(神)이 내린 풍요의 (갑)돌 '**흑요석**'(黑曜石)이 나온 땅!(동방 유일) 동양의 고서 *황제내경(소문편)마저 이렇게 써 놓습니다. '**동방**(옛 한국)은 지구가 형성될 때,

최초로 문명이 발생한 곳이다'(東方之域 天地之所始生也)

그래서 거석문화의 땅이란, 고인돌 덮개판에 **세계최초의 천문도**까지 전해지고 **지도자의 권력을 상징하는 돌검**(石劍)과 **청동검, 청동도끼** 등 **청동유물**의 출토는 수많은 인구와 더불어 첫 문명사회의 등장을 방증합니다. 여기에 인류최초로 **토기**(그릇)를 짓고 **가축문화**를 시작하고 **벼농사를 시작**하고 **배**를 만들어 **고래**를 잡고 **축제**(祝祭: 파티와 천제)를 벌였던 것들 모두 세계최초!!

놀이문명을 시작하여 하늘과 태양(해)에 풍작을 감사했던 땅이었고…, 그래요. 우리가 **원래 해양겨레**였던 사실을 생각한다면? 거석문화는 바로 우리 땅 남쪽(마)에서 기원되었던 것이지요!

간혹 이 땅의 고인돌 아래에서 **유럽인** 지금의 독일과 프랑스, 영국인(앵글로색슨) 같은 **백인종의 유골**이 발견되기도 합니다. 그래서 혹자는 '한국인이 아닌, **지금 우리와는 전혀 다른**(?) 종족이 만든 것'일 수도 있다고도 말하지만, 고인돌 위에 새겨진 **북두칠성과 윷놀이**는 어느 민족에도 없는, 지금까지도 뿌리 깊게 이어지는 한국인의 독특한 문화임을 생각한다면, 이들 모두 **축복의 땅 한머리에서** 인종과 **상관 없이 어울려** 해문명과 인류최고의 문명을 함께 이루며 **우리에게 유전자를 남겼던 한국인**이었을 것입니다.

그래요. **거석문화를 시작했던 우리 땅**은 **세계에서 가장 많은 인구**가 살았고 **조직화된 파워**…, 고도의 문명을 지닌 초-강대국, 세상의 코어(core: 핵)였음을 웅변하는 것이었지요. 맞아요. **지구상 공룡이 가장 번성했던 것**도, M.G 라클리 교수(콜로라대)가 "한국은 고대 세계의 수도였다!" 라고 했던 것도 다 무관한 것이 아니었습니다.

　이를 입증하는 글귀가 심양고궁의 봉황루나 태산 벽하사 인근 건물에, 홍콩역사박물관 앞에서도 볼 수 있는 '**紫氣東來**'(쯔치둥라이 자기동래)란 글이지요. 박정애 시인은 자기동래란 '**천자**(사줏빛)**의 기운은 동쪽에서 온다**'는 뜻으로 **자미성과 북두칠성**(세상의 질서를 잡는)과 관련하여 문명 · 문화(천자문화)는 동방에서 시작되었다는 말이며 그래서 대대로 한국인의 땅이었던 북경에 '**자금성**'(**紫禁城**)이란 이름으로 성(城)이 전하는 것'이라고 합니다.

　기이한 것은 어원적으로도 Core(코아)는 **핵심 알맹이**를 뜻하고 A(아)는 **area 지역**을 뜻하니, 'Corea'는 **세상의 알맹이**(core), **핵심 지역, 중요한 곳**이란 말이 괜한 소리가 아니었습니다!　바로 세상에서 잊혀진 '팍스 코리아나'(Pax: 압도적인 힘으로 이룩한 장기간의 평화)였지요!
　그래서 그리스는 모든 문명을 동방에서 받아 시작했기에 '빛은 동방에서'라는 속담을 로마에 전했던 것인데 지금은 대지의 배꼽(세상의 중심)이라며 모조품 **옴파로스**까지 만들어 놓고 차이나는 **중국**(中중심國)이라, 재팬은 **일본**(日本: 근본 태양)이라며 코어를 주장하네요.

태산 벽하사, 심양고궁의 봉황루의 출처: 상생방송. 홍콩박물관 출처: 우주포탈,
그리스 대지의 배꼽(세상의 중심)이라는 옴파로스(델포이 박물관 실제
유물) 출처: 위키백과, 모조품 옴파로스 출처: 여우아빠

고인돌, 첫 임금님의 궁전 -전 세계 초강대국

인류최초의 타임캡슐! 전 세계에 널려 있고 **세계 피라미드의 뿌리와 양식의 원형**이라는 **고인돌**(돌맹이 dolmen)은 세계의 누구도 부인 못할 시원문화의 자부심입니다. 먼 옛날 **높은 정신적 지도자들의 무덤**으로, 또한 의식을 행하는 **제단**(紀念物)으로 알려져 있지요. 그런데 유럽인들은 '**잃어버린** 유럽문명, 서양역사를 **고인돌에서 찾아야 한다**' 라고까지 말할 정도로 애착을 갖고 **고인돌문명을 서양에서 기원된 것**으로 생각했었으니 그 이유가 무엇 때문이었을까요?

그런데 신비한 것은 전 세계 7만여 기의 **고인돌 중 4만 기**(일제시대에는 10만 기가 넘었을 것)**가 우리 땅**(전남 약 2만 기, 한강과 인천?, 대동강 유역 1만 4천 기)**에 있다**는 것입니다. 〈세계고고학계〉에서는 한국을 '고인돌의 나라'라고 부르지요. 우리 **한머리땅이 고인돌의 고향**이었던 것입니다. 대다수의 한국인은 고인돌이 무엇인지 잘 모르는데, 〈세계문화유산〉으로 지정(2000.12)되지요.

오호, 통재라! **옛날 바다가 되어버린** 서해와 남해, 강화와 팔당호와 춘천호 등에 **잠겨있을 많은 고인돌**과 일제 하, **한국문화 말살정책**으로 또한 **수많은 토목공사와 댐 공사 등**으로 파괴되었을 고인돌을 생각하면, **그 수는 상상을 초월했을 것을…!** 그래요. **500여 기**(겨우 5 ㎞ 구간)의 고인돌이 있었다던 경북 경산시만 해도 **지금은 몇십 기만** 남아있는 형편이니! 지나엔 750여 기, 재팬은 600여 기에 불과하고 고인돌이 가장 많다고 알려진 영국 서쪽의 **아일랜드조차 1500여 기**, 4km에 걸쳐 3천여 개의 거석이 있는 프랑스의 가장 유명한 관광지

중 하나인 **까르냑에는 고인돌이 달랑 하나**에 불과! 이 땅에서 나갔던 사람들의 흔적이 아니었을까? 그러하기에 종종 **고인돌 밑에서~**

한국문화와 유물들이 나왔던 것이지요.

그래서 학자들은 **우리 땅이 상대적으로 역사가 오래 된 인류의 고향**이라고까지 말합니다. 고인돌연구의 **세계적 석학 사라 넬슨**(미국)은 "이 넓−은 지구상에, 그 **좁은 한반도**라는 지역에 **세계 고인돌의 반 이상**(만주까지 합치면 70%)**이 자기 나라에** 있으면, 그 나라의 역사란 무−서울 정도로 오래됐다는 얘기가 아닌가? 아님 그 많은 고인돌을 세계 각지에서 **수입해 갖다 놓았나? 이상하지 않나?"** 라며 **한국인이 잊어버린 역사의 깊이**를 최촉합니다. 세상의 주인의 땅이었지요.

금문학자들은 **두**(頭 우두머리)란 '**고인돌**(豆)에 **머리**(頁)를 조아렸던 해 뜨는 곳의 **동방사람**'이었다는 것을 상징하는 글자라고 합니다. 그래서 '**머리**(頁) 앞에 돌 **석**(石)자를 붙인 것'을 지금 큰 학자를 일컫는 **석학**(碩學)이라고 말해왔던 것이지요. 다시 말하면, **큰 고인돌이나 피라미드 앞에서 하늘을 관찰하고 천제를 지내는, 해 뜨는 동방의** 우두머리(頭), '**임검**'(땅을 다스리는 신)이었다는 것입니다.

〈우리문화영토연구소〉의 김봉우 이사장이 '원래 아무 땅이나 다 토(터)라 한 것이 아니라 **고인돌과 선돌이 있는 땅을 '토'**(土)라 불렀다'고 하는 것은 **우리 땅이 인류의 문명이 튼**(트+어) **땅인 토**(土) 즉 '성인(聖人)의 땅'이었기 때문이지요. 문명의 이동지인 중앙아시아에는 고인돌과 함께 온통 '−탄(칸)'으로 끝납니다. (카자흐스탄 등) **칸과 탄은**

한(국)을 뜻하고 나라이름 뒤에 **-스탄**은 **-의 땅, 대지**를 의미한다고 하니 온통 '한국인이 퍼져나간 땅(土)'이었다는 증거이지요.

그래서 이곳에는 선돌과 고인돌을 비롯한 우리의 문화가 많습니다. **인류의 큰 줄기가 선진문명을 갖고 지나갔던 터**였음을 일깨우지요. 먼-옛날, 한류(K-wave)의 흔적으로서 **어디나 한-국**이라는 우리 **겨레의 장쾌한 정신세계**를 알 수 있는 소중한 언어문화유산이었으니, **우리땅, 한-국-**, 정말 대단한 나라 아닙니까?

1해 뜨는 동방 日(해) 모양
제기(祭器) 형상의 고인돌
모습 '효'(두)의 갑골문,
2頭의 금문, 3~10토(土)의 금문자들
출처: http://www.internationalscientific.org/CharacterASP

이러한 고인돌에 대해 고리(려)의 이규보는 **"옛 성현**(위대한 조상)이 고여 놓은 것으로 무덤뿐 아니라 **제단의 역할도 하였다."** 라고 기록합니다. 사람(人 human)의 모습과 **사람의 생각으로 살아간다는 자부심으로 스스로를 '이'**(夷)라고 불렀던 사람들이 있었습니다. **하늘을 향하여 팔 벌리는 모습의 大가 이**(夷)자에 있는 이유이지요. 훗날 '夷를 大' 하고 '大를 王'이라 했던 것은 옛날 **우리 땅의 사람들이 당당한** 대인(성현)으로 추앙받고 왕으로서의 지혜와 덕을 베풀었다는 말이지요. 그 **분들의 무덤**이 바로 이 땅에 지천으로 깔려 있던 고인돌이었습니다.

반면 한(漢)족의 반고가 지은 *한서는 **'다른 종족이 세워 놓았다!'**

라고 기록하고 있어 **옛 한국인의 땅이었던 산동성을 비롯해 많은 곳**에 있었던 고인돌을 '한족이 왜, 다 때려 부쉈나?' 하는 궁금증이 풀리면서 감상(感傷)에 젖습니다.

　강상원 박사님은 "인류의 첫 임금님의 집에 세웠던 돌이 고인돌이었기에 어느덧 '**짓구석**', 궁이 되었던 것이다. 산스크리트어로 ji(임금, 임검: 하늘을 대신하여 땅의 사람들을 맡아 역사를 지어가는 신적인 지도자)+guh(동굴, 궁전)+sax(석石)이었다. 그래서 조상님들이 흔히 '**돌맹이**(돌멩)**를 함부로 차지 마라.**' 고 말씀하셨던 것이다. 지금은 뜻을 잃어 '이놈의 집구석'이라고 잘못 알려진 말이다." 라며 식민역사관에 **압사당한 우리의 문화**를 안타까워하십니다.

　이렇게 한국인의 집이 **임금의 '짓'**(지)**에서 유래**된 말이기에 '집을 짓는다, 고인돌을 짓는다, 옷도 짓는다, 벼농사도 짓는다'고 말하고, '밥도 짓는다, 글도 짓고, 약도 짓고, 짝도 짓고, 웃음도 짓고…', 아, 이렇게 우리의 말엔 온통 임금으로서의 자부심인데…!

　인류의 역사를 가로 지르며 시작했던 우리 땅의 이런 뜻도 모르고 서로 '용'이라 하고 '보통사람'이라면서 **잡개들만 짖어**대네요! 멍~멍!

세계 가장 무거운(350t) 경남 김해의 350t의 고인돌 (개석식) 출처: sbs, 화순 관청바위 (바둑판식) 출처: 고인돌사랑회, 강화고인돌(탁자식: 소위 북방식) 출처: 마실별 · 숙이별 · 혜리별 · 혜연별, 고창 도산리 고인돌(고인돌 유형 다 갖춤) 출처: 계림

역사의 신들의 고향, 고인돌(Dolmen)

여기에 1세계에서 가장 큰 고인돌– 경남 김해의 350t의 고인돌, 전남 고창의 300t, 전남 화순의 핑매바위 283ton–에서 작은 것까지, 2가장 오래 된 고인돌(전남 화순 8000년 전)까지, 또 개석식, 바둑판식, 탁자식 등 3세계 고인돌의 유형을 다 갖추고 있다는 사실은 **신석기 시대** 고인돌을 세우던 무렵, **최소한 2500년 이전**(고조선 말기)**까지** 우리나라 한머리땅과 만주지역은 **전 세계에 가장 커다란 영향을 미치는** 중요한 위치, 세계의 초강대국이었다는 것을 말합니다.

그러나 '한강 **남쪽**은 대대로 옛 한국으로서, **보잘 것 없는 남방식 고인돌**(개석식 · 바둑판식▲)이었지만, 한강 **북쪽**이 **북방식 고인돌**(탁자식 ■)인 것은 **대륙에서 내려온 타민족 세력에 지배받았던 증거**'라는 일제식민사학의 논리(재팬사학자 도리이 류조)를 들이대며 '**남방식 · 북방식 고인돌 구분**'이란 엉터리 학설을 만들어 내었지만, 남쪽 **고창**(전북)**에서 고인돌의 유형이 모두 나옴**으로써 모든 유형(남방식, 북방식)이 우리의 남쪽땅에서 발원된 것이었고 애초에 남방식 · 북방식 고인돌 구분이 **잘못된 구분**이었음이 밝혀지지요.

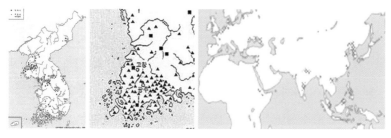

국내 고인돌 분포도(▲개석식, 바둑판식 ■탁자식) 전남지역 확대 출처:
한국 브리테니커, 세계 고인돌 분포도 출처: 한국순환학회

또한 이러한 고인돌이 **한머리땅에서 발해만**을 거쳐 지나의 **산동반도와 동해안 지대로 연결**되는 것으로 보아 근원적으로 이곳이 옛 한국땅으로서 지나의 숱한 역사가 한국에서 출발했다는 것을 역사적으로 실증하는 것은 물론 **고인돌이 이 땅에서 전 세계로 나아갔다는** 것을 알게 합니다. 이렇게 **산동지역**은 지나족에게는 문명·문화의 산파역할과 젖줄이 된 **우리 동이겨레의 강역**이기에 거대한 고조선이 망한 후, 자연스럽게 이 땅을 **고구려와 서백제가 접수할 수 있었던 것**이지요.

그래서 고대조선 말기, **동이와 인연을 끊으려 했던 진시황**(259~210BCE)에게 산동지역은 가장 처참하게 당한 땅이었고 모택동(1893~1976) 시절, **문화혁명**(文化革命)을 치르면서 동이의 유적이 모조리 파괴된 땅이었습니다. 지금 산동지역에는 **고인돌이 거의 남아있지** 않습니다. 단지 '**여러 기의 탁자식 고인돌들이 남아있었다**'는 주민의 말과 "**니 마음대로 해라!**" 라는 말로 **니**(이夷, 동이)**들이** 천하(지나의 땅)의 질서를 이(夷)끌어 왔던 옛날을 기억하게 할 뿐이지요.

그래서 윤복현 교수는 '**세계 고인돌과 피라미드로 발전한 원형이 한반도 남부지역의 남방식 고인돌무덤양식이었다**'고 말합니다. 북방유목계가 아닌, 남방계 해양고인돌종족이 이동하고 항해하면서 **동·서·남·북으로 이 땅의 문화를 갖고 떠나갔다**는 것이지요. 학자들은 고인돌의 공통점이 **가까운 해안가**에 있다는 것이고 내륙인 경우는 강을 따라 배가 닿을 수 있는 정도로 보아 **고도의 문화와 항해술을 지닌 해양세력**일거라고 말합니다. …가장 오랜 배가 출토된 '창녕' 땅 기억하죠?

고인돌 연구가 고 변광현님 또한 전 세계를 헤매며 '**세계의 고인돌과 거석문화가 사실** 한반도에서 시작**되었음**'을 *한민족의 기원에서 밝히고 **인류의 뿌리문명**을 정리합니다.

1**남**(南)**으로** 양자강 아래, 베트남, 인도네시아, 말레이시아, 인도의 고인돌과 2**동**(東)**으로** 아메리카에 널려 있는 고인돌과 선돌과 피라미드 3**서**(西)**로** 차이나의 동쪽 산동지역의 고인돌과 몽골 밑의 서안과 티베트의 피라미드, 러시아 흑해연안 까프까즈(코카사스) 지방, 이스라엘과 요르단 팔레스타인지역, 터어키, 이집트와 북아프리카, 스페인의 피레네산맥과 프랑스의 서북부 브르타뉴 지방의 많은 고인돌과 선돌, 네덜란드와 서쪽 끝 아일랜드까지, 4**북으로는** 스칸디나비아(핀란드어족-알타이어계)까지도 고인돌을 남겼던 사실을 밝혀냅니다.

더불어 **지중해 코르시카섬의 돌널무덤**(Cists) 대부분이 **한반도 고인돌에서 파생된** 것들이었으며 지중해 연안의 대규모의 거석건축물들 또한 점차 커다란 **고인돌을 만들기 시작하면서 만들어지게** 된 것이었다고 말합니다. **유럽의 자부심이었던** 고인돌과 돌건축물 등이 한겨레땅에서 기원된 것이었지요!

영국 아일랜드, 미국 몬타나의 고인돌 출처: GALACTICFACETS Julie Ryder, 인도네시아 숨바섬 고인돌 출처: 김수남기념사업회, 인도 고인돌 출처:위키피디아

"우리의 나라 '대한(大韓)'은 우리가 생각하는 것보다 훨씬 크다. 크게 상상하는 것을 뛰어넘는다. 우리가 잠자고 있을 뿐이다." -역사의병 다물

프랑스 까르낙 고인돌 출처: 정인선, 까르낙 선돌 출처: H·map, 네델란드, 이스라엘 도피성이 있었던 골란고원의 수백 개의 고인돌 중에서 출처: BiblePlaces.com

　　고인돌의 연대는 아직 그 누구도 분명하게 검증할 수 없는, **가장 불확실한 추정연대**(推定年代)라고 합니다. **고대역사의 대부분이 고대 역사를 이해할 수 없는** 유럽역사학계에서 제기한 학설과 연대를 **기초로 한 것**들이며 영국인의 자부심으로 영국에 의해 주도적으로 연구된 고인돌이었기에 이 역시 거꾸로 '유럽에서 한반도로 전파되었다'고 주장되었을 뿐이지요.

　　김창옥 원장(美洲 국선도)은 "북한학자들은 **3,000 곳 이상의 고인돌과 암각화를 조사**하여 그 연대가 이미 1만 년 전 후까지 거슬러 올라감을 밝혀냈고 여기에 **전남 화순의 고인돌이 최소 8천 년 전**(적어도 만 년 이상으로 보는 역사가도 많음)으로 인정받으면서 세계 고인돌(유럽 최고는 프랑스의 BCE4800년)의 연대보다 **한머리땅 고인돌 연대가 훨씬 앞섰다**는 사실이 알려졌음에도 **우리는 아직도 식민사학자들의 BCE9~11C 연대를 따르고** 있다. 우리의 **청동기 문명** 또한 북한의 과학적 실험을 통해 **6000년 전으로 상향 조정**된 지 오래되어 세계의 청동기문명을 창시한 나라였음에도, **겨우 BCE13~15C라** 말하고 여기에 **2만 년, 3만 년의 역사의 흔적**이 나타남에도 **우린 언제나 앵무새처럼 반만 년 역사**라고 되뇌이고 있다." 라며 역사의 무관심을 질타합니다.

그래요. 고인돌을 신석기 시대 산물로 여기고 **최대 6~8천 년**이라 비정하지만, **우리 땅의 신석기 문명**은 다른 민족의 신석기 시대보다 적어도 1~2만 년을 앞선 문화였음을 스스로 알지 못하기 때문이지요.

지금 겨우 4300년 전의 고조선조차 인정하지 않기에 **태곳적 우리 상고사의 정의는 요원한 것**이고 이 땅의 고인돌을 짧은 청동기 시대 소산이라고 우기기에 고인돌을 쌓고 훗날 만주로 가 '**홍산문화**'를 이루고 세계로 퍼져 〈**지구의 4대문명**〉을 **탄생시켰던** 이 땅을 인류의 시원, 신(神)들의 어머니의 땅이었다고 말할 수 없을 것입니다.

아무도 말하지 않고 쓰지 않는 역사이기에 이제 말합니다.

선돌(Menhir)과 오벨리스크

또 하나의 미스터리 원시문화 선돌(立石, menhir)!

돌꼬지, 삿갓바위, 구지바위, **할아버지**(할머니)**탑**, 수구막이 등 여러 이름으로 불리지요. 대부분 평지와 야산의 끝자락 샛강의 물줄기를 따라 세워져 있는데 누군 농경문화의 흔적으로 **농업생산과 인구의 풍요**를 위한 것이었다고 하고 누군 마을 어귀에 세워져 **힘과 정복의 시대 남성**(남근)**의 위용**을 상징하며 **마을의 안전과 안녕을 수호하는 수호신**으로서, 때로는 고인돌이나 무덤군 곁에 세워 **성역의 표식이나 경계의 기능**으로 세워졌다고 합니다.

우리의 절에 어김없이 세워져 있었던 당간(幢竿)과 지금의 비석의 유래가 되기도 하고요. 훗날 볏짚이나 새끼로 묶고 글을 새겨 신격화시켜 자식을 바라는 **기자암**(祈子巖)이 되고 생식기 숭배 같은 원시신앙으로 전해집니다.

농가의 밭 선돌 출처: doopedia, 수로왕 탄생석 구지봉(선돌)과 고인돌 출처: 허수영
제주 돌하르방, 천하대장군 지하여장군 출처: 내마음있는곳

〈한국학중앙연구원〉은 선돌의 재료가 점차 나무로 바뀌고 사람의
형태가 되어 '천하대장군, 지하여장군'이라는 **장승**이 되고 제주도 특
유의 기념물인 '**돌하르방**'(우석목, 옹중석, 거오기)**의 기원**이 되었다고 합
니다. 혹자는 또 **돌하르방**이 몽골의 석인상 '훈촐로'와 닮았다 하여
북방으로부터 전해졌다고 하나 〈한민족참역사〉를 비롯한 많은 학자
들은 **한반도의 고인돌문화 중** 선돌문화에서 기원을 찾지요.

931년 광개토태왕비 출전: 書道全集(日) 제6권, 부르즈칼리파 출처: 국립민속박물관,
청주 용두사지 당간지주 출처: 문화재청, 당간머리 금동용두 출처: 국립대구박물관

압록강변 집안(集安)에는 수많은 피라미드와 함께 선돌들이 세워져
있었다고 합니다. 그리고 **세상에서 가장 큰 자연석 비석인 광개토태
왕비**가 있지요. 그런데 김세환님은 〈역사 미스터리〉에서 "광개토태
왕비는 본래 선돌이었다." 라고 주장합니다.

처음에는 **경계표시석으로 이미 전에 세워둔 선돌**에 장수왕 때 선왕(광개토태왕)의 업적을 새겨 넣어 '비석'이 된 것이라는 겁니다. 그래요. 비석이라면, **배달겨레의 최고 영웅의 비석**이고 **묘지문화를 선도한 우리**인데, 지나의 당(唐)도 있었던 **받침돌이 없이 몸체(碑身)만** 있는 것이 이상하지요! 신용하 서울대 교수님(명예) 또한 광개토왕비의 경우는 '**선돌의 기념비적 성격**과 **묘표의 성격**을 종합한 전통을 크게 발전시켜 **대형화한 예**'로 볼 수 있다고 합니다.

선돌 중에서 가장 잘 알려져 있는 것은 '**클레오파트라의 바늘, 신들의 빛**'이라 불리며 태양의 신 아몬(Amon)을 위해 고대이집트(6왕조)의 첫 왕인 테티 시기(BCE2345~2323)에 처음 만들어 졌다는 '**오벨리스크**'(Obelisk)이지요.

하늘을 치솟는 **위용과 외경감** 때문에, **로마**는 10여 개를 약탈해 광장마다 세워놓고 꼭대기에 십자가와 성광을 장식하며 태양숭배를 지우며 힘의 역사가 유럽에서 시작한 것으로 만듭니다. **파리**는 콩코드 광장에, 영국은 테임즈 강변에, **터어키**는 이스탄불의 히포드럼 등에 세워 **제 역사의 승전탑**으로 만들었지요.

오벨리스크들_룩소르 신전(이집트) 출처: 대전외노센터, 로마 바티칸 성베드로광장 출처: 삐죽이,
콩코드광장(프) 출처: 파란 연필, 테임즈강변 출처: egyptexperience,
모방한 워싱턴 기념탑(169m) 출처: FROZEN PEACH

그래서 선돌하면 이집트로 알고 있지만, 최근 고고학이 발전하면서 선돌도 '반대로 **한머리땅에서 세계로** 발전되어 나간 것'이라는 주장이 힘을 얻고 있지요.

고 변광현님은 '온갖 전설로 수탈을 당했던 이집트의 **오벨리스크**나 프랑스 브르타뉴(Bretagne)의 까르낙지역의 **수천 개의 열 지어 선 입석** 그리고 서쪽 끝 영국과 아일랜드 등 브리티쉬 제도의 **환상석렬**(stone circle)**인 애브버리 둘레돌**과 〈유네스코지정문화재〉이며 세계7대 불가사의로 영국의 자부심인 **스톤헨지**(Stonehenge: 환상석렬의 완성형)와 **대형 거석유적**(Megaliths)은 모두 우리나라의 마을 입구나 고인돌 옆에 세웠던 선돌(menhir)**에서 파생된 것들**이었음'을 밝혀냅니다.

(좌)경북 칠곡면 선돌(4.5m) (우)경기 양주면 동쪽선돌(3.15m) 출처: 봐도 잊어버리고, 알타이 추야 평원의 선돌 출처: 파지리크 선돌, 선돌로 둘러싸인 뉴그레인지 무덤 출처: 뉴그레인지 웹사이트

환상석렬(Stone Circle) 스톤헨지와 몽골리안

무엇보다 거석문화의 마지막 완성형이라는 환상석렬은 **고인돌이나 선돌을 둥근 반지 모양의 원형**으로 세운 것입니다. 그래서 영국인들의 스톤헨지(BCE 2500경)에 대한 자부심은 대단하지요. 우리나라에서도 **충남 부여지방에서 3곳이** 발견(황용혼 교수의 *한국의 거석문화)된 적

이 있고 미국 보스톤 인근 **미스테리 힐**에서도 스톤헨지와 돌의 배열
이 거의 흡사한 **아메리칸 스톤헨지**(BCE2000년경)라는 석조구조물이
발견(1887경)되기도 합니다.

    고 변광현님은 이러한 **수많은 고인돌과** 브리티쉬 제도의 **환상석렬**
(stone circle)**인 애브버리 둘레돌**과 솔즈베리 평원의 스톤헨지 같은 거
석유적들이 대부분 **아시아에서 이주하여 비이커 모양의 단지를 만들**
던, 그래서 '**비이커족**'(Beaker People: 신의주와 평양 사이에서 많이 출토되
는 미송리형 단지를 만든 사람)**이라고 불렸던 이들이 만든 것이었다고 하**
며 최근 영국의 학자들 또한 스톤헨지 부근의 **고인돌의 주인공은** 발
달된 청동기 문명을 수반한 아시아인이었고 **스톤헨지** 주변 묘지에서
발굴된 유골의 주인공이 아시아 계열이었음을 밝힙니다.

    그래요. 솔즈베리의 옛 이름은 'Sarum' 저들의 발음은 [새럼]이지
만, 왠지 '**사람**'으로 들림은 어인 일이며 영국의 〈스톤헨지 해설서〉 또
한 스톤헨지를 'Dolmen'이라 하여 이 땅의 사람들이 돌을 '돌멩이'로
말했던 것을 연상케 하니, 옛날의 **저들도 우리**(조상)**의 말을 썼음**을 알
수 있네요. 그래서 북유럽 문화의 전통을 지켜왔던 **영국의 서쪽 끝** 웨
일즈와 아일랜드의 **방언과 고어**(古語)에 **문장 끝에 동사**(S+O+V)를 두
는 **한국인의 어법**(語法)이 남아 지켜왔던 것이라고 합니다.

    그래서 미국의 〈내셔날 지오그래픽〉(2008)은 '**스톤헨지 근처 에**
이번강 주변에서 청동기문화와 함께 발견된 수십 기 무덤의 유골의
주인공들이 청동기 문화를 수반하고 영국에 들어왔던 아시안이었

다' 는 연구결과와 '이들이 **몽골리안의 두상**을 하고 **동북아시안인에게서만 나타나는 쇼벨**(앞 윗이빨 안쪽이 움푹 파이는)**구조의 아시안**이었음' 을 크리스티 터너(아리조나주립대)교수가 밝혔을 때, 한국인의 감회는 남달랐지요. 해가 지지 않는다는 영국인 선조(일부)의 근본이 한국인이었습니다!

환상석렬인 영국 스톤헨지 출처: 앨리의 사진과 여행, 〈내셔널지오그라피〉가 방영한 안쪽에서 본 쇼벨구조의 이, 복원된 얼굴 모습 출처: 헤등다실, 비이커 모양의 토기의 원형인 미송리토기(평북 의주군) 출처: 국립중앙박물관

그래서인지 저들은 **조상 대대로 고인돌을 숭배**하였다고 합니다. 이렇듯 **유럽 왕족**에게는 항상 동쪽과 동방(東方)이 선망의 대상이었으며, '자신들의 조상과 뿌리 또한 동양이었다'는 오랜 전설과 전통적 믿음이 있었다고 하며 무엇보다 스톤헨지가 **영국에서 절대적인 왕권 유지의 도구**였고 스톤헨지에 얽힌 영국 최고의 전설이 '**아서왕**'(King Arthur)과 '**마법사 멀린**'(Merlin) **이야기**였다는 것은 세상 끝 죽음의 땅에서도 조상을 놓지 않으려 했던 저들의 마음이었지요.

그러나 방송의 끝엔, 눈동자를 파랗게 칠해 놓고 '4500년 전 영국인들이 스톤헨지를 **건조했다**'고 결론을 내린 것에서 '왜, 지금의 인류사가 잘못되었나, 저들이 무엇을 감추려 하는가?' 에 대한 단초를 얻고 '변질된 가재는 게 편일 수밖에 없다'는 생각을 떠올립니다.

서양에 의해 왜곡된 인류사에서 서양화화가로서의 예술의 꿈을 접고 '한국인이 해야 할 것'을 찾아 진실을 찾아 험난한 길을 택했던 **고변광현 님에게 저의 존경과 겨레의 아리랑**을 전합니다.

세계 7대 불가사의, 피라미드(Pyramid)의 편두

비록 **고인돌보다 최소한 1500년 후에** 시작되었다고 하지만, 인류가 지구상에 만들어 놓은 가장 큰 건축물이라는 **피라미드는** 그래서 고인돌과 함께 피라미드를 이해하는 것이야말로 **인류사를 이해하는 지름길**이 될 것입니다.

거대한 규모의 토목공사를 하기 위한 **인구와 기술혁신**…, 누군 무덤으로서 장례와 제사를 지내기 위한 건축물이었다고, 누군 해시계, 달력이고 동시에 천문대였다고 주장하고 온갖 신화와 전설이 난무하지만, 정작 피라미드에 관한 **역사적 자료는 의외로 적습니다.**

무엇보다 이집트의 자존감으로 전해져 '역사상 가장 위대한 아프리카인'으로 뽑힌 바 있는 **쿠푸왕**(Khufu 2589~2566BCE)의 **기자피라미드**(밑변230m, 높이147m: 쿠푸왕의 무덤이라는 기록은 어느 문헌에도 없음)는 세계7대 불가사의라고 말합니다. **흙벽돌과 손톱의 경도**(2.5)인 **석회석**(2)으로 이루어져 있지요.

처음에는 왕과 귀족들의 직사각형의 무덤인 1**마스타바**(Mastaba: 긴 의자, 마루)에서 시작된 것이라고 하는데, 그 후 BCE2660년 조세르왕(제3왕조)때 수메르에서 귀화한 **수메르인인 임호테프에** 의해 마스타바

위에 작은 마스타바를 쌓아 최초의 2계단형 피라미드가 만들어 지고 다시 3굴절형 피라미드가 나오고 4완전한 정삼각형 사각뿔 형태의 피라미드를 갖춘 것은 BCE2570년경 쿠푸왕(제4왕조)의 대피라미드부터 였다고 합니다.

1이집트 초기 무덤 마스터바 출처: 요친 싸이홈, 2최초의 계단식 피라미드(처음 3단에서 6단 증축) 출처: 메트로폴리탄, 3굴절형 피라미드 출처: 요친 싸이홈, 4계단식(3단) 피라미드(앞)와 쿠푸왕의 기자대피라미드(맨 뒤) 출처: via Wikimedia Commons

그런데 여행자유화가 시작되고 인터넷이 발전하자, 이집트를 여행한 사람들로부터 많은 의문점이 일었습니다. 어째서, 거대한 기자피라미드 앞에 초기단계인 계단형 피라미드가 있을까? 왜, 우리의 만주 땅 집안에는 그런 계단형 피라미드가 만 기가 넘게 있었을까? 첨단기술의 발굴로 세계 고고학계의 명성이 높은 요시무라 교수(와세다대)는 어째서, 4700년 전 이집트 최초로 피라미드를 건축한 재상 '임호테프'를 수메르(동이인)에서 귀화한 인물이라고 확신했을까?

무궁화를 얹어 제사를 지냈던, 파라오(왕)들의 어머니요, 이집트 민족의 시왕모였던 '하토르'(Hathor 태양신 라의 딸)와 여성파라오 '하트셉수트 여왕'의 미이라에 어째서, 동북아시아인의 특징인 쌍커풀이 없고 넓은 얼굴의 편두(새 모양의 긴 두개골)에 심한 광대뼈가 있으며 소년왕 투탕카멘은 물론 여왕인 네페르티티(Nefertiti)를 비롯한…,

그의 선조들도 어찌 온통 '편두'를 한 사람들일까?

또한 '태양신과 지혜의 상징'으로, 파라오의 지킴이라는 **스핑크스 조각상**이 어째서 **아시아 여성의 얼굴에 광대뼈 단두형**(눈과 귀의 거리가 짧은 형)의 황인종모습으로 정동쪽을 바라보고 있는 것일까? 그리고 고대 이집트인들은 피라미드를 우리말 **높은 마루**(마고님의 누각)처럼 들리는 '**메르**'(Mer)'라 불렀을까…?

당시 이집트인들에게 **혁명적인 기술이었다는 계단식 피라미드**를 건축한, 이집트 신화에서 **유일하게 인간으로 신**이 되었고 로마제국에서는 '**치료의 신**'으로 숭배받기도 했다는 **임호테프**! 그런 그가 왜, 영화 〈미이라〉에서는 악인으로 나온 것일까? 천신(天神)을 중앙아시아인처럼 '**탕구리**'(탱구리, 단군)라고 했던 수메르인들! 이방인 **동양계 수메르**(동이인)**인**에 대한 서양 역사의 질투와 반감은 아니었을까?

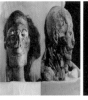

쿠푸왕 석상 출처: 위키백과, 하토르, 스핑크스 출처: 꽃가마, 여성파라오 하트셉수트 여왕의 미이라 출처: 내셔널 지오그래픽, 네페르티티(1370경~1330경BCE) 출처: 프레미엄 조선

그래서 이집트학의 대표적인 학자 E.A 월리스 버지 경(英 1857~1934)은 저서 *애급어(Egyptian Language1910)에서 '이집트어의 동북아 이주민 설'을 이렇게 밝힙니다. "영웅의 발자취는 석상과 비석에서만…

찾을 수 있는 것이 아니다. **그들의 이야기는 이 세상 모든 사람의 삶에 녹아 있다.**" 라고. 여기에 고고학자(英) 플린더스 페트리 경도 "고왕국의 피라미드 건설자들은 아시아에서 온 비흑인 침략자다!" 브라이언 에머리(英 이집트 전공)박사 또한 "왕조시대 직전 **이집트인들은** 동방에서 온 새로운 종족(몽골계)에 의해 정복당했다." 라고 말합니다.

그러고 보니, **이집트의 정복자인 '티우'를 조상신**으로 섬겼던 전설적인 **티우**(Tiu)**왕조**(2000~1800BCE)가 왜, 편두머리였다(출처: *산해경)는 **동이의 영웅, '치우**'(천왕)처럼 들리고 이집트의 창조의 여신이고 어머니의 신이며 파라오의 어머니인 **'하토르'**(Hathor)가 왜, **동북아시아인 얼굴**에, **편두머리**에 **암소머리의 귀**를 하고 태양신 라(Ra)의 딸로서 **동방의 상징인 해**(ㅇ)**를 머리에 이고** 해터(해의 땅)로 들리고 **'라**'는 왜, 해의 옛 우리 말 '라'(높이 떠 빛나는 해, 예: 어하라)와 같고 왜, 이집트 파라오 왕권 보호의 상징이었던 **매**(해나라의 새)**의 머리**를 하고 있는 신 **'호루스'의 아내**가 됐는지, 그래요! 우리 땅의 매(마+ㅣ, 마사람을 지키는 새 鷹)가 왜, 서쪽에서 해를 보호하는 신(Horus)이 됐는지 알겠네요.

수천 년 전 아니 만 년을 넘어 태고(太古)였을 지도 모르지요. 먼— 옛날 우리나라의 서해와 남해평원에 물이 차 **이 땅의 사람들이 떠나갔을 때,** 동방의 해나라의 한국인(人) 곁에 붙어 **주인**(大)**을 지키고 가축을 통제했던 개**(犬)**와 함께 어깨에서 주인을 지키고 사냥을 도우며 권력에 중요한 역할을 했던 매**였기에 인간의 반려자와 같은 대우를 받게 되면서 **신격화**된 것이고 또한 죽은 주인을 **저승으로 이끄**

는 길잡이가 되기 위해 미이라까지 된 것입니다. 카이로 남쪽 고대무덤에선 800만 마리의 개가 발굴되지요.(미CNN 2015.6)

이집트 창조여신 하토르, 룩소르 무덤벽화의 태양신 라
출처: 뉴스 데일리, 호루스(매)와 아누비스 (개) 미이라된 개
출처: 천지일보, 대초와 이집트의 비슷한 열매 '태초' 출처: MIA's 엘홈,
蕪(무)자의 전서 출처: http://www.internationalscientific.org/CharacterASP

그리고 '피라미드 만들 때 **일꾼들에게 무**(蕪)**를 먹였다**'는 〈피라미드비문〉의 기록은 **한국인**(동북아인)**의 이주를 뒷받침합니다. 처음엔 이 땅에서 가져 간 크고 달다는 한국의 무였을 겁니다. 무엇보다 蕪자의 전서**(篆書: 고대한자)**에 한국인을 상징하는 대인**(大人: 무인, 마인, 마한인)**이 있는 것으로 보아 무가 마문명**(무문명)**의 한국땅에서 먹던 대표적 채소였음을 알게 하기 때문이지요. 또한 우리가 약밥에 꼭 넣었고 조·율·시·이**(棗대초栗밤柿감梨배)**라며 제사상에 으뜸으로 올리는 대쵸**(대추: 자손을 끊기지 마라, 밤: 조상을 잊지 마라)를 이집트에서 대초 비슷한 열매를 '**태**(때)**초'라고 부르는 것은 단지 우연일까?

흥미로운 것은 전세계에서 피라미드가 나타난다는 것입니다. **티베트에서는 가장 높은 피라미드**(180m)**에, 1백 기가 넘는 피라미드군이 발견되고, **메소포타미아지역 남부 우르**(지구라트, 울: 울타리)**와** **이란, 아드리아**(알들이야)**해 건너편의 보스니아에선** 피라미드로 추정 되는 산과 그 근처(Zavidogich)에서 돌알(石球 stone boll)이 발견되고 스 **페인 카나리아군도의 귀마르촌락과 아프리카 수단의** 사막, **인도네시 아 자바, 미국**(일리누이주) **미시시피 강변의 카호키아, 콰테말라**, 이집 트보다 더 오랜(BCE3000) **페루의 까랄**(Caral)피라미드, **멕시코에선 지 구상 3번째로 거대한 건축물인 태양의 피라미드**(밑변223m, 높이65m)가 발견됩니다. 우리 고유의 '온돌'이 발견되었던 멕시코에서!

티베트 피라미드 출처: 구글 Nicholas Vreeland, 이라크 우르의 지구라트(BCE2100년경, 원래 3단) 출처: 전게링크, 보스니아의 피라미드와 돌알 출처: mbc서프라이즈, 스페인 귀마르피라미드

미국 카호키아 피라미드 출처: 위키메디아, 멕시코 달의 피라미드 출처: 위키백과, 멕시코 태양의 피라미드(BCE2세기 230x66) 출처: 구글어스, 페루의 선돌과 까랄피라미드(뒤) 출처: 꾸냥

피라미드의 국가, 멕시코 마야인의 태양의 피라미드!
멕시코 올림픽(1968년) 때 멕시코시티에 한국정(韓國亭)을 지었던 신영 훈 대목장은 현지인들로부터 '높은 산에 사는 고산족이 당신과 같은 대님 맨 **한복바지와 옷에**, 같은 풍습을 지녔는데 **이들이 계단식**(방단형) **피라미드**를 쌓았고 엉덩이에 **푸른반점**이 있었다'는 말을 들었다고…, 히스토리 채널은 "마야 피라미드는 **서쪽에서 온 엉덩이에 푸른 반점** 있는 사람들이 건설한 것'이라는 현지인의 증언을 방영합니다.

이재온(재미사업가, 밀포드) 씨 또한 1977년 당시 멕시코의 교통장관으로부터 '산 속에 팍크빌리지라는 곳에 **팍**(朴?)이라는 사람들이 **솥**을 걸고 **윷놀이**를 하고 **푸른 반점**(한반점)의 사람들이 있는데, 14C(당시 고려 말)쯤 배를 타고 왔다고 한다'는 말을 듣고 가슴이 아팠다고 전합니다. 그래요. **태백산**(太白山)이란 **제단**(피라미드)을 **쌓고 콩을 천신하고 천제를 올렸던** 산을 말함인데 옛 멕시코인도 **피라미드의 명칭**을 태벡(Te pec)이라 했으니, 아마 높은 곳에서 천제를 지냈던 크게(태) 밝았던(백) 땅(산)을 그리워했던 사람들이 아니었을까?

한국의 피라미드들

그런데 여러분, '동양의 피라미드'라고 들어 보셨습니까?

대대로 우리 땅 가장 **안**(安 편함)**이 모인 곳**(集)이라고 그래서 조상님께서 '편안한 집처럼 모시라'고 이름 붙인 곳, **집안**(集安)! 그래요. 安은 女(삼신할머니, 마고)를 宀(집)이었으니, 마고의 자손을 모신 집이었다는 것입니다. 그래서 묘지기(묘수인)까지 두어 지키게 하며 수도로 삼았던 곳이지요! 수만 기가 넘었다는 **성**(聖)**스러운 무덤건축물들**! 1962년 조사엔 **12,358기의 무덤**이 6,850기(1997년 조사) 정도라니, 중심을 잃고 시원겨레의 자부심을 잃었던 후손의 마음을 아프게 합니다.

만주 집안 피라미드군 출처: KBS1, 장군릉(좌)과 사방을 호위하는 배총(중) 위 고인돌 출처: 심한걸의 이리 기웃 저리 기웃, 전남 영암의 피라미드형 무덤 출처: 연합뉴스

고구리의 두 번째 수도였던 국내성이 있었다는 곳 집안. 이 중 북한 너머 압록강가에 있는 천추릉 그리고 장수태왕(고구리 20대)의 능으로 알려진 장군릉(塚)이 있습니다. 지금은 옆에 **고인돌형태의 배총** (딸려 있는 무덤) **하나에 면마다 3개의 선돌**이 남아있지만, 처음에는 **네 모서리에 배총이 넷** 있었고 이집트 대피라미드처럼 **스핑크스같은 수호신도 있었을 것**으로 추정하지요.

그런데 우리의 옛 땅 **동북3성에는 장군릉과 비슷한 능이 많다**고 하는데 특히 8시 방향의, 장군릉보다 **4배나 큰 적석총**을 어느 학자는 광개토태왕릉이라 추정합니다. 4시 방향에 〈광개토태왕비〉가 있기 때문이지요. 이젠 다- **차이나의 세계문화유산**(2004 유네스코)이고 관광자원일 뿐입니다.

천추릉 출처: 김용만(우리역사문화소장), 광개토태왕릉으로 추정되는 피라미드 (한 변 65m 높이 30m), 차이나 서안 동남쪽 한선제릉(?) 출처: 항고도

그런데, **만주의 피라미드들이 정말 고구리 시대의 것**일까요?

고구리 때 만들어진 것이라는 근거는 아−무것도 없다는데, 일제 때 처음 **재팬과 차이나 학자들**이 제멋대로 조작해 놓고 '이건 **고구리 때 것**이고 이건 **장군총이다**!'고 해서 우리도 그렇게 부르는 것일 뿐이라는데? (능陵 > 원園 > 묘墓, 총塚)

많은 전문가들은 반문합니다.

무엇보다 **선돌과 고인돌은 BCE2C까지 만들던 것**이라는데, 1후대의 고구리 피라미드에서 선돌과 고인돌이 나타나고 있으니 **정말 고구리 것인지?** 2장군총이 **장수태왕**(CE394~491)**의 능 맞는지?** 그럼 3선왕이신 **광개토태왕릉은 어딘지?** 그리고 4선왕께서 그렇게 **묘수인**(묘지기)**까지 두어 지키라 했던 이유**는 무엇인지, 무엇보다 정말 두 분의 능이 맞다면, 가장 찬란했던 제왕이었는데, 고구리의 많은 능에서 나오는 5**그 화려한 벽화는 왜, 하나도 없는지**, 왜, **장군총**은 고구리 무덤들하고 6**형식도 완전히 다르고** 7**텅 빈 무덤뿐**인 것인가?

그−래요. **고구리 때 것이 아니기 때문**은 아닐까요?

그래서 **초기의 피라미드답게 작았던 것**이었고 태곳적 **무덤이기에** 묘수인까지 두고 지키라 했던 것이지요. 그런데 장수태왕묘처럼 이집트의 **기자 대피라미드**(2589~2566BCE) **왕의 방도 텅 비어 있고 돌묘만 덩그러니 있다**니 참 묘하네요.

여기에 우리나라에서 문명이 이동했던 **서만주 홍산지역**에서 이집트 피라미드보다 1천년이나 **앞선 5~6천 년 전의** 초기 피라미드(적석총)가 그것도 **한국의 천제문화인 초기제천단과 함께 출토**되면서…

피라미드의 정체성은 물론 유래까지 밝혀졌으니 어쩌면, 홍산피라미드보다 더 오랜 피라미드일 수도 있지요.

지금 차이나가 집안지역의 피라미드 무덤들을 **고구리 무덤이라 하면서 출입을 철저히 통제**하는 것은 한국의 위대한 역사**를 감추려는 의도**일 것입니다. '동북공정'(동북쪽 오랜 역사를 뺏어라)의 마지막 단계가 **홍산문화보다 더 오랜** 인류의 시원(시조)문명을 뺏는 '탐원공정'에 있기 때문이지요. 억장이 무너지는 것은 이 동북공정이 **한국강단학자들의 협조**로 마무리 단계라는 것입니다!

장수태왕의 묘실과 통로 출처: 장안봉, 기자 대피라미드 '왕의 방' 출처: Santa Faiia, 지나 서안의 피라미드 출처: Google

무엇보다 차이나의 **북쪽 서안과 북서쪽 함양유역**에서도 피라미드가 발견되는데, 큰 것은 기자피라미드보다 더 크고 진시황보다 수천 년 앞선 5천 년 전(? 탄소연대측정법) 축조된 것으로 밝혀집니다.

모두 계단식, 들여쌓기 공법으로, 훗날 동이인 고유의 건축양식(일명 고구리식 무덤)이었지요. 밝혀진 것만 **100기 이상**, 가장 큰 것(242×224높이)은 이집트의 쿠푸왕피라미드 높이146.5m(현재 137m)**보다 크고** 연대도 조세르왕조의 **계단식 피라미드**(서기전 2560경)**보다 최소 1~2천년 앞선 것들**! 이 또한 고구리 때 것이 아니었습니다!

그런데요. **지나족**(화하족)은 스스로 **최초의 국가를 하**(夏 2070~1600

BCE)로 하였으니, 하(夏) 이전 **4천 년 전 역사는 없는 것**! 게다가 하를 이은 은(殷 ~1046BCE) 때까지, 4천 년 전까지는 지나족이 **하북성**(북경이 있는)과 **산동성**(태산이 있는)**을 넘지 못했다**는 것이 지나학계의 일반적인 학설이었으니, 그 북쪽에 있는 이 문화의 주인공은 누구였겠어요? 그래요! **우리**(동이)**가 이동해서 세웠던** 흔적이었기에 차이나는 쉬~쉬~하며, **많은 피라미드를 없애는 것**이지요.

피라미드의 정체성은 한국

정말 **피라미드의 창조의 주체가 한국인**이 맞을까요? 세상만물에는 다 뜻이 있는 법! **피라미드에는 무슨 뜻**이 있을까요?

  -동 · 서 · 남 · 북 **네 방향**과 그리고 **중심**이면, '오방(口. 五方) · 오행사상'! 석학 서량지 교수가 *중국사전사화(1943)에서 "동방의 **오행사상은 동북아에서 창시**된 것을 (차이나가) 계승한 것이다." 라고 했던 우리 겨레 특유의 사상 아닙니까? 그리고 밑의 네모는 **땅**(口地), 옆의 삼각형은 **사람**(△人), 윗부분은 **하늘**(○天)을 나타낸 **천지인** '三才思想' (삼재사상)! 다- 우리의 고유사상!!!

  아, 피라미드를 최초로 만든 사람이 우리 한겨레였다는 문화였지요. 아, 그래서 굿을 할 때, 세상을 아울렀던 천손의 색, **오방색 옷**의 무당이 **머리에 피라미드 모양의 고깔**(△)을 썼던 것이고 마한, 진한에 비해 정체불명의 나라였던 변한(弁韓)이 다름 아닌 '**고깔**(弁)**을 쓰는 한**(韓)**인**'이었음을 알게 합니다.

무속칼럼니스트 조성제 대표는 **남쪽의 세습무**(대를 이은)들은 '굿을 할 때 **한지로 접어서 고깔**을 만들었다'며 신라 19대 눌지 마립간(?~458) 때의 박제상이 쓴 *부도지(符都誌: 한겨레의 가장 오랜 역사서) 제25장의 마고의 두 따님(궁희, 소희) 중 소희의 자손인 "백소씨와 흑소씨의 후예가 **소**(巢: 높이 지은 다락 집)**를 만드는 풍속을 잊지 않고 고탑**(高塔)**과 충대**(層臺)**를 만들었다.**" 라는 기록을 들어 무당들이 굿을 할 때, 무심히 머리에 쓰는 **고깔**이 바로 **부도지의 소에서 유래된 피라미드**였다고 하지요. 그래요. 소(巢)는 새(해, 하늘)백성의 보금자리로 '인간의 **본성**'(本性)과 '우주의 **본음**'(=律呂), '하늘의 소리'를 가까이 듣기 위해 높이 쌓았던 **피라미드**였던 것입니다.

정형진 원장(신라얼문화원)은 지금 표준 단군영정에는 고깔모자를 쓰고 있지 않지만, 조선후기 한양의 무속을 그림으로 남긴 *무당내력(규장각 소장) 중 무속12거리도에는 '**환인 제석, 단군 할배는 고깔모자를 쓰고 있다**'고 하며 그의 저서 *고깔모자를 쓴 단군에는 '**단군**뿐 아니라, 천산주변에 살던 우리의 후예였던 **샤카족**(석가모니 부족)과 **이집트 파라오와 수메르인, 신라의 왕이나 귀족** 등 상당히 많은 곳에서 끝이 뾰족한 고깔모자를 썼고 **스핑크스가 바라보는** 방향은 동(東)쪽이었다' 고 합니다.

그래요, 지금의 교황의 고깔모자도…, 아, 이들이 옛날 문화의 우월성을 상징했다는, 전 세계적인 **편두문화와 모자문화!** 맞아요, 천손의 우월함을 드러내었던 하나(한)의 문화에서 출발한 사람들이었음을 알(o, ☀)게 하지요!

강상원 박사님은 말합니다. "원래 **고인돌이나 피라미드**(亠)를 만드는 사람들이 썼던 것이 **갓**(亠)이었다. **테가 있는 모자**는 높은 지위의 상징이었기에 아무나 쓸 수 없었다. 그래서 '市'(시)자란 아무나 살 수 있었던 곳이 아닌, **두건**(巾)을 쓰고 **고인돌이나 피라미드**(亠)를 만드는 **사람들**이 사는 마을이었다. **시**(市) 자를 쓰던 사람들이 세계로 퍼져나가 **영어의 시티**(city)가 되었으니 시(市)자에서도 고대 한국어의 자취를 엿볼 수 있다." 아-, 감사합니다!

그리고 윤복현 교수는 '산(山)이란 **피라미드**였으며 피라미드를 만드는 사람을 **사나이**(산+아해), **사내**(산+애)라 했고 피라미드는 동방의 지도자가 계신 곳이라는 것을 함축했던 표현이다. 우리가 말하는 산(mountain)은 옛날엔 **오름**(예: 제주도의 오름)이었다.'고 합니다.

그래요! 선조께선 **오름이나 뫼**라고 하셨지요.

굿 할 때 신을 맞기 위해 거는 그림(마고와 두 딸 궁희, 소희의 고깔모자) 출처: *삼민신고 조자용,
무녀의 고깔모자 출처: 흑요석 우나영, 갓 출처: 남성의 표상 조선시대 갓이야기, 고(高)의
갑골문(1-3), 금문(4~7) 출처: http://www.internationalscientific.org/CharacterASP

〈한국고대사〉의 고백신 님은 "마을의 수호신을 모신 **'당'**(堂집)은 마고(한겨레의 시조모)의 집이며 서낭당(해처럼 밝은 여인을 모시는 집)으로 **한겨레가 쌓았던 피라미드에서 유래**된 것이고 '**고**'(高) 또한 높이 솟은

피라미드(천제단)를 형상화 한 것으로 **高-구리**(려)는 **피라미드를 만들었던 구이**(리)**의 후손**을 뜻한다." 라고 말하고 가장 오랜 신화집이며 지리서인 *산해경의 대황동경(大荒東經)편에서 "동해의 바깥에 **대언**(大言)**이라는 산**(큰 말씀이 나온 피라미드)이 있는데 해와 달이 뜨는 곳이다. 그곳에 **대인**(성인)**의 나라, 대인의 시**(市: 신시, 갓 쓴 사람들의 마을)가 있는데, 이를 **대인의 당**(堂)이라 부른다."(東海之外 有山名曰大言 日月所出 有大人之國 有大人之市 名曰 大人之堂) 라는 부분에서 산(山)과 당(堂)과 시(市)의 미스터리가 **모두 문명을 시작했던 한국인의 피라미드를 쌓던 문화였음**을 알게 합니다.

또 '百'의 금문자(7번째)는 피라미드를 **위와 옆에서 본 모습**이고 금문자(8)은 **위**(十)**와 옆**(△)**에서 동시에 본**(피카소기법) **모습**이었고 갑골문(9-10)에서는 **피라미드와 대인**이 있는 것으로 **백제가 피라미드의 전통을 이어받은 후예**였다는 것을 드러내고 여기에 '제'(濟)의 금문(11)은 **두루마기를 입고 세 피라미드 앞에서 예의를 갖추는 모습**이고 금문(12)과 전서(13-16)는 **물 건너 동**(東)**쪽 강가에 있는 세 피라미드를 그린 모습**이었음을 밝혀낸 것입니다. **존경을 표합니다!**

피라미드가 1만 기도 넘게 있었다는 **압록강 유역**(고대한국 제3중심지)에서 발원한 **백제**가 나라이름을 **십제**(十濟)나 **백제**(百濟)로 한 것도 당연히 **십**(十)이나 **百**(백)이 **모두 선돌, 피라미드 등** 고대한국의 고유전통을 나타내었던 것이라고 해요. **고구리, 신라**와 함께 서로 자신들이 고대한국의 정통계승자**라는 자부심**을 나라이름으로 치열하게 경쟁을 했다는 것이지요. ↓ 보세요!

十의 금문(1–4), 갑골문(5–6), 酓의 금문(7–8 위와 옆 그림, 위와 옆을 동시에 그림), 갑골문(9–10) 제 (齊: 갖추다)의 금문(11), 제(濟: 물 건너 동쪽 강가에 있는 피라미드)의 금문(12), 전서(13–16), 弁 고깔 변' 갑골문(17) 출처: 고백신 http://www.internationalscientific.org/CharacterASP

아, 유레카! 저 건너 지나땅의 국가들이 **하**(夏여름), **상**(商헤아리다, 殷성하다), **주**(周두루), **진**(秦벼이름), **한**(漢은하수), **수**(隨따르다), **당**(唐허풍), **원**(元으뜸), **명**(明밝다), **청**(淸맑다) 등 **외자**(字)**로 시작하여 진정한 황손 같아 멋있어 보였는데**, 문화를 알고 보니, 대국으로 알았던 하 · 상 · 주는 정작, 나라(인류의 시원문명을 일으켰던 물의 나라)**나** 강역(疆域: 북두칠성이 아우르는 땅)이 아닌, 국(國: 닭울음소리와 개 짖는 소리가 사방 국경까지 들릴 정도, 1천 리를 넘지 않았던 영역–*맹자)**으로 시작했던 것들**이고, 뿌리(근원과 시작)를 이어받은 깊은 역사와는 관계없는 **곁가지**(支, cf 봉준호 감독의 기생충)**와 같은 국가들**이었습니다.

반면, 우리의 국호는 井우리나라(사람의 문명을 시작한 첫 울타리 물의 나라)를 시작하여 **마한**(인류의 문명을 시작한 마고를 계승한 뿌리하늘나라),

진한(만물이 나온 동방震의 하늘나라), **변한**(고깔모자 쓰고 솟대를 세우고 선돌, 피라미드를 쌓았던 하늘나라)으로, **조선**(물井을 에워싸고 해를 받드는 뿌리나라), **부여**(소부리 출처: *삼국유사: 밝은 태양, 불로 문명을 시작한 불의 나라), **백제**(천제나라의 피라미드 전통을 계승한 나라), **신라**(인류의 문명을 시작한 밝은 땅 솟대가 있는 소도를 지켜온 나라), **고(구)리**(피라미드를 만들었던 위대한 구이의 적통)라 했습니다. 그래서 고구리를 이어 하늘겨레의 핏줄을 잇는다 하여 연호를 '천통'(天統)이라 하고 국호를 **대진**(大震발해: 만물이 나온 동방震의 위대한 나라)이라 했던 나라는 발해(渤海, 홍산문화)의 문명을 일으킨 후손이었기에 **발해**라고도 불렸지요.

아, **우리의 나라이름**들은 한결같이, 우리 문화에서 영향 받은 **곁가지(支=枝)와 같은 문명의 지나(支那)땅의 제후국**들은 감히 상상도 할 수 없는, 시원의 뿌리겨레의 자부심을 드러내려는 **장엄한 표현**이었지요. 이제 제대로 보이십니까? 우리 스스로에 대해 연구를 하지 않아 좀비가 된 것일 뿐! 그러나 다―행히 나라가 갈려도 **거대한 역사를 시작했던 시원의 배꼽땅** '우리나라(卅)'**라는 말만은 잊지 않고 이어왔**기에 이런 역사의 비밀이 풀릴 수 있었던 것입니다!

춘천 중도의 짓구석, 한국인의 무(無)역사관

여러분은 아십니까? 지금 **외국관광객들이 가장 보고 싶어 하는 것** 중에 하나가 **우리의 땅에 널려 있는 고인돌**에 대한 **궁금증**이라고 하는 사실을? 외국인들은 우리와 달라요! 자신의 근본을 찾아 항상 '나는 누구인가?', '인류사는 어떻게 이어왔나?' 하는 것들에 목말라 한다는 것이지요. 그래서인지 '고인돌의 인류사적 의미와 명칭을 왜 '돌멩' (dolmen)이라 했을까?' 하는 것들을 알고 싶어 한다고 합니다.

영국 솔즈베리평원의 스톤헨지는 영국관광의 필수코스라고 하는데 관광객만 수백 만(1인: 예약금 4만원+관광비60파운드=9만원+입장료)! 그리고도 줄 쳐 놓고 정작 근접도 못하게 하며 소중히 여기지요.

아일랜드에는 스톤헨지보다 앞서고 이집트 피라미드보다 400년 앞선다는 선 고인돌(한머리땅의 선돌) 몇 개로 둘러싸인 뉴그레인지, 무덤이 있고 주위의 돌에는 북두칠성과 삼태성 그리고 우리 땅의 암각화에서 볼 수 있는 기하학적 무늬가 보입니다. 지금, 소중한 관광유적지로 개발하여 연간 관광객 50만…!

아일랜드 뉴그레인지 무덤군 출처: 강필의 창, 기하학적 무늬 출처: 김현지, 선돌 출처: my real trip, 환상석렬인 영국 스톤헨지 출처: 앨리의 사진과 여행

그런데요! 세계의 유래도 없는 거대한 고대궁전(짓구석–강상원박사님 설)들이 발견됩니다. 영국의 플라스틱 장난감 레고랜드(Legoland) 조성지인 강원도의 섬 '중도'(춘천)에서 100여 기의 고인돌, 적석총에서 원형소옥, 917 기의 집터, 355 기의 수혈, 다량의 토기(햇살무늬토

기 등), **우주수**(비파형)**동검**, 제왕의 위엄을 상징하는 **청동도끼**(斧鉞부월)까지 발굴된 **남한 최대의 고대조선 유적지이며, 전 세계에서도 처음이라는 대규모 청동기유적지가 발굴**(2013~)된 것이지요.

고인돌 백화점! 재야사학자들은 고대기획도시마을로서, **경주와도 비교할 수 없는 중요한 고고학적 유적지로**, 박물관 몇을 지어도 될 정도의 가치라고 하고 더구나 김종문 대표(중도본부)는 "(재)한강문화재연구원을 비롯한 7개 고고학 발굴기관들은 중도유적지가 **석기시대 말기에 조성되어, 청동기시대까지 존속했던** 것으로 판단한다." 라며 잃어버린 우리의 고대역사를 증명할 소중한 유적지라고 말합니다.

레고랜드 코리아 기공식, 이젠 볼 수 없는 황폐화된 중도유적지, 청동부월, 우주수청동검
출처: 연합뉴스, 햇살무늬토기 등 중도유적 일부 출처: 나르샤

그런데 어떡하죠? 많은 역사단체들(춘천중도선사유적지보전본부, 한배달, 한민족사중앙연구회, 구국실천연대 등)의 맹렬한 반대에도 불구하고 **'모래로 덮으면 된다!'**며 무책임한 태도로 일관하면서 레고사업을 승인하고 **'잡석'**(雜石)으로 부르며 원형을 훼손해 버렸으니…!!!

그래서 평생을 고인돌연구에 바친 세계적 석학 사라 넬슨(미국)은 **고인돌과 제 역사에 무심한 '기이한 종족'**을 질타합니다. **'나라 전체가 잘못된 역사를 전적으로 받아들이고 사는 유례 없는 나라!'** 가수 장사익의 노래가 들리네요. **"이게 아닌데, 사는 게 이게 아닌데~!"**

세상의 코어였다(?)는 차이나는 **세상 문명의 배꼽**(시원)**과 코어**(中心, 핵)**를 상징하는 고인돌 등 거석물**을 너무나 부러워합니다. 이미 만리장성을 처음보다 **4배 이상** 늘여 영토를 넓히고 **홍산문화를 빼앗아** 고구리와 고조선과 배달문명마저 **다 지나의 역사로 빼앗아**버린 것은 정작 이 **홍산인의 어머니땅**이 고인돌과 선돌, 피라미드 돌유적의 고향이 지천(세계의 절반 이상)으로 널려 있는 **한머리땅**(마문명, 코어)임을 알았기 때문입니다. 그래서 진정한 코어(중화, 중심)가 되기 위해 한국땅을 속국화 하려는 것이지요. 문제는 우리 땅의 **대부분의** 정치인과 교사조차 제 역사와 문화의 99.8%를 잊고 사는 무지(無知)한…,
　　'얼골에 코(core)**가 없는 얼치기!'**라는 것입니다.

인류가 찾는 성궤?

유럽의 **신비주의자**(神秘主義者)**들**이 지금까지도 그토록 찾고 **히틀러도 찾기를 열망했다는 성궤**(聖櫃: The Holy Ark) 혹시 아십니까? 〈인디아나 존스〉를 비롯하여 많은 영화와 소설의 소재가 되었던 성궤는 **신**(神)**의 강림을 상징하는 신비로운 물건**으로서 막강한 힘을 발휘했다고 전해옵니다.

　'성궤'를 두고 누구는 **돌판**(십계명), 누구는 **빛나는 석관**(石棺: 돌관) 또는 **벽옥**(碧玉: 바다색 닮은 푸른 옥)**으로 만든 석관**이라고 합니다. 그런데 **돌로 만든 관**이란 한머리터와 산동과 요동 그리고 큐슈, 오끼나와 등 오로지 **한국인이 지나간 강역에서만 발견되는** 동이인(東夷人)의 문화였지요. 어쩌면, 성궤는 **이-른 신석기 문명으로 문화를 시작했던**

고귀한 신(神)의 나라에서 돌로 처음 만든 제단(壇)인 고인돌(선돌, 피라미드) 밑에 보관하여 천제 때 쓰던 **지존의 청동검**이나 **청동도끼, 청동방울**, 천부경을 기록한 **청동거울**일 수도 있습니다.

고 변광현 님(고인돌 연구가)은 **옥을 금실로 연결하여 시신을 감쌌다는 부여**(후고조선)**의** '전설의 옥갑'(玉匣)을 성궤로 추정합니다. '옥'(玉)은 일반적인 보석의 의미를 초월하는, **당시로는 최고의 과학문명을 상징하는 나라의** 지존신권(至尊神權)이 지니는 상징물을 넘어 하느님의 신성과 영생불멸을 상징하였기에, **동서양의 제사장들의 지극한 애착 속에서 신과 소통하는 신물로 사용**되었기 때문이지요.

정작, 저들이 찾는 성궤가 '**인류의 근원적인 것**'이라면, **분명 우리 땅**의 문화여야 하는데…, 유럽의 지성 루돌프 슈타이너(독)는 유언을 남깁니다. "극동의 성배민족을 찾아 경배하고 그들을 도우라!"

그러나 선진국이라면서 제 역사와 문화에 무지하여 **언어주권과 문화주권**은 커녕, 시원문화인 우리 고인돌에서 유래된 '**석학**'(碩學)의 뜻조차 모르기에 우리말 '**dolmen**'(돌맹-이)**이 고인돌의 세계적 표기**임에도 재팬학자(도리이)의 표현인 지석묘(支石: 돌에 의지한 무덤)라 말하고 분명 우리 밝(광명)달문화의 상징인 해(日)의 빛(햇)살무늬토기도 빗살(머리빗)무늬로, 동방의 신화적·문화적 나무를 상징하는 우주수 동검도 비파(지나 악기)형동검으로, 불의 원조문화 온돌도 하이퍼코스트라고 하고 있으니…? 우리가 천손의 정체성을 보지 못하는 한, 지구의 역사와 인류의 성궤는 영원한 수수께끼가 될 뿐입니다.

터즛대감, 인류의 건축문명의 시작

옛날, 이 땅에는 솟대와 함께 **임금님의 집에 세웠던 돌이 고인돌**(짓구석) 외에 선돌 등 선사시대의 거석기념물들이 즐비했을 것입니다. 그런데 인류의 첫 집이라는 동굴 말고 **사람의 뜻과 설계로 지은 집은 누구로부터 시작되었을까요?**

　　당연히 모든 집은 '**기둥**'이 세워지고 시작되었을 겁니다. 김대성 회장은 *금문의 비밀에서 금문으로서의 'ㅣ'(기둥 주)가 천신(天神: 솟대 위)과 지신(地神: 솟대 아래)이 연결된 **솟대**였고 이 기둥(솟대)이 '꽂(꼰=곤坤땅)'아진 **밝은 터**에 집을 짓고 살 곳을 정했다는 의미였음을 밝혀냅니다.

　　〈한국고대사〉의 고백신 님은 '고대한국은 천제(天帝)의 나라**로서 선돌**이 있는 곳이었기에 지나는 **동북방 만주 쪽을 '토방**'(土方)이라 했으며 **터, 토는 문명의 상징**인 고인돌이나 선돌이나 피라미드를 **세웠던 모양**(土)을 그린 옛글'이었다고 합니다. 그래요. '土'는 인류의 첫문명인 마(엄마)문명이 텃던(트+어=터, 토) 곳을 상징하는 글자요, 배달(倍達)문명이 시작되었던 **고대 한국땅**을 상징하는 글자였지요.

　　왜냐구요? 해가 트고(뜨고) 동이 트고 **온갖 생명이 트고** 움(싹)이 트고 그래서 **말과 문자도 트고 생각도 트고 인류가 튼 곳**, 그래서 이 **머리가 튄**(뛰어난) 사람들의 땅에선 **천문, 과학, 종교와 철학, 인문, 지리, 건축, 의학** 등 문명의 싹이 **터**(트어)**진 곳**이었기 때문입니다. 모든 것을 트게 했던 그 배꼽 같은 땅(The core)을 우리 겨레는 '**터**(전), **토**(土), **따ㅎ**(해가 터서 따뜻한 곳)라고 불러왔던 것이지요.

솟대 출처: 능강솟대문화공간, 경북 칠곡면 선돌(4.5m) 출처: 봐도 잊어버리고, 강화 고인돌
출처: 강화도령, 토(土)의 옛 금문자 출처: Chinese Etymology

그래서 **터주**란 '문명을 시작한 땅(土)의 주인'이라는 선조의 자부심
의 글자였습니다.(이 책 애독자는 터줏대감!) 그래요. 바로 주춧돌의 시
작이면서 **무시무시하게 오랜 건축의 역사**이지요. 인류의 문명이 동방
에서 시작하여→ 서방으로 이동했다는 것이 인류사의 상식인데, 인류
건축문화(住주)의 시발지도 한국땅이었던 것입니다. 우리의 **솟대**와 선
돌(ㅣ)과 고인돌, 피라미드 등의 **거석문화**와 **고래**(당)**문화**가 시너지효
과를 내며 **세계 건축양식의 기본**(주초)이 되었던 것이지요.

전통건축계의 살아 있는 전설이라는 이광복 대목장 도편수는
"**基礎**(기초)는 터와 주춧돌로 사물의 기본이 되는 토대를 뜻한다. 그래
서 집(한옥)을 지을 때 **가장 먼저 하는 작업이 주추를 놓는 일**이다. 기
둥 밑에 기초로 받쳐 놓은 굄돌을 **주춧돌, 머릿돌, 초석**(礎石)이라고
했다. 그런데 주추 위에 기둥을 세울 때는 **기둥의 면을 자연석 주춧돌
에 맞게** 깎고 다듬어 맞추었다. 이것이 우리 선조가 남긴 고유의 건축
기법의 하나인 '그레질'(그렝이 공법)이다. 작업하기는 어렵지만, **아래
에서 떠받치는 안정감으로 천 년이 넘는 세월**을 견뎌왔다.
    우리의 어설픈 주춧돌은 결코 건축의 열등의식이 아닌

자연을 닮으려는 마음이었다. 그래서 둥근 기둥에 주춧돌이 네모인 것은 하늘은 ○(둥글)고 땅은 □(모지)다는 **천원지방**(天圓地方)**의 사상**을 드러내었던 자연의 마음이었다." 라며 인류시원의 터를 지키며 기둥을 세우고 사는 한국인의 의식을 깨웁니다.

또한 학자들이 새를 뜻하는 '**조**'(鳥)가 **건축양식을 뜻하는 글자**였다고 하는 것은 '**새**(해)**의 자손** 동이에 의해서 건축이 시작되었다'는 것을 말합니다. 그래요. 1.**솟대**를 세우고 **터**를 정하고 **주춧돌**(기둥)을 놓고 2.**거석문화**를 이룩하고 3.**농경과 가축**을 시작하고 4.**고래문화를 함께 했던 새**(乙)**의 자손들이 마을**(麻乙)을 세워 문명을 시작하다 북두칠성(7)처럼 퍼져나가 세상의 판을 짠 사람은 아니었을까?

이렇게 마고한국인에 의해 '**동북쪽**'(艮方: 인류의 문명이 시작된 곳)**에서 건축도 시작되었던 것**입니다. 그래서 예부터 집을 지을 땐, '**동북쪽**'**에 터를 잡고** 그런 다음 '**터주**'(집터를 지키는 地神)**에게 예를 올린 후 지었다**고 하고 처음 집(궁궐)을 지은 분을 '**성조**(成造)**할아버지**'라며 기려 왔던 것이라고 합니다. 세계의 미스터리들이 온통 우리의 돌과 솟대와 얽힌 문화로 생겨났던 것이지요.

비록 차이나가 우리처럼 **주춧돌을 '주추'**라고 하고 있으나, **집주인**을 빵주(房主) 외에 동방 동(東)자를 써서 '**빵똥**'(房東)이라 하고 **식사를 초대한 주인**(主人) 또한 東자를 써 '**주어똥**'(做짓다 東동쪽: 동쪽사람이 지었다)이라고 전해지는 것은 주택문화 역시 우리 동방(東方)의 땅에서 출발했던 것임을 알 수 있는 흔적이었습니다.

여기에 국제대회 **주최국** 또한 '**똥따오주**'(東道主)라 하는 것은 **모든 문명·문화의 주인**(主囚)이 동방(東方)의 마고나라를 이은 한국인의 땅의 나라에서 비롯되었다는 사실을 알고 **동방에 대한 예**를 갖추었던 흔적들이었지요. 그래서 지나의 왕들이 제사를 흉내낼 때 **터줏대감의 토**(土: 만물이 튼)**의 땅 동북쪽**을 향했다는 것 아닙니까!

천원지방의 기둥과 주춧돌과 그렝이공법, 종묘 정전 배흘림기둥 출처: 살아있는 그날까지만, 부석사 무량수전, 파르테논신전의 배흘림기둥 출처: 인천문화관광해설사회, 토토로의 세계여행

양극영 교수(전 원광대)는 "우리의 건축에는 그렝이 공법 외에 민흘림방식, 배흘림방식, 귀솟음, 안쏠림 등 **기둥의 착시현상까지 교정해서 안정감 있고 심미적인 효과까지 고려한 세심한 공법**까지 쓰였다. 이 중 기둥 중간의 불룩 나온 '**배흘림방식**'(entasis)은 그리스 파르테논신전의 기둥이나 이집트 오벨리스크의 탑신에서도 나타나는데 **우리의 영향을 받은 것**이었다. 그래서 고구리 **고분벽화의 건축도**에서 보이는 배흘림방식 등은 태곳적부터 이어왔던 우리의 건축술이었음을 증명하는 것이다." 라고 하여 우리의 건축양식이 **그리스의 영향**이었다는 주장을 일축합니다. 그래요. **고창의 고인돌이 바로 그렝이 공법**이었다고 하지요.

이러한 공법들은 일찍이 **가장 이른 고래잡이문화와 가축사육문화**

를 통해 이미 **해부와 뼈구조에 해박한 지식으로** 우리 땅이 조립식 도구며 조립식 검(劍) 등의 조립식 문명의 시원지가 되게 했던 사람들의 문화였지요. 전통적인 한국의 집과 배 등의 모든 토목건축의 기본이 억지로 **못을 치지 않는 조립식**이고 **짜맞춤**을 한 것도 다 이러한 **가축 · 고래문화의 산물**이었던 것입니다.

반면, **못을 사용할 경우**에는 온갖 정성과 과학이 응용되었지요. **인류최고의 유산인** '팔만대장경판'(1236)의 경우, 경판의 과학적인 처리와 정성은 물론이고 경판이 뒤틀리지 않게 **네 모서리를 장식한 구리의 순도는 99.6%**, 구리판을 고정하는 **수백만 개의 못의 순도는 94.5~96.8%의 단조된 제품**으로서 세계 과학기술사에서 유래가 없는 발명이었다고 합니다. 여기에 **0.33~0.38%의 망간을 함유한 못**은 지금도 녹이 슨 것이 없으니 13C에 **이렇듯 순도 높은 구리의 정련기술**과 **과학이 응용**되었다는 사실에 과학자들은 그저 경탄만 합니다!

여기에 *팔만대장경판을 보관하기 위해 지은 **창고인** '해인사 장경각' 또한 고도의 과학적 정신이 빚어낸 세계사에 빛나는 건축이었기에 세계에서 유일하게 〈세계문화유산〉으로 함께 등재되지요.

건물의 **방향**에 따라 창문의 **배치와 높낮이와 크기** 등을 달리 설계하여 **유체역학으로 공기의 흐름**을 맞추고 **바닥은 숯과 소금과 석회**를 층층이 깔고 바닥과 벽을 흙으로 발라 건물 내의 **습도는 물론 온도를 2℃ 이내로 균일하게 하고 보통 5℃의 일교차를 넘지 않았다** 하니, 지금의 히터나 에어컨과 같은 별도의 온도조절장치나 습도조절기 같은 첨단과학기술을 동원하여도 이룰 수 없는 (친환경) **보존과학**을 이루어 냈던 선조였습니다. 그래요. 그래서 **망가진 우리의 역사**를 복원하는 길은 왜곡된 기록의 역사가 아닌 '**문화를 사랑하는 우리 겨레의 삶의 깊이**'에서 찾아야 한다는 것이지요.

해인사장경각 출처: 3디렉터채널, 팔만대장경판의 구리판의 못 출처 : 네이버 지식백과, 고조선의 조립식 검(劍)들 출처: 윤내현

고대겨레와 고래당 건축물

우리 한국인에게는 **한때**(근세조선) **작고 좁고 그것도 쓰러져 가는 '오두막'**이 안분지족(安分知足)이며 격에 맞는다고 생각했던 적이 있었습니다. 그래서 동쪽 후미진 곳에서 중국보다 **지붕도 낮추고 단층으로 초라하게 거미줄 치며 살아야** 하는 운명이란 생각조차 들었지요.

그런데 이상했던 것은 우린 소박한 꿈이라면서 '깊은 산골에 **고래 등 같은 집을 짓고 예쁜 각시와…**'라고 말해 오고 *삼국지 위지동이전에는 "**그들**(옛 한국인, 동이)**의 풍속은 궁궐이나 주거지를 성대하게 짓기를 좋아한다.**" 라고 기록한 것이지요. 그래요. 이 땅의 사람들은 1수많은 고인돌 등 거석을 조립하고 2석기(신 · 구)문화의 꽃을 피우고

3고래를 처음 잡아 **짜맞춤**을 배우고 여기에 4**공포기술 등 첨단건축기술**로 고래당 같은 **거-대한 집**을 참- 많이도 지었지요. 그래서 '성(城)의 나라'로 불렸던 나라! 지나의 *신·구당서와 김부식의 *삼국사(기)는 **백제가 가장 많은 2백여 개의 성**을 갖고 있었다고 기록합니다.

　100여 년 만에 완공했다는 동양 최대의 사찰, 황룡사(皇龍寺)! **신라의 황룡사**(38만㎡) **법당은 숭례문의 13배, 경복궁 근정전의 3배 규모, 황룡사대종**은 무려 성덕대왕신종(흔히 에밀레종 12만 근)**의 4배에 달하는 최대의 종**(49만7581근-30만kg)이었고 **5미터 높이의 최대의 금동불상** 그리고 **80m**(20층 건물)**의 황룡사 9층대탑**이 있었지요.

　그 안엔 상상을 뛰어 넘었을 신라의 수많은 보물들이 있었다고 하는데…, 1300년 전, 고리 고종25년(1238) 몽골군의 약탈과 방화로 다- 불타 사라져버렸으니…, 아, 문화에 무지했던 몽골인이여-, 그대들이 이 **문화의 나라, 조상의 나라에서 무슨 짓을** 했는지…!

　그런데 황룡사 9층대탑보다 더 크고 높은 탑이 지리산 **'실상사'**(약 85m 신라)와 평양의 **'청암리사'**(90m 고구리)와 **'정리사'**(80m), 하남 **'동사지'**(100m 고리 전기) 등에도 있었다 하고 또한 사찰의 규모에서도 **고구리**에는 황룡사와 거의 맞먹는 크기의 사찰인 '정릉사'(평양)가 있었다 하고 지금은 터만 남아 있지만, **백제의** '미륵사'(익산)**는 더 컸다고** 전해집니다. 현존 최대의 목조건물이라고 재팬이 자랑하는 **50m 동대사 역시 백제와 신라인의 손으로** 지어진 것이었을 뿐이지요.

　아, 얼-마나 장엄하고 찬란했던 우리 땅이었을까!

지금 경주의 '불국사'는 10동도 안 되는 건물이지만, 신라 경덕왕 10년(751) 김대성이 축조 당시는 **80여 동의 건물 약 2,000칸의 대사찰**이었으며 **구름다리** 또한 지금의 연화교와 칠보교, 백운교와 청운교 외에 **9개의 다리가 더 있어 무려 13개**였고 구름다리 밑으로는 물이 흐르고 배를 띄웠다고 〈문화재청〉이 전합니다.

여기에 번성했던 황제국 고리(高麗) 개경의 '흥왕사'는 **무려 3,000~3,500칸**…, 안엔 **황금 144근**(86.4kg), **은 427근**으로 만들어졌다는 **'금탑'**(1078)과 이를 보호하기 위한 엄청난 크기의 **'석탑'**을 조성…, 최충헌의 뒤를 이어 집권한 최이 또한 **황금 200근으로 '13층탑'과 '화병'**(花瓶)을 만들어 안치했다(1223년)고…. 찬란했던 우리 고리(려)여!

아, **웅장하고 찬란하도록 아름답고 혼이 저릴 만큼의 풍치와 품격**을 지금의 후손은 어찌 짐작이나 할 수 있겠습니까? 이 **장엄한 건축물과 황금과 보물, 명품들 지금 다-, 어디**에 있습니까? 모든 궁궐과 사찰, 양반가가 그렇듯 **그저 휑-할 뿐, 아-무것도 없습니다! 다- 불타고 다- 약탈당했으니**…, 역사를 잊은 겨레의 초라하고, 천박한 모습입니다. 어때요? 모두 복원해 보는 것이- 그럼 엄청난 관광객…!

재벌회사들이 해야 할 것들!-황룡사 9층목탑 3D영상복원도 출처: 경주신문사,
미륵사 복원모형 출처: 나무위키, 가을 불국사 출처: 2gateless

이형구 고고학 교수는 하늘겨레의 장자였던 **고구리의 위상**을 말해
줍니다. "고구리 평양의 안학궁(安鶴宮)은 차이나 최대의 궁전인 서안
의 **대명궁보다 더 크고 웅장했다.** 태왕께서 정사를 보는 **정전의 전면**
도 지나의 대명궁의 함원전(75m)보다 **큰 90.5m**(높이40m), **남문의 면**
적 또한 서울의 숭례문이나 평양의 대동문보다 **2배 반이나 큰** 한국고
대건축의 기념비적 걸작이었음을 알아야 한다."

그래요. 수 · 당(唐)을 비롯하여 13국의 수도였고 파르테논신전(그리
스)보다 3배 크다고 자랑하는 차이나 **최대의 궁전인 대명궁**(大明宮)이
나 또한 북경에 가서 규모에 지질려 온다는 **자금성 안의 태화전**(전면:
60m, 높이35m)**보다도** 물론 고구리의 **평양성**(장안성)안학궁은 더 크고
높았고 웅장했었다고 합니다. 아, 잊혀진 고구리여!

기둥 밑 주춧돌은 무려 3,240개! 세월이 흐를수록 높고 크게 지어
그 **입체적인 웅장함**이란 말로 표현 할 수 없을 정도로, **건축기술은**
상상을 초월했다고 합니다. 여기에 건물 크기와 비례한다는 **고래지**
붕 위에 얹혔던 안학궁의 호와(범고래 꼬리. 치미)는 세계최대라는 황룡
사의 호와(1.86m)보다 **큰 2.1m**였다고 하니…! 또한 대동강을 가로질
러 놓은 **나무판과 돌로 만든 다리**(1981 발굴)**는** 길이 375m, 너비 9m!
쇠못 하나도 쓰지 않고 '**나무이음법**'으로 연결하고 **깔판**에, **난간까지**
갖춘 다리… 아, 이런 큰 **다리가 여럿 있었다고** 전합니다.

그리고 궁전 앞에는 **수레 6~7대가 동시에 지나갈 수 있는 너비**
14m에 이르는, **벽돌로 정비된 수렛길**에 양쪽 갓길엔 너비 60cm 정
도의 하수도까지 갖추어진 도로…!

그래요. 세계최대의 도시였지요. 42년 간, 연인원 4백만 명이 이룬 대역사의 대(大)-고구리! 이때 서쪽에는 로마가 있었지요.

안학궁 정전(正殿: 의례의 중심이 되는 건물)의 디지털복원도 출처: 호남대.
서안의 대명궁, 북경 태화전(60m) 정전 출처: e답사여행

'**장안**(長安)**의 화제**!' 요즈음도 서울이나 수도를 뜻하며 흔히 쓰는 말이지만, 그러나 우리에겐 **대-중국의 장안**(長安)을 떠올리며 마치 **두고 온 모국**(母國)**의 수도를 찾는 야릇한 향수**와 더불어 **비굴함과 초라함**을 교차하게 하는 말입니다. 그러나 **세계에서 제일 컸다**(?)고 말해왔던 차이나의 장안성의 길이는 총 길이 <u>16km</u>, 반면 천제국 **고구리의 장안성**(훗날 평양성)**은** <u>23km</u>···!

그런데 '고구리의 평양성이 바로 우리가 말했던 바로 그 **장안성**(長安城)이었다'고 합니다. 500여 권을 저술하신 대학자 다산 정약용 선생(1762~1836)은 **우리말과 글의 '바로쓰기 지침서'**인 *아언각비(雅言覺非: 바른 말을 통해 잘못된 것을 깨닫다)에서 이렇게 바로 잡습니다. "**장안**(長安), **낙양**(洛陽)은 중국의 수도의 이름으로, 우리나라 사람들은 중국의 장안을 취해 **서울의 일반적인 이름으로 삼아 써 온 것이라**, 의심이 없었지만 (고찰해 보면), 고구리의 **평양성을 장안성**이라 한 것을 보면, 서울을 장안이라 **칭하게 된 것은 이 때부터인 것 같다**."

고구리 안학궁 3D복원 출처: 한국의 사라진 궁궐, 대동강 나무다리 출처: 한국의 사라진 거대 건축, 안학궁터 주춧돌 출처: 역사스페셜(북한문화유산1부/8부), 아언각비 출처: 왕실도서관장서각디지털아카이브

왜 대학자께서 **책의 첫머리에 '장안'**(長安)을 실었을까? 웅장했고 찬란했던 **고구리의 장안성의 '안'**(安)은 시원겨레로서의 자부심과 향수를 오롯이 전하며 **한국인의 유구한 정체성**을 촉구하던 (지나의 역사가 아닌) 말씀이었기 때문입니다. '**여인**(女)을 집(宀)에 모신다!'는 뜬금없는 뜻의 안(安)은 시조 어머니(女, 마고)를 소중히 모셨던 사람들의 고향 같은 말이었고 한국인의 인사 '안녕'(安寧)은 잊힌 시원의 깊은 역사와 시조어머니 마고를 그리워하던 말이었지요.

그래서 우리 가정을 '**집안**' 즉 **어머니 마고가 계신 곳**이라 한 것이고 태백산(천제를 올리던 산, 백두산) 품에 **시원문명**을 이은 **마고자손의 유골**이 모셔진 곳을 **어머니**(女)가 품어주는 집(宀)에서 가장(集) 안(安) 전해야 한다며 '**집안**'(集安)이라 말했던 것입니다. 또한 양만춘 장군이 당태종의 군대를 물리쳤던 '**안시성**'(安市城)은 요동지역과 국내성을 비롯 고구리를 수호하는 데 전략적으로 매우 중요한 성이기에 **시조어머니**(女, 마고)에 **의탁**했던 말이고 '**안학궁**'(安鶴宮)도 '**아낙**(女)궁'으로, 훗날 새(鳥동이)의 왕(鶴)을 모셨다 하여 '安鶴'이라 전했던 것이지요.

다-, '식민'(植民)으로 근본을 지키지 못해 잊힌 아픈 역사일 뿐!

우리 '고구리'가 홀로 천자국이라 깝죽대던 수(隨)와 당(唐)을 혼쭐을 내줄 수 있었던 것 또한 근본 없는 소국(小國)의 우연도 행운도 아닌 **시원의 나라, 천제국의 유구한 역사** 속에 면면히 내려온 문명·문화의 자부심이 있었기 때문이었지요. 그래요. 우리의 선조께서 **지상최고의 건축물**을 지을 수 있었던 것은 우리 겨레의 앞선 조선학, 그리고 금속학, 재료학은 물론 기하학, 물리학, 천문학, 기상학, 환경학 등 **당대** 그 어느 민족도 따라올 수 없는 최고의 과학과 기술이 선순환을 이루어 나타났던 **종합적인 결과물**이었기 때문이었습니다.

　　　그냥 우연일까요? 지금 작은 나라, 반쪽의 한국이 '부르즈 칼리파'(829.8m 준공사: 삼성물산)를 비롯 세계최고 높이의 건물과 세상에서 가장 큰 배 '프리루드 FLNG'(488m 발주사: 삼성중공업)를 비롯 1위~6위까지 바다에 띄워 세계를 누비고 있는 것이…?

장군총의 배총 출처: 구름나그네, 재팬 나라현 동대사(건축–고구리, 조각–백제,
불상–신라) 출처: 블로그 사진꿈, 경복궁 정전 야경 출처: 하늘 같은 DJL

'근세조선의 궁궐도 장~엄했구나!'

'서울의 **경복궁**은 북경의 자금성의 화장실만하다!' 대한민국의 **혈세**로 차이나를 다녀온, 중화사대 교감(→교장→복덕방)의 첫 말입니다.

사실일까? 서울의 *북궐(북쪽 대궐)인 경복궁(12만7천 평)은 왕조의 규범이 담긴 법궁으로 원래 **7,225칸**(자금성 8,886여 칸, 21.78만 평−72만 m²)으로 **509동**(출처: 북궐도형) **건물의 광활한 궁궐**이었지만, 일제는 **40동**⋯ 10분의 1만 남기고 469동을 헐고 전각 2/3는 경매⋯! 역대 임금의 어진을 모신 '선원전'은 이토 히로부미의 사찰(박문寺)로, '홍문관' (구 집현전)과 '비현각'(왕세자 집무실)은 황국의 기생집과 사찰로, 동궁의 자선당(왕세자 · 빈 처소)은 왜인(오쿠라)의 호텔(도쿄) 별채가 됩니다.

1. 원래 경복궁 2. 일제치하의 모습 3. 30% 복원된 모습 출처: 태왕 불벌 비기

근세조선의 실질적인 왕궁은 *동궐(東闕)인 창덕궁과 창경궁이었지요. **숲**과 연못과 100여 채의 누(樓, 누각 현재 18 채)와 정자(현재 22 채)가 자연과 어우러진 20만 평이 넘었던 아름다운 궁(宮)이었습니다.

일제는 건물의 **70%를 부수고** 왕이 기거했던 **창경궁**(宮)에 낙타, 원숭이 등이 사는 **동물원**을 지어 천하의 웃음거리로 만들고 궁내에 왜의 **벚꽃나무를** 잔뜩 심고 호칭마저 격하하여 **창경원**(園)으로 부르더니 창덕궁 후원인 금원(禁苑)도 **비원**(秘苑)으로 이름 바꾸고 **엉뚱한 건물**을 짓고 **무덤에만 심는 잔디**를 깔아 혼을 잠재우지요.

그리고 **동궐과 *종묘 사이에** 길(현 율곡로)을 내어 종묘사직의 기(氣)와 한국인의 정기(장엄한 혼)**를 끊어 역사를 잊게** 합니다.

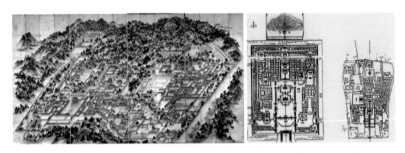

창덕궁(왼쪽: 세계문화유산)과 창경궁(오른쪽)이 합쳐진 東闕의 그림 출처: 태왕 불벌 비기,
자금성과 북궐 경복궁 크기비교 출처: 날두교신자

무엇보다 '천원지방'(天圓地方: 하늘○은 둥글고 땅ㅁ은 네모나다)의 의
미로 지었다는 **창덕궁의 부용지**(하늘을 상징하는 둥근 섬 네모난 연못), 그
리고 이 부용지에서 신하(魚)와 임금(水)이 만나 하나가 되는 **어수문**
(魚水門)! 이 문을 넘어 우주의 이치를 모아 놓은 누각인 **주합루**(宙合
樓)에서 학문과 진리를 이루자는 가식 없는 소통의 정신을 아름답게
조화시켜 놓은 **아름다운 부용정**(芙蓉亭)…, 하나하나 지구상 어디에도
없는 아름다움입니다. 외국인들은 말합니다. **"이곳이… 어찌, 사람의
왕이 사는 곳**이란 말입니까?!"

어느 프랑스건축가협회회장이 말했다죠!
"차이나의 건축은 인간미가 없고 재팬의 건축은 천편일률적이다. 한
국의 건축은 놀랍다. 그 자리에 건물을 세우는 게 아니라 **건물이 풍
경 속에 녹아든다!**" 맞아요, 지나가 자금성 뒤에 인공산인 자그마한
야산을 만들어 놓았던 것에 비해 우리의 경복궁이 **자연의 산인 인왕
산과 북악산을 후원**으로 했던 것은~?

창덕궁의 정경들–부용지와 부용정 출처: 남한강/박효섭, 어수문(魚水門)과 규장각이 있는 주합루(宙合樓) 출처: aroma용, 어수문 출처: Trover, 출처: upmarine.egloos.com

천지와 어울렸던 장쾌한 한국인의 스케일을 알게 합니다. 차이나와 재팬이 우리의 궁궐을 부수고 불태우고 우리의 역사를 왜곡하고 빼앗아갔던 것은 **만 년이 넘는 깊은 역사를 느꼈기 때문**이지요.

북경에는 **자금성**(城: 21.78만 평) **달랑 하나뿐**, 그 안에 궁들이 있지요! 단지 **자객을 막기 위해** 물웅덩이(해자)로 둘러쳐지고 나무 한 그루 없이(처음에는) **황량하고 살벌한 지나의 자금성**(紫禁城)!

그래서 금(禁)은 사람의 접근을 막았던 **금지구역**을 말하며 여기에 담과 기둥을 높게 하고 **사람을 위압**하는 모습은 오히려 스스로 갇힌 감옥일 뿐, 저들은 무엇이 두려웠던 것일까? 온갖 협잡과 부조화와 수탈로 **빼앗아 진열한 보물**이 차이나의 자부심이 될 수 있을지?

숨 막히는 자금성 출처: 차차투어, 자금성의 북문 출처: 박진심의 즈징도서관

여기에 원래 **한양에서** 가-장 아름다운 경치와 신비로움을 **간직했** 었다는 ***서궐**(西闕)이 있었습니다. **7만 평이 넘었던 경희궁**(慶熙宮)이 지요. 일제는 너무나 아름다워 **단 한 채의** 전각도 남기지 않고 **100% 파괴하고 지형조차 철저히 바꾸어 파괴한** 궁(宮)이라고 합니다. 일제 는 이 터 위에 1908년 **일제 자녀의 중학교**(서울중·고교)를 지어 황국 신민의 자부심을 키우게 했던 곳이지요.

또 **4만 평이 넘었던** ***경운궁**(慶運宮 지금의 덕수궁) 또한 **궁궐을 뚫고** 길을 내고 다 태우고 건물은 5분의 3을 헐어 1만8635만 평만 남기고 **중층**(重層)**이었던 정전인 중화전**(中和殿)은 전부 단층으로 낮추고(일제 의 고의적인 화재) 경운궁의 **동문인 대안문**(大安門)은 이름마저 대한문(大 漢門)으로 바꿔 **한국인의 정체성이 담긴 '안**'(安: 한국인의 시조 어머니. 인 류문명문화의 시원겨레로서의 비밀코드)의 의미를 지우고 그렇게 **한족**(漢 族)**의 신하의 문**으로 만들어 버립니다.

서궐(경희궁) 출처: 태왕불벌비기, 경운궁(덕수궁) 정문 大安문 고종의 행차장면(지붕너머 2층 중화전 공사(*청한전시풍경사진첩) 출처: 박종만, 1906년(광무10) 바뀐 大漢문 출처: 국제신문

> "장미꽃 뒤에서 향기를 내고 있는 하얀 꽃 찔레꽃-,
> 우리의 찔레꽃이 유럽장미의 어머니였답니다.
> 그 향기가 너무 슬퍼 밤새워 울었습니다." —역사의병 다물

아, 정작 우리 한국인은 '**우리나라 한국**'을 얼마나 알까?

동궐(창덕궁, 창경궁) **하나가 자금성 규모와 비슷했다**고 하는데, 사실 **지금 우리가 보아 왔던 유물이나 문화나 역사**는 우리를 대표하는 것이 아니었습니다. 지금의 휑한 경복궁이나 보는 사람들은 **감히 짐작조차 못할 우리의 역사**이지요.

다른 민족들은 상상도 못할 만(萬) 년이 넘는 태고의 역사 속에 수많은 **고인돌, 선돌, 피라미드들!** 가장 장엄하고 컸던 궁궐과 수많은 **건축물들**, 세상의 주인(天孫)으로서 누렸을 **수많은 청동유물들!** 고고한 소리의 빛나는 황금종(鐘)들, 하늘을 찌를 듯 **솟았던 탑들!** 수레가 다니던 **넓은 길과 아름다운 다리들!** 바다에 떠있던 **거대한 배**(舟)들! 고귀하고 찬란하고 신비로웠던 천손의 유물들!

천손의 자부심으로 가득찼을 **고대 전통물과 품격**(品格)을 갖춘 신비로운 보물들, 진귀한 예술품·공예품, 수많은 지식과 경험을 담았을 방대한 서적, 유서 깊은 천문학서적들, 웅장하고 장쾌했던 역사책들…, 이 속을 걸었을 해같은 선비와 꽃보다 눈부셨던 여인들과 조화로웠던 사람들, 이들의 아름다운 풍속과 비나리들!

아- 아, **다 우리의 자부심이고 후손의 품격**(品格)일 텐데…!

그러나 우리의 궁궐이나 백성의 집에는 아무것도 없이 휑합니다! **다 빼앗기고, 다 부서지고, 다- 불타고** 의미 있는 치장이며 아름다운 장식의 기둥마저 **다 뜯기고** 아름다웠던 사람의 미소와 고귀(高貴)한 품격도 다 빼앗겼는데, 먹던 놋쇠숟가락마저 다 빼앗겼는데!

도대체 재팬과 차이나와 서양열국에 얼마나 **빼앗긴 건지**, 해외로 **반출돼 돌아오지 못하고 있는 한국 문화재**는 정부가 파악한 것만도 **16만 점**, 도난전문경찰관의 입을 빈다면, 실제론 **최소한 3배수, 일반적으론 10배수** 잡는 것이 상례라는데…, 아, 그득- 했을 텐데…!

어쩌면, 역사를 제대로 몰라서 나라를 도륙당했던 그때나 국가 GDP 9위(2020)라는 지금의 우리가 또 다시 제 역사와 문화도 모른 채, 우린 **보잘 것 없었던 찌질이**(?) 민족이었다고 '자금성의 화장실'이라 불평하면서 **부러워하며** 우리의 아이들을 가르친다면 아픈 우리의 역사는 언제 바뀔지? 그래서 강상원 박사님은 **역사와 문화를 망실한 지금의 한국인에게 '얼간이(얼이 나간 이)인가?'** 를 되묻는 것이지요.

이제, G7으로 거론될 정도니 서울의 **궁궐들부터 복원하고 연결시켜 천손의 웅장한 혼(魂)**을 깨워보는 것은 어떨까요? 북궐 **경복궁**(12만7천 평)+동궐인 **창덕궁과 창경궁**(20여만 평)+서궐 **경희궁**(7만 평)+**경운궁**(4만 평)=**35만 7천 평!** 여기에 **종묘와 사직단** 등을 합치고 이 궁들을 감싸고 있었던 井서울의 도성도 복원해 봅시다.

그래서 이암(*단군세기의 저자)의 후손으로, 순성관(巡城官)으로 井서울도성복원사업에 참여하며 〈세계문화유산〉 지정과 세상에서 가장 아름다운 서울을 꿈꾸는 이승우(전 행촌문화학술원) 원장님은 "서울의 궁궐들을 하루 빨리 복원하고 **서울도성 또한 원형을 찾아 복원하여 후손에게 물려준다면, 정말 조상님께 떳떳하지 않겠느냐?**"라며 안타까워합니다. 얼마 전 친구와 함께 일부 복원된 도성을 걸으며 '참으로 힘든 일을 하셨구나!' 느꼈습니다. 정말- 감사합니다.

더 이상 우리는 종의 역사와 하인의 문화 속에서 거리의 **쓰레기들과 친숙해서는** 안 됩니다. 이제, 아픈 우리의 역사와 문화도 살펴야 하고 **한겨레의 통일을 진정 원한다면**, 반드시 천손의 아름다운 혼과 장엄한 자부심을 깨워야만 합니다. 왜냐하면, 다시 헤어지지 않으려면, 너무 늦어 어둡고 힘든 세월을 또다시 겪지 않으려면, **함께 지켜야 할 겨레의 자부심**(어머니, 혼)**이 꼭 있어야** 하기 때문입니다.

자, 자ㅡ, 함께 떠납시다. 동~해 바다로!

"먼저, 조선 사람들이 자신의 일, 역사, 전통을 알지 못하게 만듦으로써
민족혼(魂), 민족문화(文化)를 상실하게 하라!
그리고 그들의 조상과 선인들의 무위, 무능, 악행을 들춰내어 그것을 과장하여
조선인 후손들에게 가르침으로써 조선인 청소년들이 그 부조(父祖)들을
경시하고 멸시하는감정을 일으키게 하여, 그것을 하나의 기풍으로 만들라.

그 결과 조선의 청소년들이 자국의 모든 인물과 사적(史蹟)에 관하여
부정적인 지식을 얻어, 반드시 실망과 허무감에 빠지게 될 것이니,
그때 뛰어난 일본 사적, 일본 인물, 일본 문화를 소개하면,
그 동화의 효과가 지대할 것이다.

이것이 제국 일본이 조선인을 반일본인(半日本人)으로 만드는
요결인 것이다." - '군국일본 조선강점 36년사'에서

"문화는 역사가 만든 공기,
먼- 옛날,
공기를 만들어 지구를 숨 쉬게 했던
그(The), 진정한 천손(天孫)이 있었다."

한화인 자봉사 더 코어랑

12부
천손이 잇은
신의 흔적, 신바람

12부: 천손이 잊은 신의 흔적, 신바람

신(알)들의 흔적 - 편두(偏頭: artificial cranial deformation)

지구의 core를 힘차게 돌려 전 세계 문명·문화를 일으켰던, 위대했던 코어땅을 아십니까? **고대 지구의 수도**라고 했던 동방, 그래서 **왕**(王)**들**이 태어나고 삼족오와 봉황새, 불의 새 **주작을 탄생하게 했던 땅**…, 어두운 세상을 신비한 문명으로 밝게 했던 **해**(sun) 같던 사람들! 사람의 문화로 세상을 숨쉬게 했던 **공기**(air)같던 사람들! 밝은 문명을 세상으로 전파하며 **바람** 같이 사라졌던 사람들이었다!

이 사람들은 자식이 태어나면, **인공적으로 새의 알과 두상처럼** 길쭉하게 변형시키거나 뒷머리를 납작하게 하는 풍습이 있었다. **하늘의 기운을 잘 받게 하기 위함**이라 하고 또한 머리(전두엽 활성화-한국 IQ 세계1위)를 좋게, 출산을 쉽게 하기 위함이라고 한다.

우리 땅의 '**편두**'는 새가 되어 불멸의 태양과 가까이 하여 신(神)**과 통하고 신바람을 내고 싶었던 천손**(天孫) **동이의 보편적 문화**였다. 고구리 시조 추모의 어미 유화의 입술이 석 자라고 하고 신라 시조 박혁거세의 아내 알영의 입이 새부리와 같았고 새 머리로 춤추는 신라 토우(흙인형)가 출토되고 우리 '한국인의 춤'이 유독 새처럼 두 팔을 벌리고 날갯짓을 하듯 어깨춤을 추었던 까닭이었다.

*삼국지 위지동이전은 "아이가 태어나면, 긴 돌로 머리를 눌러두어 **평평한 머리**를 만들고자 했다. 그래서 **진한**(辰韓) **사람들의 머리는 모두 편두이다.**" 라고 기록한다. 그러나 **변한 지역의 김해 예안리**에서도 편두의 유골이 나오고 배달문명의 유물이 쏟아지는 **홍산문명지**에서도, 마고 한국인이 이주했다는 **만주**와 그 위로 **아무르**(해가 처음 떠오르는 곳의 물, 흑룡강)에서도, **대대로 동이지역이었던 산동지역**(대문구문화)에서도 우리 동이인의 편두유골이 나타났다.

세상천지의 영웅은 온통 편두였다! 밖으로도, 차이나의 문화(文化)의 신이라는 **태호 복희**가 정작 편두의 동이인이었고 동양의 전설적인 전쟁의 신으로 동이의 수장이었던, 그래서 지나족이 원수라고 오랑캐라며 욕하던 **치우천황**(배달나라 14대 환웅)도 소수(疏首: 긴 머리 편두)였고 **공자**도, 서쪽으로 게르만민족을 이동시키고 로마의 멸망을 촉발시켰던 **훈**(韓한)**족의 지배층과 제왕 아틸라**도 편두였다.

김해 예안리 고분 1600년 전 편두동이인 복원 출처: 경향신문, 치누크족의 편두 풍습 출처: 나무위키, 산동성 곡부유적지 편두 출처: 신화넷 〈중국사회과학원〉 유적발굴사진, 흑룡강의 비너스 출처: 연합뉴스, 광대뼈, 편두의 이집트왕비 네훼르티티 출처: 위키백과

"오늘날, 대한민국의 인문학(人文學)의 자리가 참으로 작고 구차한 것은 한국인 스스로가 이러한 역사와 문화를 모르고 있기 때문이다." -다물

콘돈 네훼르티티!

1935년 만주의 흑룡강(아무르) 콘돈(Kondon)지역에서 출토된 6~5천 년 전의 동이의 편두 풍습을 보여주는 흙인형, **아무르의 비너스!**

아, 그동안 세계인류사의 미스터리였던, 이집트에서 절대적인 권력을 누렸던 전설적 왕비 **네훼르티티**(Nefertiti 1370경~1330경BCE)의 **광대뼈와 긴 머리**(편두)**의 유래**는 물론, 경주 금관총이나 천마총 등에서 나온 **12세 아이의 머리둘레**(15.9~20cm)**크기의 신라금관을 성인 왕이 쓸 수 있었던 미스터리**가 풀리게 되었다.

왜냐하면, **이집트의 왕**(파라오)**과 왕비의 초상**이 하나같이 기형적으로 긴 편두에 광대뼈였고 저 유명한 **소년왕 '투탕카멘'**과 그들의 선조도 다 편두였던 것을 두고 많은 학자들은 이집트왕국의 **파라오**들과 **피라미드의 주인공들**이 동방에서 이주해 온 편두풍습의 전형적인 동이계열의 사람들이었고 이들에 의해 초기 형식인 방단형(우리처럼 끝이 뾰족하지 않은 계단형) 피라미드가 건설된 것임을 밝혀냈지만, 정작 그 **동방이 어디인가**는 알 수 없었기 때문이었다.

그런데 이들을 연결시킨 고리(구리, 쿠리)가 바로 **아무르**(흑룡강) **콘돈 지역의 비너스의 편두**였다고 한다. 그래서 학자들은 **이 비너스를** Kondon Nefertiti(콘돈의 네훼르티티)**라고 명명**했던 것이다. 다 우리 천손동이의 후예였다. 그래서 백제의 왕이 **어하라**(위대한 태양)이듯, 이집트의 왕들도 **하라오**(파라오: 위대한 태양)였던 것이다. 이렇게 **동이의 편두풍습**은 이집트문명이나 메소포타미아 문명보다 앞선 **최소한 BCE3천 년 이상으로** 거슬러 올라간 문화였다.

편두는 천손의 우월함

이러한 **편두**는 한머리땅과 만주, 연해주, 시베리아, **동북아시아**뿐 아니라 **유라시아** 초원의 흉노와 인도, **유럽**과 **메소포타미아**(수메르), 이집트, **아메리카** 초원무리와 마야문명 등의 지배계층의 미이라 유골에서 많이 발견되며 특히 프랑스나 북아프리카, 인도네시아, 말레이시아 등 일부지역에서는 20C초까지도 이루어져 왔던 인류의 문화현상이었다고 합니다. 아, 편두의 풍습은 어디에서 비롯된 것일까?

그런데 이렇게 전 세계적인 편두문화에 대해 진중권 교수는 '**다른 집단과 구별 짓기** 위한 행위였을 것이다. 그것은 지적 우월성일 수도 있고, 영적 우월성일 수도, 결과적으로 미적 우월성일 수도 있었다.'고 정의합니다.

이집트 신성문자에서도 **새**가 '**아름답다**'는 뜻으로 사용되고 **매 머리나 새를 호루스 신으로** 섬기고 광대뼈 편두였던 왕비 네훼르티티(Nefertiti)의 뜻이 '**미인이 왔다!**' 였던 것이나 그리스의 의학자 히포크라테스가 '**편두는 귀족적**으로 여겨졌다'고 했던 것은 **편두행위 자체가 우월함의 과시이고 닮고 싶은** 모습이었기 때문이었을 것입니다. 그래요. **당시 뛰어난 문명으로 세상을 이끌었던 천손**(동이)의 편두행위는 그 자체가 부러움이요, 신성함이고 우월함이었을 것입니다!

천손의 이동 수메르인의 편두

수메르 초기유적지인 **아무**(모)**르**(AMURRU), 그곳에서 발견된 수메르인들의 유골은 **검은 머리털에 튀어 나온 광대뼈에 편두**였다고 합니다. 인류 최초(?)의 문명으로 고대이집트와 인도뿐 아니라 서구문명의 뿌리가 되었다는 **수메르문명**(3500경BCE)**의 주인**의 모습이었지요. 조상의 땅 만주의 아무르와 같은 이름인 곳!

온-통, **주변과는 다른 문화!** 주위(셈족)와는 다른 언어인 **교착어**(체언 뒤에 조사가 붙음)를 쓰며 우리의 **팔괘부호와 비슷한 문자**(쐐기문자)를 갖고 **고도의 천문학**을 구비하고 **수레**를 끌고 **난생**(알)**신앙**을 갖고 **새머리에 상투**를 하고 나타난 아시아계 사람들!

특이한 것은, 수메르의 **묘장제도와 순장**(殉葬) 그리고 **결혼 전 신랑이 신부집에 함을 지고 가는** 풍습이 고대 한국과 같고, **60진법**(60갑자)과 **태음력**, 임금은 하늘이 내린다는 **천자사상**, 임금과 스승과 부친을 동일한 가치로 받드는 **군사부**(君師父)**일체**의 문화, **봉황을 최고 지도자로 상징한 것**, 주위의 보리로 **맥주**(한겨레의 발효문화)를 만들었던 창의력, 지금도 우리 **한국인만 하는 샅바씨름**을 하면서 **동이인에서 기원한다는 청회색 토기**를 사용했던 사람들…!

수메르(우바이드) 편두점토상, 우바이드의 남녀 흙인형(이라크 에리두 유적) 출처: 흐르는 강물,
청동 그릇을 인 샅바씨름 출처: cocojenny, 수메르양식의 수레 모델, 맷돌 출처: 루브르박물관

아, 인류의 최초문명(?)이라던 **수메르문명과 이만큼의 공통점을~**

갖고 있는 민족은 지구상에서 **유일하게 우리**밖에 없습니다.

그래서인지 **주위의 문명보다 월등한 문명**(고도로 발달된 천문과 지리, 문자, 과학, 건축, 의학, 철학 등)을 갖고 **갑자기 나타나 문명의 씨앗**(알씨)**을 퍼뜨렸던 신비의 민족**은 동쪽 어딘가에서 온 사람들이었다고 학자들은 말하지요. 강신택(전 예일대) 교수는 "**검은 머리의 인종**(동이)**이 홍산문명**을 갖고 가 수메르문명, 이집트피라미드를 건설했다. 그러나 사무엘 크레이머가 **한국의 역사는 탐구하지 않고** 수메르만 탐구하여 '**역사는** 수메르에서 시작되었다.'라고 책에서 강조한 결과 언어, 문자, 법, 민주주의, 농경, 목축, 건축, 바퀴, 술… 39가지 발명품이 왜곡되면서 **인류 최초의 문명·문화 발생지가 바뀌게 되었다.**" 라며 배달겨레의 문명의 이동이었다고 말합니다.

그래요. 고고학자 사무엘 크레이머(英 Krammer 1897~1990)는 저서 *역사는 수메르에서 시작되었다에서 "수메르 사람은 높은 문화를 이룩한 민족이며, 그들은 아마 **바다를 통해 동방에서 왔다.**" 라고 했으며 또한 우에노(上野景福) 교수, 요시무라(와세다) 교수, 미국의 언어학자 C.H 고든 박사 등은 '**수메르인들**은 메소포타미아에서 **자생한 민족이 절대 아니고 동방에서 이동**해 왔다'고 거듭 강조했으며 볼(Ball) 교수(옥스퍼드) 또한 '**굴**(窟)**을 파고 주거생활**을 하는 습속은 **동방에서** 수메르로 옮겨온 원시전통'이었다고 말하지요.

그러자 '다른 문명의 영향 없이 **독자적으로 문명이 창조**된 것은 **이집트문명과 수메르문명뿐**'이라던 당대의 석학 아놀드 토인비 박사(英)와 그를 신봉했던 역사학계는 멘붕에 빠집니다.

아, 이렇게 되니, 수메르문명을 서양사의 싹이고 **인류사의 기본이**라고 주입식으로 배웠던 '**동도서기**'(東道西器) 즉 동양은 **정신문화가,** **서양은 기술이 앞섰다!** 란 것이 다 거짓이었음이 드러납니다. 옛날(처음)부터 **철학이고 종교고 과학과 물질문명이 다—** 동양에서 출발했던 '**동도동기**'(東道東器)였으며 **그 중심**(core)에 배달겨레가 있었던 것이었지요. "**니**(夷) **마음대로 해라!**" 라는 말이 이래서 있었던 것이지요.

강상원 박사님은 **수메르란** 산스크리트어(세계공용어)로 'Su생명, mer종자씨'를 뜻하는 말이었고 수메르인은 자신들을 **웅상기가**(ùĝ saĝ gíg-ga) 즉 '검은 머리의 사람들'이라고 했음을 밝힙니다. 주변보다 월등한 전문인집단이었기에 편두의 웅상기가란 **생명종자를 퍼뜨리는** **활력이 넘치는 전문가, 능력 있는 사람들, 용모가 단정**한 사람 등을 가리키는 **은어**였을 것입니다. 천손 Core의 우월함이었지요.

태양계레, 천손 알(이안)의 이동

대략 1만3천 년 전 마지막 빙하기, **지구생명체의 마지막 피난처**였다는 한머리땅, 어느 곳보다 사람이 많고 문명이 높았던 지상천국, 그러나 차츰 빙하가 녹아내리고 물이 불어나 (서해와 남해)**평원이 없어지며 억장**(億丈: 우리나라)**이 무너지자**, 이 땅의 사람들은 어머니의 땅 낙원(樂園, paradise: 한국땅)을 뒤돌아보고 종가(root) 문명, 인류의 첫 문명을 갖고 떠나기 시작했습니다.

이때의 억장이 무너지는 역사를 '**물**(氵)이 **어미**(母)의 땅에 차들어와서 **바다**가 되었다'는 해(sea 海)로, 지금 섬이 된 **島**(도) 또한 이전에는 새(鳥 봉황)들이 살던 산(山)이었는데 물(巛)이 차 섬이 돼서 떠나게 되었다는 사실을 글자로 남겨놓습니다. 다 차이나의 역사가 아닌 **우리 겨레의 지난한 역사**였을 뿐이지요.

그래요. 이 땅의 선진 신석기문명과 언어를 갖고 **우리 땅을 떠난**(엑소더스: 탈출) **사람들의 역사**가 바로 인류사의 큰 흐름이며 한류(K-wave)였던 것입니다. 해(알)의 땅에서 태어나 **새가 되어 해가 되기**를 소원했던 이들은 아주 긴 세월을 **여-러 차례**, 천손의 자부심으로 **편두**(알)**를 한 새 모양**으로, 알이 되어 **우리 땅의 알**(卵 해)**을 품고**(胎) **알태**하면서 위로 **만주**를 지나서 **초원길로** 또는 **바닷길을 따라** 날개를 펴듯 **동서로** 퍼져나갔습니다.

예전 이 땅으로 들어왔던 기억들을 찾아 떠납니다. 처음 고래를 잡으며 해양문명을 시작했던 이 땅 사람들은 a해안을 따라 이 땅에서 처음 만든 배에 **씨**(종자)**와 연장 등 선진문화를 싣고** 동남아시아로, 인도로, 중동으로, 지구 끝 스페인, 프랑스, **영국까지** 갖고 갔지요.

또 b인류최초로 목축도 시작했던 무리들은 **푸른 초원을 찾아 수레에 선진문명을 싣고** 이 땅에서 길들인 **개와 가축**을 이끌고 새를 쫓아 **매**(鷹)**를 날리며** 만주땅을 넘어 바이칼호수를 거쳐 **중앙아시아로, 알타이로 가는 곳마다 암각화를** 남기고 '**알이랑**'을 부르고 우리의 말을 남기며 서쪽 메소포타미아로, 이집트로, 다시 남쪽 **인도로**, 북쪽 스**웨덴과 핀란드로 나아갔던 사람들**, 이들이 바로 '**아리랑**'(알이랑)**을 부르며 떠났던** 첫 아리안(넓은 의미)들이지요. 그리고 이들과 달리 c**동쪽 아메리카로** 떠난 사람도 있었지요. 소위 **인디안의 원조**입니다.

카자흐스탄 마한-드자르 부족의 유물들 1피라미드 2북방형 햇살토기 출처: 윤복현 역사칼럼,
3적석총 · 석관묘 출처: 국민뉴스, 4윷놀이판 출처: 윤복현 역사칼럼

참 많은 수가 서쪽 **중앙아시아 쪽으로** 이동했지요. 실크로드(초원 길)를 따라 **내몽고자치구 함안과 티베트**에 피라미드를 쌓고 유럽으로 가는 길인 중앙아시아 **카자흐스탄**에 무려 **9천~7천 년**(?) **전 미스테리한 문명**을 이룹니다. 거대한 구조물들, 윷놀이판, 햇살무늬토기, 삼태극, 북두칠성, 선돌과 피라미드, 적석총, 석관묘 등 온통— 우리나라(마한) 문명의 복사판 문명! 학자들은 '**마한-드자르**'(Mahan dzhar)**라는 문화부족의 문명**이었다고 말합니다. 원조 아리(알이)안들!

이것이 한국땅을 제외한(우리보다 한참 늦게) 전 세계에서 **8천 년 전을 기점으로 동시에 신석기문명**이 일어나고 고인돌과 피라미드, 선돌과 솟대 등 **문화와 신화**(神話)가 나타났던 인류사의 수수께끼였지요.

여기에 **6~5천 년 전**엔 심한 홍수와 물난리로 지금의 육지마저 섬이 되고 만주땅마저도 물바다가 되는 **상전벽해**(桑田碧海)를 겪게 됩니다. 그래요. 지금도 회자되는 '지구대홍수'였지요! 그래서 **높은 곳을 찾아 문명을 건설**하게 된 것입니다. 그리고 더 서쪽으로 **메소포타미어**에선 벽돌로 지구라트(ziggurat: E TEMEN AN KI: 하늘과 땅의 기초가 되는 집) 등 **수메르문명**을 남기고 **이집트**에선 돌피라미드, **보스니아**의 거대한 흙피라미드(?)…, '문명은 동방에서'라는 말의 실체이지요!

윤복현 교수는 이때 한국에서 초원길을 따라 먼 길을 간 **우리 알들**과 그 일행들을 **품어**(胎) 준 산맥이라 하여 '**우랄산맥, 알태산맥**'이라 하고 중앙아시아의 우물로 **알들이 많이 살았던 바다**를 '**아랄해**' 그리고 '**엘**'(EL)과 '**알라**'라는 **신**(神)이 생기고 동으로는 '**알라스카**'와 '**알류우산**(열도)'이 생겼다고 합니다.

맞아요. 언어적으로 '**알이**'는 알(생명, 문명, 벼와 씨, 가축)을 품은 이이고 알타이산맥은 '**알태**(胎)' 즉 **알들을 품어준** 산맥, 우랄산맥의 '**울알**'은 '**우리 알들**'이 살던 산맥, '**아랄해**'는 **많은 알들**(알알)**이 의지하며 살던 바다**를 말함이었고 이렇게 **신기한 문명을 갖고 온** 알들이었으니, '**엘**'(EL)과 '**알아**'(알라)라는 **신**(神)의 이름이 되었던 것이지요.

이렇게 이 땅의 알들은 해가 지는 세상 끝-까지 갔습니다. 그런데 중앙아시아를 통해 계속해서 **유럽으로 선진문명을 전파한 고마운 사람들**을 통칭해서 '**아리안**'(아리 사람)이라 부릅니다. 그래서인지 강상원 박사님은 아리아란 산스크리트어 **아리야**(आर्य[ārya])**에서** 유래한 것으로 '고귀한 사람, 귀족'이란 의미이며 아리의 원 뜻은 '**크다, 높다, 고귀하다, 큰 강 등**'을 말하지요.

그렇다면, '아리안'이란 **큰 강**을 끼고 **높은 문화**로 생활하던 **고귀한 사람**을 뜻했을 겁니다. 그런데 **아리안의 특징**이 수메르인처럼 '**어느 곳에서 갑자기 비교할 수 없는 높은 문화**를 갖고 와 **전해준 이방인**이었다' 는 것이지요.

카자흐스탄 내 알의 흔적(우랄, 알타이, 아랄), 보스니아 피라미드산 주변의 돌알 출처: cafe.daum.
net/121315/CK3e/165, 차이나 후베이성 돌알 출처: 에포크 타임즈, 메갈라야주 출처: 위키백과

　　이 신비의 아리안을 학자들은 크게 셋으로 나눕니다.
먼저 **마한-드자르문명**을 남긴 1중앙아시아계 아리안이 있습니다. 그
런데 카자흐스탄 마한-드자르 문명터에선 **고인돌과 선돌, 장승**이 나
오고 **적석총**과 **석관묘** 그리고 **윷놀이판**과 **태극**(3태극)까지 나왔다고
합니다. 무엇보다 원래 **한겨레땅을 '마-한'**이라 불렀는데… 모두 한
겨레의 문화아이콘이었지요.

　　이 문명이 2중동계 아리안으로 갈라져 **수메르문명**을 이루고 **이집
트문명**과 **그리스문명**에 영향을 미치고 훗날 중앙아시아에서 최초의
유목민족 **스키타이로 분화**하고 한편 3**인도계 아리안**은 인도의 **인더
스문명**과 **고인돌과 물고기, 쌍어문 숭배사상**을 남기고 4**유럽계 아리
안**으로 갈라졌다는 것입니다.

　　유럽계 아리안은 유럽의 주요 민족들의 조상인 **켈**(셀)**트족**이 되어
동양의 음양사상과 순장무덤문화와 샤머니즘, 우리처럼 **돌**(stone)을
[돌]이라 부르고 고인돌을 전하며 스위스, 오스트리아, 프랑스의 **프
랑크족**과 스페인의 **이베리아인** 등으로 분화, 동화되면서 **스코틀랜드**

로 **웨일스**와 **아일랜드** 서쪽 끝까지 갑니다.

윤복현 교수는 "독일을 비롯한 **켈트문화권**에서는 **전쟁신 치우**(Ziu, Tiw)를 기념하고 있고 유로피언들은 **자신의 뿌리를 '아사툴'**(Asatur: '신들을 섬김'의 뜻)에서 찾고 있다." 라고 합니다. 그래요. 이들은 **치우 천왕**을 기억하고 신들이 고향이었던 해 뜨는 땅, '아사달'을 그리워 하며 **떠난 사람들**이었을 것입니다.

여기에 오늘날의 **색슨족**과 **게르만족**, 러시아의 **슬라브족**이 다 아리안에서 분화한 민족들이라고 하지만, 이들은 혈통적인 면보다는 **문명·문화적 선조를 흠모하여 '아리안의 후예'**임을 자부해 왔다고 여깁니다. 그러하기에 히틀러가 **아리안의 원형을 찾기 위해 티벳까지 사람을 보냈다**는 말이 회자되는 것이지요.

무엇보다 학자들은 **인도와 유럽의 언어의 뿌리가 같기에** 인도·유럽어족을 **인도구**(印歐)**어족, 아리안어족**이라 부릅니다. 그런데 이 아리안의 근원이 한국이었으니, '**한국말이 세계언어의 어머니**, 언어의 **종주국**'이라고 말하는 분들의 주장이 옳은 것이지요. **인도 메갈라야 주 박물관장**의 "인도 사람들은 지금까지 **조상이 한국에서 왔다**고 생각해 왔는데요!" 라는 말은 **아리안의 인류학적 의미**가 어떤 것인지,

'우리가 무엇을 잊고 사는지'를 알게 합니다.

그래요. 아리아인의 주곡이 '**콩**'이었다는 것은 **콩의 원산지인 한국 땅**을 생각하게 하고 **아리인인 헝가리**(한겨레) 다뉴브(도나우)강의 어부 가 동양에서 들여온 잉어를 굳이 '**아무르**'라 말함은 이들이 우리 땅 **아무르**(알물, 흑룡강)**강을 기억**하기 때문은 아닐지?

스키타이 영역 출처: 나무위키, 고대한국인(아리안)의 길 출처: 윤복현교수, 쇠등자를 걸고 동복 (銅鍑)을 실은 편두의 신라 지도자 출처: 국립중앙박물관, 무(無)의 금문(대인이 개 끌고 사라짐) 출처: http://www.internationalscientific.org/CaracterASP

윤복현 교수(목포대)는 '지구상에 폭우가 그치고 물이 빠지자, **사람 들은 세계의 곳곳으로 흩어져** 들어가게 되고 그들이 바로 인도-아 리안 족의 근원이 된 것이다. 아리안은 **광명을 숭상했던 고대 한국의 갈래**였다. 그래서 아리안은 고귀한 사람이란 뜻이었으며 아리랑과 어원이 같은 **아리랑족**이다.' 라고 하여 **억장이 무너지면서 고귀한 것 들이 사라졌던 코리안 디아스포라의 역사**를 알게 합니다.

이때의 일을 조상은 **대인**(大 한국인)**이 양 손에 개**를 끌고 떠나가는 모습을 '**무**'(無: 없다)**의 옛 글자 금문**으로 남기어 개(犬)와 함께 인류의 첫 문명의 알씨(씨앗)를 갖고 떠났음을 알게 하지요.

3~4천 년 전엔 민심은 흉흉해지면서 또 많은 **부족들로 갈라지고 우리의 터전을 또 떠나가 점차 스키타이**(궁수)**가 되고 이렇게 서서히 고조선, 대~한국**은 무너져버린 것입니다. 인류의, 거대한 나라의 멸 **망**은 진(秦)의 시황제도, 한(漢)의 침략 때문도 아닌, **지구의 기후 때 문**이었지요. 그리고 구리(夷)의 종가였던 **고구리**까지 **망하면서** 이리 저리 **또 흩어져 유목화**가 됩니다.

편두를 한 이들(후기 아리안–서양은 훈족, 지나는 흉노라 함)은 **중앙아시아를 떠돌다 힘을 합쳐 서진하면서 게르만 민족을 압박하여 지금의 독일로 보내고**('게르만민족의 대이동') **로마를 압박하여 멸망에 이르게 하면서 지구의 (인종)지도**를 지금처럼 만들었고 여기에 구한말 **러시아의 이주정책**에 의해 **또다시 중앙아시아로 흩어지기까지 무려 수천 년, 아니 만 년 동안**을 이어졌던 '인류의 대이동'(서←동)의 실체가 바로 코리안 디아스포라, 알(아리안)의 이동이었음을 알게 합니다.

알의 나라, 해의 흔적

혹독한 추위로부터 **생명**을 지키고 **세상을 광명**하게 이루고 **온갖 생명을 잉태**하는 해(알)를 최고의 가치로 여겼던 알의 나라! 공룡의 최후의 땅이었던 **우리 땅의 큰 공룡알**들을 보면서 알의 위대함을 더욱 느끼며 살았던 겨레였지요. 그래요. 해는 생명이고 알이고 알은 다산과 풍요의 상징이었기에 차이나의 금문학자인 낙빈기는 *금문신고에서 **'알은 하느님'**이라고 밝혔던 것입니다.

전남 보성군 비봉리 공룡알 둥지 출처: 문화유산채널, 경북 영주 순흥읍 동화사 봉서루 돌알과 계단 아래 대나무 內 봉황알 출처: 三山二水, 비슬산 유스호스텔 용알 출처: 달성군 공식블로그, 전라도 무안의 돌알 출처: 국민뉴스

그런데 우리 겨레는 **해양문화를 시작한 사람들**이었기에 **하늘의 해**만큼 중요한 것이 **바다**라고 생각했지요. 하늘의 해를 낳는 것이 드넓은 해(海, 해의 집)라고 생각했기 때문입니다. 바다의 옛말은 **바롤, 받**(罘)+**올**(바닿알)>**바롤**(김민수 고려대교수의 *우리말 어원사전), '**알**(해)을 낳는 평평한 물'! 그래요. **바롤과 해**는 우리가 **처음 농사짓고 고래를 잡**으면서 생명의 해가 **장엄하게** 생명의 해(바다)에서 **솟아오르는 것을 보며 문명을 시작했던 사람들**(천손)**의 언어문화**였을 뿐이지요.

그래요. 새와 물고기의 둥근 알은 모두 해(알)를 상징했던 것이지요. 그래서 **태양**(sun)을 [**해**]라 말하고 수많은 생명과 함께 **해**(sun)**마저 잉태하는 바다**(海)를 또 하나의 [**해**]라고 **같이 발음하는 유일한**(해양문화) **지구인**이 되었던 것입니다.

따라서 자식(알)을 낳는 다산과 풍요의 존재를 **안해**(집안의 해, 아내)라고 부르고 이렇게 해가 처음 나왔듯이 '**고대사회의 지도자가 여성**'으로 시작되었다는 것이고 **인류최초로 신석기문명**(알)**을 일으킨** '**마고**(麻姑)**어머니, 삼신할머니**'**의 후예**였기에 **천손으로서 알**(계란)**모양의 머리**(편두)를 했던 것이었지요.

천손동이의 후예인 상(商=殷은)**의 시조 설**(契)이 알로 탄생하고(난생설화) **동북민족의 신화와 고구리의 주몽과 신라의 박혁거세, 김알지, 가야의 수로왕**이 난생설화로 전해지고 '**서낭당**'(해를 품은 집)**에 둥근 모양의 알돌을 모셔놓고 제를 지냈던** 일들이 모두 알신앙을 이어가는 마고의 후예, 천손임을 나타내고 싶어서였을 것입니다. 그래서인지 우리 '**천손이**'는 공룡과 알을 무척 좋아하지요! "어이, 해 봤어?"

천손 - 사람의 돌무덤

한국인의 돌(바위)이나 쇠(iron)에 대한 애정은 참-으로 유별납니다. 한국의 정원이 다른 국가와 달리, 나무 옆에 반드시 **돌 몇 개 누이고 세워** 놓았던 것은 **돌멩이 하나하나가** 인류의 시원문명을 웅변하기 때문이지요.

이렇게 돌로써 인류의 구석기와 신석기의 산업혁명을 일으켰던 우리의 선조는 **주검까지도 시원문명의 자부심을** 지켜드렸지요. 문화라고 문명이라 할 것도 없었던 부족들이 부모의 시신을 들에 방치했을 때, 효(孝)문화의 나라답게 우리 조상께선 돌을 쌓아 **묘실을 구성하여 적석총**(돌무지무덤)을 만들고 돌판을 잘라 묘실벽을 짜 **석관묘**(돌널무덤)를 지었고 때론 위로 큰 돌로 **고인돌**을 올리고 **피라미드**를 쌓아 뭇 동물로부터 보호하며 모셔드렸습니다.

여기에 죽은 이를 **산 이를 대하듯 새 옷을** 드리고 **아름다운 것**(玉, 보석 등)**들로 장식**을 하고 **돌로써 안전한 공간을** 지어 온전히 몸을 보전시키고 **애장품과 부장품을** 넣어 문명인(文明人)으로서의 품격을 존중하며 후손을 지켜 볼 수 있는 하늘나라로 보내드렸습니다.

이미 우리 땅은 구석기 시대 '흥수아이'(4만 년 전 두루봉동굴)의 가슴에 국화꽃을 얹고 주위에 여러 종류의 꽃을 뿌리는 등 **죽은 이를 따뜻한 인간다움과 애틋한 사랑**으로 소중히 다루는 장례(葬禮)문화가 있었던 땅이었지요. 그래서 활(弓)과 화살(| =矢)을 만들어 부모의 시신을 지켰기에 '**조문**'(弔問)이라는 말도 만들었던, 지구상에서 **조상과 가족을 가장 끔찍하게 아끼고 사람의 가치와 관계를** 인식하면서…

효(孝)와 예(禮)를 발원시켰던 땅이었습니다.

고고학에서 묘장법을 가장 중요시 여기는 것은 죽은 자의 '장례의 식'이야말로 세월이 지나도 **거의 변하지 않는 고대사회의 전통이었기** 때문이지요. 역사상, 돌로 구조물을 축조하는 **석묘계**(石墓系)**의 묘장법을 했던 나라는 옛 한국**으로 고조선, 고구리를 이어 전승되어온 고유의 첨단문화였으나 '고려장'으로 왜곡돼 잊힌 **효문화의 뿌리**였습니다.

경남 창원의 돌널무덤 출처: 김해박물관, 충북 제천 청동기 돌널무덤 출처: 제천시, 홍산 우하량
돌널무덤(신성함, 고귀함의 상징인 옥의 수장자) 출처: 깨복이, 옥고 출처: 남촌선생

효(孝)**문화 또한 대인**(?)**의 땅 中國 아니냐구요?**

*예기(禮記) 단궁(上편)에는 공자의 제자 **자로**(子路)**가 해형**(醢刑: 사람을 죽여 잘게 저며 젓갈을 담는 벌)에 처해졌다(使者日, 醢之矣)는 기록과 사마천의 *사기 또한 **상**(商=은)**의 주**(紂)**왕**이 신하이자 장인인 구후를 해(醢)로 먹었던 사실까지 기록으로 전해져 충격을 줍니다! 이어 **한**(漢)**의 유방**에서 **유비, 수양제**도 인혈과 인육을…, 당(唐) 이후에는 아주 **인육시장까지** 생겨 송(宋), 명(明), 청(清)말기까지 이어졌다던 저들의 땅이었을 뿐이지요.

이러한 인육의 사실은 북송 때 사마광의 역사책 *자치통감 등 **중국정사에 220회나** 기록되고 *본초강목과 *철경록에는 부위의 약효까지 기록할 만큼 **보편화된 문화**였다고 하니…, 이래도 차이나를 **중화**(中華: 가운데 꽃 주위는 다 야만)니, 예(禮)니, 효(孝)니 대인·군자라며 논하시겠습니까? 大人·君子는 우리였습니다!

동아일보는 〈뉴욕타임즈〉가 '문화혁명(1966~76) 당시 홍위병과 공산당이 주민 수백 명을 살해한 뒤, 집단으로 먹어치운 사실'을 보도했음을 전하고(1993.1.7) 차이나의 계몽주의자 노신(魯迅, 1881~1936)이 *아Q정전에서 차이나의 2대 악습으로 지적한 것이 바로 '**노예근성**'과 '**식인풍습**'이었다고 합니다.

지금 **전 세계 사람박제와 장기매매시장을 독점**하는 국가는 어디죠? 부모의 원수를 갈가리 찢어 씹어 먹어야 당연한 효(孝)라고 전하고 자식과 아내까지 잡아 바쳤던 자들인데 이런 문화에서 무슨 돌장례 군자의 문화를 기대합니까? 이래도 '골치 아프니, 차라리 중국으로 편입됐으면-' 하는 말들을 해야겠습니까?

그런데도 **우리의** 돌널무덤의 기원을 **시베리아로부터** 몽골과 바이칼, 만주 지방을 거쳐 **한반도로** 퍼져온 것으로, 그것도 겨우 **청동기시대 후반**(서기전 700년경)으로 보고 있네요. 그래요. 늘 주장하듯이 '서방전래설'이고 '북방전래설'… 온통 식민사관(전-부 밖에서 왔다)에서 벗어나고 있지 못한 형편이지요!

그러나 이형구 교수는 옛 우리의 땅 만주(발해) '대릉하 **우하량 유적에서 다량으로 발견된 돌널무덤**(석관묘)**의 축조연대**(BCE35C)가 오히려 시베리아 바이칼호 연안에 있는 판석묘(BCE13~6C)보다는~

무려 20C 이상이나 앞서고 기원지(?)라고 여겼던, 이른 시기의 돌널무덤인 시베리아의 알타이의 페시체르킨 로크1 돌무지무덤(BCE25~12C)보다 **무려 15C~10C나 빠른 것**으로 보아 돌널무덤의 기원을 **옛 우리나라였던 발해연안**으로 볼 수밖에 없다'고 주장합니다. 그래요 한국인의 상징인 **상투를 고정시키는 옥고**(상투관)**까지** 나왔으니 말이지요!

또한 인류학자들은 인간의 장례를 주관하는 성소 또한 산상이나 사막 가운데가 아니라, **문명의 발생지인 연해지구나 강 연안지역**에 있었고 **인류가 남긴 문화유산** 또한 산악이나 사막, 한랭한 지방이 아니었다는 사실을 일깨우며 동방문명의 중심으로 떠오른 **홍산문명도 따뜻한 발해연안**이었지 추운 동토지대인 시베리아가 아니었다고 말합니다. 여기에 '시신을 **석관**에 넣고 땅에 묻은 후 **주위에 돌로 쌓는** 우리 땅 호남지역의 (남방식) 고인돌 양식이 산악지대에 해당하는 **세계 피라미드 문화와 초원지역의 적석목곽분 문화의 원형**이라 할 수 있다'고 합니다. 거대한 문화의 흐름…!

그런데 돌(무지)덧널무덤(적석목곽무덤, kurgan)으로 발전해 가는 **과도기 무덤들까지 등장**하면서 중앙아시아와 유럽에 널려 있는 거대한 미스터리 무덤인 '쿠르간(터키어-흙더미)의 기원'이 어디였나를 밝힐 수 있게 된 것이지요. 학자들은 쿠르간이 홍산문화영역인 바이칼의 **말타부렛의 문화**를 기반으로 했다고 합니다. 인류학에서는 이들이 **구덩이를 파 사람을 매장했던 독특한 장례풍습으로 얌나야**(Yamnaya)**인의 문화**라고 합니다. 얌나야가 우크라이나말로는 '구덩이 문화'

러시아말로는 '줄이 파진 것'이란 뜻이라고 하니, 이들이 **구덩이문화**
와 햇(빛)**살무늬토기**를 갖고 있었다는 것이 우연일까요?

홍산 우하량문명의 원형돌무지무덤, 페시체르킨 로크 | 원형돌무지무덤 출처: 네이버백과,
앵글로 색슨인의 고향 덴마크의 유틀란드반도의 무덤군, 4~5C 노르웨이의 쿠르간

아, 세계의 미스터리였던 석관묘의 시작 또한 결국
이 땅을 떠난 사람(아리안)**들이 햇**(빛)**살무늬토기** 같은 이 땅의 문명
(천손배달)**과 정서**(孝)**를 갖고가 발전시킨 석묘계**의 묘장법이었던 것을
이젠 알겠습니다. 그래서 **부산 가덕도에서 나온 서양인의 굴장된 유**
골의 수수께끼가, 장신이었던 얌나야인처럼 다리를 구부린 굴장으로
매장되어 있었던 것으로 풀렸던 것이지요.
다~ 배달문화에서 시작되었던 것이었습니다.
마치 **우리 땅에서 시작된 햇살무늬토기**를 '**서양에서 나와** 시베리아를
거쳐 전래되었다'고 잘못 가르쳤던 것처럼….
반면, 차이나땅에서는 동이의 제후국이었던 **상**(商=殷은)**만이 처**
음 우리처럼 석관묘(허난성묘 *중국문물보 2006)였을 뿐, 상 이전(~
BCE1700)에는 **땅을 파서** 그냥 시신을 묻어버리는 **토광묘**가 유행했고
주대(周代)에 들어와서야(BCE1100쯤) 겨우 나무로 곽을 짜서 묘실을 만
드는 **목관묘**가 유행했다고 하니, 지나의 문명권에서는 전혀 출토되지
않는 문화이니 돌문화 **역시 말만 중화**(中華: 문화의 꽃이 핀 곳?)일 뿐!

돌무덤 분포도 출처: 주간경향 김문석 기자, 압록강변 집안의 즐비한 고분군(적석총, 쿠르간형
무덤, 피라미드형 등) 출처: 가을하늘, 얌나야인의 굴장한 시신 출처: 破天神君.
가덕도 7천 년 전 유골 아리안의 굴장(우) 출처: KBS파노라마

알(천손)의 이동- 바퀴와 수레

인류의 3대 발명품으로 문명의 발전을 의미한다는 '바퀴'는
기록으로 수메르문명(BCE3500경)이었다고 하나 이들은 1갑자기 2동쪽
에서 3이미 수레와 문명을 갖고 이주해 온 4이방인(편두의 동이인), 검
은 머리에 상투 틀고 샅바씨름을 하던 '동방인'(해, 알)이었다고 합니
다. 그렇다면 인류의 문명을 이동시켰던 사람들이 누구였을까?

기온상승으로 시원문명의 땅인 '우리나라'에 물이 들어차자,
절박했던 상황에서 물건들을 싣고 떠나야 했던 사람들이 고래 잡던
배에 둥근 통나무를 괴다가 마침내 둥근 바퀴의 수레를 탄생시켰음을
쉽게 알 수 있지요. 인류의 문명을 이동시켰던 바퀴(수레)는 오롯이
우리 땅의 과학으로 탄생한 것이었습니다.

이들이 강을 만나면, 수레를 배로 띄워 초원으로 이동했던 '아리안'
(알이안: 해겨레)이었으니 알들을 품어 주었던 알태(알타이)산맥을 지나
멀리 메소포타미아로 가 수메르의 수레문명을 꽃피웠던 것이지요.

수메르인이 최초로 사용한 수레 출처: qmffor5547, 로마시대 전차와 나무바퀴수레 출처: 구글
상투의 샅바씨름 수메르인 청동유물(BCE2600) 출처: *The Epic of Gilgamesh(2005)

세상 모든 것이, **알**(ㅇ)**을 태어나게 하는 해**(ㅇ)**에 의해 탄생된다는**
것을 터득하여 모든 문화의 코어(핵)에 **해를 놓았던 사람들!** 그래요.
'**바퀴**'란 원(ㅇ)을 그리고 돌아가는 **둥근 해를 섬겼던** 해겨레의 발명품
이었을 것입니다. 그래서 생명(알)을 주는 **해를 '수리'**라 하고 머리 위
에 해가 뜨는 **단오**(端午)**조차도 수릿날**, 해가 처음 닿는 머리부분을
정수리라고 했던 것이지요. 맞아요. 한국인이 말했던 **수레란 둥근 해**
였고 **수렛**(수리의)**바퀴란 해처럼 둥근 바퀴**를 말함이었습니다.

여기에 해(日)와 나무(木)가 처음 나왔다는 東방의 울창했던 산에서
둥근(ㅇ) **통나무를 대어 바퀴**(회전원리)**를 시작**했고 지구상에서 제일
컸던 **고래**와 지구의 70%의 **고인돌과 거석을 이동**했던 사람들! 그래
요. 바퀴는 해겨레가 고인돌 밑에 대었던 **둥근 통나무**였으며 수레 또
한 **배에다 바퀴**를 단 것이고 여기에 한겨레가 발명했던 **많은 회전원**
리의 도구들과 과학발명품이 결집되어 나타났던 것이었지요.

인류최초로 곡식 갈던 **맷돌**이며, 열을 내 불을 지폈던 **활비비**며,
그물을 짰던 **가락바퀴**며, 옷을 짓기 위해 실을 자았던 **물레**며, 그릇
을 돌려짓던 **물레** 등은 다 수렛바퀴처럼 <u>회전원리의 DNA가 축적된</u>

해(알)**겨레의 발명품**이었을 뿐입니다. 그래서 **거석문화와 함께 바퀴와 수레의 발명**은 인류의 문명이 이 땅에서 시작되어 전 세계로 이동 (禾→移動)했음을 증명하는 유물이지요.

통나무 거석운반(英 엘스톤공원) 출처: 시그마북스, 옛 수레 출처: 미디어허브, 수렛바퀴를 짊어진 한국전 피난민 출처: 울프독, 수레 출처: depositphotos, 맷돌 출처: doopedia

수레, 쌀(米)겨레의 시작

수레 또한 차이나는 저들(?)의 시조라는 '**헌원이 수레를 발명했다!**' 하나, 또 뜬금없는 주장입니다. 왜냐하면, 말만 중국(中國)이지 **수레가 나올만한 고대**(뿌리)**문명이 없었기** 때문이며 **헌원 또한 우리 동이인**이었고 저들 스스로 *산해경에 '**동이가 수레를 발명했다**'고 기록해 놓았으니…! 먼 훗날 고대조선이 망한 후, 수레를 번성시켰다면 모르겠으나 처음의 발명은 해겨레였을 뿐이지요.

무엇보다도 오로지 한겨레가 **바퀴와 수레를 비롯한 시원문화를 발명**하고 시작했음을 조상은 '米'(쌀미)**이라는 글자로** 남겨 놓고 있었습니다. 이 모두 **1만8천~1만3천 년 전, 인류최초로** 충북 옥천 소로리에서 **볍씨**(禾화)**를 개발**(발명)하여 쌀(米미)을 먹었던 우리 땅 사람(夷이)들이 시작했던 문명들이었다는 것이지요.

그래요. 온통 인류 시원문명의 증거들(※)이었습니다!

– 옥(玉)을 만들었음을 璘(옥빛 인)에, 그릇을 처음 만들었다는 것을 甎(그릇 인), 개를 처음 가축화했음을 狺(개 짖는 소리 인), 배를 처음 만들어 고래를 처음 잡았음을 鱗(물고기 인), 화약을 처음 발명했음을 燐(도깨비 불 인), 쇠를 처음 발명했음을 鏻(쇠처럼 강할 인), 그리고 바퀴를 발명해 수레를 발명했음을 轔(바퀴, 수레소리 인)과 躙(수레자국 인) –

그런데 알씨의 우리 땅에선 **원산지인 콩**을 비롯하여 **약 7천3백 년 전 조, 기장, 들깨와 팥**(강원도 오산리 : 차이나 3600년 전 팥)의 흔적과 **6천 년 전의 조, 기장, 콩, 옥수수**(평양 남경유적지), 여기에 **아프리카와 유럽이 먼저(?)일 것**이라던 **보리와 밀**마저 발견(5500년 전 충북 옥천)되고 **최소 5000~5600년 전의 신석기 밭까지도** 발견(강원도 문왕리)되면서 **밭농사도 이 땅에서 함께 시작했음**이 밝혀~집니다. **밭**(田)에서 수레를 끈다는 '轔'(인)도 차이나가 아닌, 정작 우리 겨레에서 시작된 수레문화였음을 알게 됩니다.

그래서인지 요동반도와 산동반도 사이의 섬인 장도의 〈**장도박물관**〉에는 동시대, 전 세계에서 가장 발달된 고조선수레가 전시되어 있습니다. 무려 **바퀴살이 30개!** 훨씬 뒤의 로마의 수레는 **4~8개 정도!** 학자들은 '바퀴살 하나에 **엄청난 문명의 차이**가 있다'고 말합니다.
우리 문명이 엄청 빨랐다는 증거들이지요!
또한 고조선의 뒤를 이은 고구리는 **수레가 등장하는 벽화만도 18군데**, 무엇보다 우리의 벽화에는 **온통 타고 나는 신들로 가득**합니다.

수레는 물론 용도 타고, 봉황도 타고, 학도, 기린도 타고, 구름도 타고, 불꽃도 타고, 여기에 **온갖 신(선)들이 하늘을 날고 있는 것**은 우리 천손의 무한한 상상력과 왕성한 활동력의 표현이었지요. **차이나가 우리의 벽화를 가장 부러워하는** 이유가 뭐겠습니까?

장도박물관의 동시대 가장 발달된 고조선수레 출처: 九山, 평양출토 고조선 고유의 일산청동마차 출처: KBS1, 용과 봉황, 학을 탄 신선(고구리 5회분4호묘) 출처: 솔바람소리

혹자들이 우리에게 **'산이 많아서 수레가 나올 수 없었다'**고 말하는 것은 자신의 문화를 모르는 맹견(盲見, 猛犬)들이 짖는 소리입니다.

우리 땅은 **원래 배를 처음 만든 땅**으로서 고구리, 백제, 가야, 신라 모두 바다를 거점으로 한 **해상국가였기에 수레보다는 배를 더 활용**했던 것일 뿐, 육지에서만 움츠렸던 지나가 송(宋) 때까지, 우리처럼 **바다를 누비는 배가 없었던 것**이 비슷한 까닭이지요. 무엇보다 8천 년 전 당시 최첨단의 배를 만들고 이어 **배 안에 온돌까지 설치했**다던 사람들이 수레라고 안 만들었겠습니까?

그래서 **'적이 쉽게 쳐들어 올까봐** 도로를 닦지 않던 **소극성으로 수레를 활발히 활용하지 않던 근세조선'**을 애달파하고 한탄했던 **선각자 정약용**을 그리워하는 것입니다.

'바퀴와 수레' 또한 〈영국왕립학회〉의 생화학자인 조셉 니담이 〈파리유네스코〉(1946)에서 **'제지 및 인쇄술, 나침반과 흑화약의 세 가지를**

차이나인의 위대한 발명'이라고 강연한데서 비롯했던 것으로 **당연히** **바퀴와 수레도 차이나였을 것**이라고 생각했던 것뿐이지요.

한국인이 잊은 형제별, 삼태성

한국인에게는 삶과 죽음을 의탁하고 재물과 힘을 소원했던, 사시사철 하늘 위에 떠 있는 1북두칠성과 그리고 1만3천 년 전보다 더 먼 옛날엔 **삼할머니, 삼베여인**(麻姑마고)이라면서 소원을 빌며 의지했던, 여름밤 머리 위에서 제일 빛나는 별 2직녀성(織女星Vega베가: 베 짜는 집)이 있었습니다. 다 잊고 있는 별이지요.

그런데 지금 큰곰자리(서양)의 발바닥 별이 되어 **아주 더 까—맣게** 잊어버린 별이 있습니다. 겨울철과 봄철, 동쪽에서 떠올라 **북두칠성 아래에서 한 쌍씩 모여 마치 세 별로 보이는**, 한국인의 머리 위에서 빛나는 아름다운 별자리… 3삼태성(三台·三太星, 삼형제별)이지요.

조상님으로부터 전해지는 **삼혼칠백**(三魂七魄), '이 땅의 천손이 죽으면, 하늘로 올라가는 혼(魂: 양의 기)은 삼태성이 관장하고 땅에 남는 **백**(魄: 음의 기)은 북두칠성이 관장한다'는 말이 있듯이, **태양을 지키는 삼태성은 사람을 낳고 기르고 지켜주는 신장**(무력의 신)이라 하고 생명의 점지와 잉태를 **주관하는 별자리**라고 하고 또 우리나라를 지키는 별, **하늘이 내린 영웅**을 상징하는 별이라고 전해집니다.

그런데요. 이 1삼태성 삼형제별이 **한국인의 기억에서 사라져** 버렸다는 사실이나 2이 땅을 지키다 **사라져간 범**(虎 tiger)**부족의 존재와** 행방에 대해서나, 3문명·문화를 일으켰던 **강력한 천제국 한국**인데?

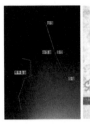

북두칠성과 삼태성 출처: urun uvs, 약수리 고구려 고분벽화 부부상의 북두칠성과 삼태성
출처: 수미심, 고리말 파주 서곡리 벽화묘 출처: 구만옥, 근세조선 화폐 복록전
출처: 행운도, 신선과 범(tiger) 출처: 한국민속신앙사전

우리 학계에서는 그냥 미스터리로만 방치해 왔었지요.

제 생각을 읽으셨군요! **해**(태양)**의 정체성을 지키며 북두칠성과 함께
나라를 지켰던 무력의 신**(신장)**으로서, 우리 땅을 지키는 영웅별로서**
너무도 소중했던 삼태성이 한국인에게 잊혀진 사실이나 옛날 이 땅을
지켜온 범부족이 이 땅에서 사라진 사실은 결코 무관하지 않습니다.
신선과 함께, 피라미드와 함께 사라져 버린 범(산신령)**들!** 하찮은 변방
의 제후국(지나)에 휘둘리게 된 이유이지요.

이때의 사정을 *삼국유사는 6천 년 전 배달나라(환웅의 나라 BCE3898)
의 건국이야기를 실어 실마리를 줍니다. 먼 옛날 **곰**(곰토템족, 칠성족)**부
족과 함께 토종세력이었던 범부족**(범토템족, 삼태성족)**이었지만, 환웅세
력이 곰**(곰)**부족을 선택하여 환웅의 나라를 세우게 되면서 환웅세력
을 거부했던 용맹스러운 범부족은 어디론가 사라져 버린 것**이지요.
곰이나 범이나 다 '엄'(신의 최초의 표현, 옴, 엄마 마고)이 있는 것은 같은
토템의 겨레였다는 표현이었습니다.

이렇게 되어 **강대했던 천제국**(한국)**의 반쪽이 사라지게** 된 것이지요. 그래서 소파 방정환(작사)은 동요 *형제별을 지어 한겨레의 거대한 문화의 상실을 다시 기억해 내라고 합니다.

> "날 저무는 하-늘에 별이 삼형제/ 반짝반짝 정답게 지-내더라. / 왠일인지 별-하나 보이지 않고/ 남은 별이 둘-이서 눈물 흘린다." - 후략

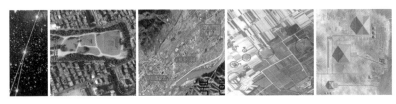

삼태성. 서울 송파구 석촌동과 백두산 위 집안의 3연성피라미드 출처: 한국고대사, 중국 서안의 3연성피라미드 출처: 향고도, 이집트 기자 3연성피라미드 출처: 구글항공사진

이 땅을 떠난 **범부족**은 높은 문명을 갖고 동·서로, 전 세계로 퍼져나가 **용맹스러운 알이안**(아리안)**과 훈족의 뿌리**가 되고 **인디언**이 된 것이지요. 남제 김민기 선생은 "훈족이란 '훈훈하다' 즉 불을 사용한 **민족으로 문명이 높았기** 때문이며 또한 산스크리트어로 **'범부족'**(the Tiger tribe)이었다." 라고 하여 이들이 높은 문명과 함께 태양(알)**을 잊지 않았던 용맹스러운 이**(夷)**들이었음을 알게 합니다.

서울(석촌동)**의 3연성 피라미드,** 백두산 위 **집안,** 지나 북부의 **서안** 그리고 이집트 **기자의 3연성 피라미드**가 문화(뿌리)를 같이 하는 것 또한 마고삼신의 땅, 천지인(ㅇㅁ△)사상의 땅, 곰부족과 더불어 **삼태성신앙으로 이 땅을 지켜왔던 범부족의 증발**을 알게 합니다. **6천 년 전, 인류사의 이동**을 증명할 수 있는 무리는 이들밖엔 없지요!

이 무리(물의 사람들)가 이동하면서 **하늘나라**(한국)**의 상징**인 고인돌 과 선돌과 피라미드를 세우고 도시도 세웠던 겁니다.

그래요! 거-대한 한류(K-wave)를 그때도 일으켰던 것이지요. 지금은 서양별자리인 오리온자리의 **허리띠**가 되고 큰곰자리의 **발바 닥**이 되면서 잊혀졌지만, 정신을 차리고 불러내면, 다시 **우리를 지켜 줄 별**입니다. 그래서 소파는 노래의 끝을 이렇게 맺나 봅니다.

"얼마-후에 저-별이 다시- 솟아나 찬-란한 밤 되어 반-짝거린다!"

근본을 부정케 한 허구, 한사군(漢四郡) 망령!

화려했던 문명이 사라지고 거대한 힘도 빠져나가며 근원이 잊히자, 근본 없는 백성이 되어 근본을 찾아 밖으로 떠돌아야 했습니다. 그래 서 사람은 물론 모든 문명·문화가 밖에서 들어와야만 하는 **식민사관 의 덫**에 걸려 마침내 노예로 시작된 역사로 둔갑하지요.

40~80대, 가슴팍에 새겨져 있는 진한 분홍글씨!
─**미련한 곰의 자손** 단군이 **한반도 구석**에 (고)조선이란 나라를 세우다 **중국인이 세운 기자**(箕子조선)에 의해 **문화를 시작**하고 **위만에 정복당 해 온** 조선, 그러다 **한**(漢)에 망해(BCE108) **한반도**에 400년 동안 설치 되었다는 **식민지 한사군**(漢四郡)! 낙랑, 진번, 임둔, 현도…! 위치를 표 시해 가며 달달 외웠던 **비통했던 기억**, 임둔과 현도의 위치가 바꼈다 며 × 처진 답안지를 보며 내 잘못을 자책했던 기억들!
잊고 싶은 출생의 비밀, 파버리고 싶은 배꼽역사!

그래서 **진저리를 내며 이심전심으로 묻어버리며** 살아왔던 우리의
역사였지요! 이제 <u>희대의 사기극의 전모</u>를 밝혀 겨레의 가슴에 가위
눌렸던 '한사군의 망령'을 시원하게 털어내겠습니다.

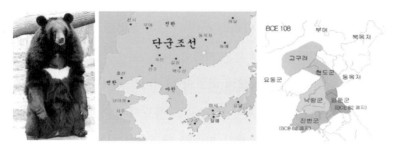

미련한 곰의 자손, 동이 강역으로 추정한 단군조선 강토 출차: 양산신문, 국내 역사학계의 실정을
보여주는 왜곡된 한사군과 고구리 강역도 출차: *아틀라스 한국사(한국교원대 교수들 집필)

옛날 거대했던 **단군**(고)**조선은 3조선**(한) **연방체제**였다고 합니다.
중앙에는 단군이 계신 진조선 지금 한머리땅은 부단군이 계셨지만,
단군조선의 어미의 땅으로 시원역사를 시작했던 뿌리땅, 마한(마조
선), 이 땅의 서쪽(북경 지역과 산동반도와 밑 해안지대)은 이 땅의 사람들
이 개척했던 부단군이 계셨던 변한(변조선) 지역이었지요.

만약, **한**(漢)이 진정 거대한 고조선을 멸하고 식민지로 두었다면,
반드시 '**한과 흉노**(匈奴)**와 고조선**(동호)**의 역사적 힘의 우위**'를 살펴야
하는 것이 상식일 것입니다.

당시 몽골 쪽에 있던 **흉노는 서쪽 평원을 평정**할 정도로 강력해서
사마천은 *사기를 통해서 한무제(유철)가 흉노의 왕이 교체될 때마다
한실의 종실녀를 바치고 사대교린책을 써 왔음을 기록합니다.

심지어 한의 원제(元帝 10대)는 흉노의 사신의 눈에 띈, 자신의 **후궁이었던 '왕소군'**이란 빼어난 미인을 빼앗기기까지 할 정도로 **한은** 흉노의 복속국인 **제후국**에 지나지 않았습니다.

반면 이러한 **흉노를 쥐락펴락** 하면서 꼼짝 못하게 한 것이 <u>고조선</u>이었음을 *사기와 *자치통감은 기록합니다. '고조선은 강했다.'를 시작으로 'BCE209년 **흉노왕에게 최고의 천리마를 바치라** 하여 얻어내고 **흉노왕의 애첩마저 바치라** 하여 얻고 **흉노의 땅까지 바치라** 요구한다.' 이렇게 **흉노를 압박했던 거대한 단군조선 전체**(진조선, 막조선, 번조선)를 흉노의 제후국인 漢이 어찌 넘볼 수나 있었을까?

그럼에도 은(殷)의 왕족 기자(箕子)에 의해 **고조선의 문화가 시작됐다**(BCE12C경)는 **'기자조선'**이나 **'기자동래설'**(기자가 한반도에 와 문화를 열었다)이란 **왜곡된 사실**이 한국인의 자존심을 짓눌렀지요.

기자가 단군조선의 서쪽 변두리 부단군의 나라 **번조선의 귀퉁이땅으로 망명했던 사실이 왜곡**된 것인데 1殷은 **단군조선의 제후국으로 동이의 나라**(지나족이 아닌)였을 뿐, 또한 2기자가 번조선의 부단군이 된 적도 없었으며 3**망명온 곳도 우리 한머리땅이 아닌** 지나땅 하북성 어디로 허구였고 4**문화의 시원나라**였던 우리가 누구에게 문화를 전수받아 시작했다는 말 또한 터무니없는 왜곡이었을 뿐입니다.

그리고 또 하나 **'위만(衛滿)조선'**이란, 서쪽 번조선의 부단군(기준)이 연(燕)의 망명객인 **위만에게 덕을 베풀어 번조선의 서쪽 땅을 봉해 살게 했으나**(BCE195) 이듬해 기준왕의 은혜를 배반하고 **번조선의 수도!**

왕험성(하북성 산해관 남쪽 창려)을 치고 스스로 **번조선왕이 되어 '위만 정권'**이 세워진 것을 말함이었으니, 본국인 단군조선의 역사가 아닌 변두리 **번조선의 역사**였을 뿐이구요.

이렇게 위만이 번조선왕이 되고 손자인 우거왕까지 학정을 겪은 **번조선 백성들이 울분과 반항감이 고조**될 때, 한(요동도위)의 섭하가 자객을 보내 번조선의 비왕(裨王)인 장(長)을 죽이자, 번조선군은 섭하를 살해하면서 **번조선군과 한**(漢)**의 전쟁**(BCE109)이 시작되었으니 **한 사군의 왜곡** 또한 본국 단군조선의 역사도 아니었습니다.

그러면 '번조선과의 전쟁에서조차 **한**(漢)**이 이겼는가?** 그래서 한사군이라는 **식민지를 과연 세울 수 있었겠는가?'**를 한의 신하였던 사마천이 당시에 쓴 *사기(지나 첫 사서)의 기록 −전쟁의 동기와 한의 목표와 공격방향−등으로 밝혀 보겠습니다.

"인근의 국가들이 漢무제를 뵙고자 하나 (번)**조선이 가로막아** 통하지 못하게 하기에 연(燕)과 패수(浿水)를 경계로 하고 있는 **번조선의 수도 왕험성을 함락시켜야** 한다. 그러기 위해서 육군은 **패수를 건너야** 하고 수군은 **제**(濟) **지역에서 배를 띄어 바다를 건너야** 한다."

그런데요. 양자강 이북과 만리장성 이남의 강물에 대한 전문서적인 *수경(水經)에 의하면 **"패수라는 강은 낙랑군 누방현에서 흘러나와 동쪽**(→)**으로 임명현을 지나 동**(東→)**쪽으로 바다에 들어간다."** 라고 했습니다. 그렇다면 패수란 1북한의 강물(대동강)이 아닌 **만리장성 이남의 강물**일 뿐이며 더구나 2西로 흐르는 북한의 패수(대동강←)는~

한의 목표인 패수가 될 수 없고 3한의 **전쟁대상인 조선** 또한 대조선
전체가 아닌 만리장성 밑의 번조선이었다는 것이지요.

또한 "패수를 **경계로 연나라**가 있다." 라는 기록은 4**번조선**(북경쪽)
옆에 연(燕)이 있었으니 맞고 번조선 왕험성이 발해지역에 있었기에
'**번조선이 가로막아 통하지 못하게 했음**'이 이해가 되며 그래서 5한의
양복(해군총사령관)이 발해로 가기 위해 **산동반도 위쪽**(제)**에서 배를 띄
어 바다를 건너 협공했음이 이해가** 되네요!

학자들은 만약 북한의 평양을 목표로 했다면, 산동반도 **동쪽끝에
서 출발했어야** 했다고 말합니다. 이렇게 *사기의 기록으로도 **한과의
전투지는 한반도가** 아닌 **발해지역의 번조선**이었는데, 우리 땅에 한
사군이 설치될 수 있었겠어요?

무엇보다 *사기 〈조선열전〉의 **전쟁 후의 상황**을 보면 누구의 승리
였나를 알게 합니다. 1**육군선봉장 졸정다**는 참패한 죄로 목이 잘리는
참수(斬首) 2**좌장군 육군사령관** 순체는 시체가 찢겨 수도 장안 사대
문에 걸리는 **기시**(棄市)라는 최악의 극형 3**황제 직할의 정예군의 장군
위산**은 패수도 건너지 못하고 회군한 죄로 **기시** 4**추가 파병된 공손수**
는 아무 전과 없이 도리어 아군인 양복을 체포한 죄로 **참수** 5**우장군
해군사령관 양복** 또한 패수(북경 동북쪽의 백하?)에서 조선수군의 습격
을 받아 패전한 죄로 역시 **기시형!**(일설엔 벌금 내고 서인으로 강등)

이렇듯, 전쟁이 끝나고 황금으로 상 받은 자는 아—무도 없고
한(漢)**의 장수들의 참혹한 극형**은 결코 한의 승리가 아닌 처절히 참패
의 분풀이의 모습일 뿐이지요!

그래서 사마천은 번조선과 한의 전쟁(BCE109)에 종군하면서 직접 목격한 것을 *사기에 이렇게 기록합니다. **"수·육 양군 모두 치욕을 당했다.**(졌다) 장수들 중 제후로 봉해진 자는 **없었다.**"(兩軍俱辱 將率莫候矣)

이후 A.한과의 전쟁에서 승리한 **번조선군은 혁명군으로 변모해** B.위만의 손자 우거왕마저 처단함으로서 86년간의 이방인 **위만정권** (위만조선)**을 몰아내면서 '둘의 승리'**를 얻으면서 번조선의 혁명주도자인 최(最)는 날양, 참(參)은 홰청, 협(陝)은 평주, 음(陰)은 추저로 발해에서 **산동성의 번조선 땅을 4군으로 나누어 다스렸다**고 합니다.

한(漢)의 4군이 아닌 소위 승리한 '조선의 4군'이었을 뿐이지요.

그러나, 오호 애재라! 이때의 정황을 〈고구려역사저널〉의 성훈 컬럼니스트는 **"번조선 혁명군의 수장들은** 오히려 반역을 하면서 한(漢)에 투항하여 한무제의 제후가 되는 대가로 **번조선의 땅을 나누어 봉지로** 인정받게 된다." 라고 애달파 합니다. 훗날, 이것이 *사기 〈조선열전〉에 **"조선을 안정시키고 사군으로 했다.**"(定朝鮮 爲四郡)로 기록되면서 '한사군'이 허구의 역사의 단초가 되어 강력한 번조선이 붕괴되고 **단군조선이 소국으로 인식되어 사라지게** 된 것이지요.

그래요. 한이 단군조선을 멸하고 **식민지**(4군)**를 설치한 적**은 없었습니다. '**사군**' 이란 명칭과 *사기 〈조선열전〉의 '**조선위사군**'이란, 한이 세운 식민지가 아니고 번조선의 혁명군이 세운 4군이었던 것이며 북한땅에 설치(BCE108)되었다는 한4군- 낙랑, 현도, 진번, 임둔조차 *사기 원문에도 없는 명칭이었지요.

1 원래 한사군, 재야사학 한사군, 식민사관 한사군 2 하북과 산동에 위치한 지나의 *한서와
*사기의 한사군과 한반도에 위치한 국내사학자들의 한사군 위치 비교 3 이병도가
*한국상고사 입문에서 주장한 한사군 출처: 성훈 컬럼니스트

이러한 **희대의 사기극**을 임승국(동국대) 교수는 이미 〈국회청문회〉
에서 '漢四郡의 실상과 조선四郡'(1981.11.27)으로 밝힙니다.

"지나의 왕조 중 200년을 넘는 왕조는 고작 넷, 후한, 당, 명, 청
뿐, **300년 넘은 왕조는 하나도 없는데,** 하물며 **한**(漢 BCE202~CE8)
이 망해 버린 후에도 한4군을 통치하는데, 맨 끝에 소멸한 낙랑군
(CE8~313)까지 종주국(漢)이 없는 상태로 305년을 통치(?)하다가 총
421(BCE109~313)년을 우리나라 땅을 강력히 지배했다(?)고 하니 어린
아이 동화 같은 얘기였다!" 여러분은 어떻게 생각합니까?

아, 신화(神話)로 부정되어 **갈가리 찢겨 우롱당한**

우리 (고)조선의 역사!

임승국 교수를 비롯한 뜻있는 사학자들은 말합니다.

훗날 옛 차이나의 사가들은 **한**(漢)**족의 영광은 과장하고 수치가 되
는 역사는 모든 사서에서 일관되게 승리한 것으로 왜곡하고 조작해
내는 '휘치필법'**(諱恥筆法) **'춘추필법'** 때문이었다고…!

한사군을 조작해 내는 과정입니다.

1***사기에서 왜곡한 '조선4군**'이란 명칭에 2179~117BCE에 살았던 사마상여가 BCE109에 썼다(?)는 *무릉서(∴죽은 사마상여 귀신이 8년 후의 전쟁을 기록했다?)의 기록이라는 '사군은 **장안으로부터 5~6천 리 떨어져 있다.**'는 조작된 위치를 절묘히 조합하고 3180년 후 *사기를 그대로 베껴 옮겼다는, 반고(CE32~92)가 쓴 *한서에서 뜬금없이 나온 낙랑, 진번, 임둔, 현도라는 **명칭**을 그대로 짜깁기한 것이 한사군의 허상이었다고⋯!

승리했으나 식민지로 둔갑한 번조선의 조선4군+장안으로부터 5~6천 리+낙랑, 진번, 임둔, 현도의 四郡 =북한지역의 허구의 漢四郡!

그 결과 지방정권인 번조선을→**고조선 전체로** 왜곡하고
게다가 만주와 중앙아시아를 아우르는 전 고조선 영역을→ **한반도로 축소**하면서 한국사를 **식민지역사로 둔갑**시켜 '한국의 역사는 **한사군으로부터 시작**되며 지나의 속박에서 벗어나면서 **한국의 역사**(고구리)는 **시작된 것**'이라는 식민사관으로 왜곡되어 신하와 식민의 역사로 치욕스럽게 살게 했던 것이지요.

이제 제발, **한사군의 망령**을 훌훌 털어 버리고 시원문명의 영광을 이은 천제국의 역사를 제대로 알게 해 주면 참, 좋겠습니다.

> "간장에서 솟는 눈물과 충곡에서 나오는 단심으로써
> 우리 사랑하는 대한 동포에게 엎드려 고하오니 동포, 동포여,
> 때는 두 번 이르지 안이하고 일은 지나면 못하나니 속히 분발할 지어다!
> 동포, 동포시여, 대한독립만세!" -1919년 <대한독립 여자선언서>

"조선의 근심은 국사(國史)가 없다는 것보다 큰 근심은 없다.
-중략- 우리나라의 경사(經史)는 여러 차례 전쟁을 겪으면서
거의 타 없어지고 후세의 고루한 학자들이 중국책에만
빠져서 헛되이 주(周)만을 높이 받드는 것을
의(義)로 여기고 먼저 제 근본을 세워서
자기 나라를 빛낼 줄을 몰랐다."

-북애자의 규원사화(揆園史話)

한력으로 자봉서
더 코어랑

13부
천손이 잇은
문명·문화의 별 & 힘(power)

13부: 천손이 잊은 문명·문화의 별 & 힘(power)

천손의 정체성 북두칠성

별-바라기였던 우리 땅의 선조들, 별 중에서도 '북두칠성'에 유독 애
착을 하셨다. 매일 밤 북녘하늘에서 찾을 수 있는 **주극성**(1년 내내 보이
는 별)으로 언제부터인지 알 순 없지만, **먼- 먼, 아주 옛적부터** 이어
져 환국과 배달국을 거치고 또 단군조선을 거치며 지금까지 이어왔던
우리 천손만의 특별한 별이었다.

인류최초로 농경과 가축을 시작한 우리 겨레에게 **'시간과 계절'**을
알려주는 달력이었고 배를 처음 만들어 고래를 쫓던 겨레에게 어두운
밤 망망대해에서 **갈 곳을 찾게 했던 '나침반별'**이었기 때문이었을까?
그래서일까? 사람이 태어나려면, 얼굴의 **일곱 개의 구멍에 북두칠성
기운을 받아야** 한다고 믿었던 이 땅의 천손들! 그래서 옛날엔 신랑·
신부가 **혼례**를 올리면, 맨 먼저 칠성님께 초례(醮禮)를 드리고 **머리카
락을 일곱 번 꼬아 상투**를 틀어 칠성겨레를 다짐했었다.
또한 죽어서도 생명을 주신 칠성님에게로 돌아간다고 믿었기에,
시신을 일곱 매듭으로 묶어 칠성님의 자손을 확인시키고 **고인돌 위에
북두칠성을 새기고 '칠성판'**을 얹어 천손이었음을 알려야 우리가 왔
던 **생명과 영혼의 고향**으로 되돌아 갈 수 있다고 믿었다. 그래서 북
두칠성을 '온별'(왔던 별)이라 말하고 단순히 죽었다(dead)가 아닌~

'돌아 가셨다'(back to home)라고 말해 왔었다.

　그러하기에 **북두칠성이 뜨는 동북쪽**(간방)을 택하여 마을마다 북두칠성의 성신을 모셔놓고 **일곱**(7)**을 주기**(7일, 3*7일, 7*7-49제)로 두 손 모아 기원하며 복을 빌던 **'칠성당'**이 있었고. 또 집집마다 해와 별이 잘 비추는 곳에 **돌로 단을 쌓아** (장독)대를 만들어 **정화수를 떠놓고 빌던 모습**은 얼마 전까지만 해도 너무도 익숙한 우리의 일상이었다. **돌로 단을 높인 것은 태곳적 피라미드를 만들었던 문화가 전수**된 까닭이며 정화수를 떠놓거나 우물(井)가에서 빌었던 것은 **물**(井우리나라)**에 비친 칠성을 칠성신으로 여겼기** 때문이었다고 한다.

　'빌다'라는 말 또한 북두칠성의 대명사인 '별'에서 비롯되었음을 〈한국콘텐츠진흥원〉은 밝히고 〈YTN사이언스〉는 우리 겨레의 칠성 신앙에 과학적인 근거가 있었음을 발표한다.(2014.7.8) 또한 **'극한에너지를 지닌 우주선**(宇宙線: 지구로 떨어지는 우주 입자)**이 북두칠성 근처에서 생성된다'**는 사실을 〈국제공동연구팀〉 과학자(125분 한국, 美, 재팬, 러시아)들이 100여 년 만에 규명을 해내었다. 우리나라 동·식물과 토양의 기(氣)가 가장 센 이유가 밝혀진 것이다. **−문화**(7)**와 힘으로 세상을 돌린** 봉황과 용과 대붕의 별, 천손과 제왕의 별이었다.

천손의 자부심, 제왕의 별 북두칠성

우리 겨레에게 '북두칠성'은 **천손의 정통성**을 상징하면서 북극성과 함께 **하늘의 중심**(中心)**을 잡으며 온 우주**(별)**를 다스**(다살)**리는 별**로서 하늘의 기운과 권력을 **관장**하여 천제의 임무를 **수행하고** 제왕을 **탄생**시키고 하늘의 **도리**(道理)**를 펼치고** 하늘의 형벌을 **시행**하고 **물과 농사를 맡고 인간의 수명과 생로병사, 길흉화복과 불로장생, 부귀영화**를 관장하는 별'이라 전해진다.

사마천이 *사기에서 "**칠성**은 **천제**(동이의 제왕)**가 타는 수레**로 하늘의 **정중앙**을 운행하면서 **사방을 직접 통제**한다." 라며 부러워했던 밤하늘의 군주로서 지금의 세상이 7(1주일)로 돌아가는 이유였다.

북두칠성의 극한에너지 출처: YTN사이언스, 덕화리1호분 정면 선명한 북두칠성 출처: 서울신문, 칠성의 별이름 출처: 칠원성군님 명호 사진(2015.08.21 11:15:47), 복조리 출처: 위키백과

칠성 중 **첫 번째 별**은 하늘의 축으로서 하늘의 중심(中心)을 잡고 **하늘의 도리를 펼쳐 천제의 임무를 수행**하고 **황제를 탄생**시킨다는 '**천추성**'(天樞星 또는 탐랑성貪狼星)이다. **우리 겨레의 장쾌한 스케일**을 가늠할 수 있는 별로서 또한 만물과 생명의 근원인 물(水)이 생하므로 **생기성**(生氣星)이라고도 한다.

두 번째 별은 임금(천제)의 족보(璇源譜선원보)를 관장하고 인간의 식록을 주관하는 **하늘의 창고요, 하늘의 복주머니**라고 하는 '**천선성**'(天璇星 또는 거문성)이다. **섣달그믐날 복조리를 팔고 설날에 복주머니**를 차고 다녔던 이유가 바로 칠성별의 감응으로 복을 받기 위함이었다. 그래서 **북**(北)**두칠성의 형상을 본떠 물국자와 숟가락**(匕비)을 만들어

물의 나라의 복을 떴던 것이라고 한다.

혹시 하늘의 별이 떨어진 곳에서 태어난 아이를 들어보셨는가? 하늘의 모든 권리(천권)를 한 손에 거머쥐고 **하늘의 이법에 어긋난 것을 치는 별로서 칠성별의 4번째 별** '문곡성'(文曲星 또는 천권성)이 떨어진 곳이라는 '**낙성대**'(落星岱)는 들어보셨는가? 천제국 고리를 침범한 무도한 거란의 40만 대군을 무찔렀던 명장 **강감**(한)**찬**(姜邯贊 948~1031)**의 출생지이다.**

국자의 **손잡이 부분인 6번째 별인** '무곡성'(武曲星)은 수명과 돌림병을 관장하며 **하늘의 질서를 바로잡는**, 가장 센 무력을 갖고 있는 별이다. 그러하기에 **좌우에 보**(輔)**성과 필**(弼)**성이라는 2개의 별이 더 있다.** 지금의 '**보필**'(輔弼: 뒤틀린 활을 바로 잡게 돕다)**이라는 단어의 유래이며** 그래서 북두칠성은 9개의 별이었기에 **북두구진**(北斗九辰)이라고 했던 것이다.

칠성의 마지막 별은 하늘 군대(天軍)**를 통솔**한다는 '파군성'(破軍星)이다. 그래서 '군신'(軍神)으로 모셔지는 별이었다.

그런데 이 별이 떨어져 돌이 되었다는 '조천석'(朝天石)을 아시는가? *삼국유사는 '옛 성제(聖帝)가 **이 돌을 타서 올라가 하느님을 만났기에** 그 이름이 유래된 것'이라고 적고 있다. **조천**이란 하늘을 배알한다는 뜻으로 **천제국에만 있던 문화**(조천池, 조천舞)였다고 한다. *제왕운기 *신증동국여지승람 *조대기 *규원사화에도 **동명성왕 같은 분에 이르러서는 조천석이 있었다고** 전하고 제주시 조천리(조천관)에도 **큰 조천석이 있었다고** 전해온다.

또한 **성인**(천제)**을 태우고 다닌다는 상상의 동물도** 우리에게 전한다. 해모수 천제가 땅과 하늘을 오르내릴 때 탔다는 '**기린마**'(麒麟馬) 또한 천제국의 문화였다.

평양의 금수산 청류벽 일대에서 '**고구리의 시조 동명왕**(주몽)**의 기린굴을 발견**(2011)**했다**'는 *재일조선신보의 평양발 기사가 보도되면서 '평양 을밀대 아래 영명사에 **기린굴**과 남쪽에 **조천석이 있다**'는 *고리(려)사(1451)의 기록과 '금수산 부벽루 서쪽에 **기린굴이 있다**'고 했던 *신증동국여지승람의 기록이 허랑한 것이 아니었고 '태양궁전'(북한)이 왜 금수산에 있고 자부심인 것을 알게 했다.

그래서 고려 말의 대석학 **이색**(포은, 삼봉, 양촌의 스승)이 인류최고의 경전인 '**천부경**'(天符經)**의** 존재를 언급하며(*목은집) 부벽루 기린굴을 찾아 "**기린마는 떠나간 뒤 돌아오지 않으니**/ 천손은 지금 어느 곳에서 **노니시는가?**" 라는 호곡으로 천제국의 역사를 일깨웠던 것이다.

모란봉의 청류벽 일대에서 발견된 동명왕의 '굴–린–기' 과 조천석. 출처:
조선신보, 제주시 아라동 조천(朝天)석 출처: 김찬흡

한겨레의 출생의 비밀 칠성 DNA

백두산 북녘 길림성 集安! 시조 마고어머니(女)의 자손**이기에 집안**(in

home)처럼 편안해야 할 것이라는 집안에는 비석이 우─뚝 서 있습니다. 우리 겨레의 웅대한 정체성과 '고구리 천하관'으로 자부심을 온통 드러낸, 지구상 **최대의 전승기념비**, '국강상 광개토경 평안 호태왕비' (國罡上 廣開土境 平安 好太王)!

노중평 역사천문학회 회장은 **우리 겨레가 잊고 있는 장쾌한 혼(魂)**을 '국강상'이라는 태왕의 시호를 통해 일깨웁니다. "**강(罡)은 사방에 떠오르는 북두칠성**을 말한다. 동두칠성, 서두칠성, 남두칠성, 북두칠성이다. 그래서 罡은 칠성으로 임금의 존칭이다. 광개토태왕(고구리 19대)이 **북두칠성의 화신**이라는 것은 당시 **칠성신앙**이 있었다는 중요한 단서가 된다." 아 岡(언덕 강)으로 변조된 글자 罡(칠성 강)!

북두칠성이 돌아가는 **강역(疆域)의 임검!**

이렇게 **북두칠성**은 천손이라는 자부심의 유래이고 그래서 '태왕'(太王)은 인류의 문화를 시작(太)하며 북두칠성처럼 세상을 이끌던, **칠성나라의 왕(王)**임을 고스란히 드러내는 말이었습니다. 태왕의 장군이었던 **모두루의 비문**에 "천하 사방은 이 나라 이 고을이 가장 성(聖)스러운 곳임을 알 것이다." 라고 기록돼 있었던 것이 이런 까닭이었지요.

오호, 통재라! 지금 차이나는 한겨레의 영광의 글자 '국강상 광개토경 평안'을 다 지우고 단지 **호태왕비**로만 불러 전하고 재팬은 岡으로 변조하고 더 참혹한 것은 같은 동포인 김부식은 *삼국사(기)에서 **태(太)**자마저 뺀 **광개토왕**이라 기록하여 장엄했던 칠성겨레의 시원의 역사를 다 지우고, '**영락'(永樂: 백성들아, 이 땅에서 영원히 즐거움을 누리라!)**이라는 **태왕의 연호마저 숨겼으니** 누굴 탓하겠습니까?

그러나 아무리 감추어도 이 땅의 사람들은 스스로를 **천손 칠성의 자손**이라 하고 시대를 걸쳐 **북두칠성을 빠지지 않고 등장**시켰습니다. 이규보의 *동명왕편에는 고구리 시조 추모(주몽)가 아들에게 남긴 수수께끼인 '**일곱 모 난 바위** 위 소나무 밑에 숨겨둔 자신의 증표(칠성 시원역사에 대한 자부심)를 찾아서 자신에게 가져오면, **아들로 인정하겠다.**' 라는 기록이나, 벽화나 암각화를 통해 **우리 겨레의 출생의 유래와 정체성**이 북두칠성에 있음을 명확히 하고 있지요.

배와 가슴에 **검은 점 7개로 태어났다**는 대한독립군 참모중장 안중근(1910.3.26 서거)은 조부께서 '칠성이 응했다' 하여 **응칠**이라고 불러 대한의 인물로 키우셨습니다.

비록 명(明)의 제후국이라 자처했던 나약한 근세조선이지만, **궁(宮)**은 한겨레 고유의 칠성신앙을 바탕으로 지었다고 합니다. 경복궁, 창덕궁, 창경궁 등의 궁은 북두칠성이 있다는 **하늘의 궁궐, 자미궁을 본 따** 지었다고 하며 말기에 대한제국을 선포한 후에는 옛 천제국의 위상을 회복하는 의미에서 경복궁과 창덕궁의 근정전의 **천정**(天井: 하늘의 우리나라)에는 황룡 두 마리가 **각각 7발톱이 있어 28개의 발가락**(하늘의 28수)으로 여의주(임금)를 호위하게 하지요.

본디 용(龍)이 우리의 전통적인 오방사상에 따라 5발톱이었지만, **특별히 7발톱이 되었던 것**은 '우리가 **세상을 시작**하고 **세상의 중심**을 이루었던 북두칠성겨레였음'을 더 드러내고 싶었던 것이었지요. 그래서 임금님의 집무 때는 언제나 칠성을 뜻하는 **'일월오악도'**(日月五岳圖: 음양을 뜻하는 해와 달, 오행을 뜻하는 목화토금수의 산 그림)를 임금의 용상 뒤에 항상 놓았던 것입니다.

칠성(日月火水木金土)의 회전(북동남서)으로 28(7*4)일을 **한 달**로 삼았던 것이나 우리의 **훈민정음이 28자**로 만들어지게 된 것이나 한시에서 **칠언절구, 칠언율시**라 하여 **일곱 글자**로 맞추는 것이나 우리가 **삼삼7박수**를 즐기는 것이 다 은연 중에 한겨레 고유의 칠성신앙의 DNA가 발현했기 때문이지요.

창덕궁 인정전 일월오악(봉)도 출처: 창덕궁관리소, 창덕궁 근정전 보개천정의 칠조룡 출처: 문화재청, 경복궁 근정전 보개천정의 칠조룡 출처: 일조의 궁궐이야기, 숭례문의 치욕스런 4조룡 출처: 일조의 궁궐이야기, 창덕궁 부용정 기둥의 칠언시 출처: 문화재청

그러나 지금 우리가 천손(天孫)의 자부심을 다 잊고 '**천민**'(賤民: 천한 백성)을 자처하고 쓰레기더미 속에서 살아가는 것은 일제가 **한겨레를 지탱하던 정신사상인** 칠성신앙이 인류의 신앙의 뿌리인 것을 알고 화들짝 놀라 〈문화말살정책〉을 거치면서 우선 칠성신앙을 대표하는 경복궁을 허물어 그 자리에 **총독부**를 짓고 **외래종교까지 합세**하여 정책적으로, 미신타파의 명분으로 미신으로 누명을 씌어 **칠성신앙과 관련된 모든 전통신앙**을 말살하며 **하얗게 지워**버렸기 때문입니다.

이렇게 한국인은 근원과 뿌리를 잃고 방황하는 사람들이 되어버린 것이지요. 지금 복구되었다고는 하나, 궁궐의 일부만 복구하였을 뿐, 아직 **경복궁에 얽혀 있는 칠성신앙과 삼신신앙은** 엄두조차 못 내고 있기에 **우리의 칠성신앙이** 종교가 아닌 **인간이 조화롭게 살아가는** '도'(道, 철학)였다는 것을 모릅니다…! 대다수 한국인은 우리의 칠성신 앙과 삼신신앙이 무슨 의미인지, 경복궁에 무슨 의미가 있었는지조 차… 송두리째 까서 먹어버렸으니 애통할 일이지요.

그래서 **상해 임시정부**(1919년)**의 석학과 지도자들**께서 "대한민국 (COREA)의 강토(疆土)는 구한국(舊 옛 우리나라)의 판도(版圖: 한겨레의 세 력이 미쳤던 범위)로 한다." 라고 하며 **옛날 세상의 판**(版)을 짜고 만주 땅(진한)과 지나땅의 동쪽지역(변한), 세상 끝까지 펼쳤던 **조상의** 강역 (疆域)을 가슴에 새기며 삼한의 문화 자부심을 지키고 있었는데, 지금 (1948 제정)의 **헌법3조**에는 '대한민국(KOREA)의 領土(점령하고 있는 땅) 는 韓半島와 그 부속도서로 한다' 라고 하여 조상님의 크신 웅지와 기 개는 물론 그 많은 강역을 죄다 상실하게 된 것이지요.
　　　이러한 아픔을 알고 일하는 공무원이 몇이나 될까요?

뒷방 늙은이 이 땅의 조상들!

그래서인지 천손 한겨레의 문화정체성과 자부심을 품고 있는 **북두칠 성을 모신 '칠성각'**(칠성당, 칠성전)이나 **'산신각'**은 불교의 수용으로 석 가모니불을 모신 **대웅전**(사실은 한웅전) **뒤편으로 밀려나** 있습니다.
　　　지금 서양 큰곰자리의 꼬리가 되어버린 북두칠성처럼–!
그러나 이 분들을 **동북쪽**(艮: 문명이 나온 방향 출처: *역경 설괘전)에 모 시고 있는 것은 우리가 인류의 시원겨레로서 **동방문화의 근원인 북두**

칠성을 잊지 않으려는 몸부림일 것이고 그리고 비록 칠성각이 뒷켠에 있지만, 석가불이 있는 **대웅전보다 높은 곳에 두는 것은 인자하고 밝은 표정의 칠성신**에 대한 천손의 숨길 수 없는 사랑일 것입니다.

데이비드 메이슨 교수(美 버틀러대)는 "불교사찰 내의 **한겨레만의 삼성각과 칠성각 문화에서 나타나는 샤머니즘**에는 유교·불교·도교·기독교·브라만교 등 세상의 모든 종교문화가 녹아들어가 있다."라며 우리가 마녀사냥으로 내몬 전통문화들이 **인류에게 얼마나 소중했던 것인가**를 알려줍니다.

반면, 차이나의 칠성신은 **검은 얼굴에 무서운 표정**을 짓고 있지요. 왜냐하면, 제 민족의 별이 아니고 자기들을 보살피는 신도 아니었기 때문이지요. 게다가 천제국 단군조선과 결별을 선언한 진시황이 금성을 차이나족의 별로 삼은 후 북두칠성을 '**인간의 죽음을 결정하는 별**'로 여겼기 때문이지요. 그러면서도 저들은 북경의 자금성이 **북두칠성이 있는 자미원**(紫微垣)**을 본 뜬 것**이라나? 그러면서 **용의 발톱은 5개**이니? **뭔가 뒤죽박죽**이네요.

또한 재팬은 칠성에서 **칠**(7)**의 숫자만 가져가 인간에게 복을 주는 칠복신**(七福神 에비스)으로 변해놓고 거리마다 앉혀 문화거리를 만들어 에비스맥주를 팔고 있으니 누굴 탓할까! 정작 칠성겨레는 아—무 생각이 없고 여전히 **창덕궁**을 비원이라, **창경궁**을 창경원(園苑은 궁宮보다 하급)이라 말하며 일제(made in Japan)가 **안전하고 좋다고** 거품까지 무는 자들이 많으니…, 성노예 할머니의 절규를 듣고도 **그렇게 좋고**

영광(榮光)**스러운가**? 별 그대! 당신은 대체 어느 별에서 왔습니까?

용인 금련사 칠성각 출처: 여행과 산행, *한국의 산신연구 데이비드 메이슨 교수 출처:
아리랑TV, 칠복신 중 가장 유명한 장사의 신 에비스(惠比寿) 출처: 도쿄

인류의 놀이의 원형, '횟놀이'

사람과 동물의 본질적 차이(우월함)를 두고 학자들은 주저 없이 '**놀이**'
(game)를 꼽습니다. 네덜란드의 문화인류학자 요한 하이징거가 '모
든 문화(文化)는 놀이에서 시작되었다!' 라고까지 말하는 것은 **인류문
명의 태동**(胎動)이 주술과 점술문화에 기인한 **놀이에서 시작**된 것이기
때문이지요.

본능적 충동이 아닌, **규칙**(rule)을 정하고 **직관력과 상상력** 그리고
이성적 판단으로 협동하고 여러 **대안을 검토하여 유리한 가능성을 선
택하며 즐길 수 있는 존재**는 인간밖에 없다고 합니다. 일은 동물도
하지만 놀이는 인간만의 영역이지요. 그래서 인간을 호모 사피엔스
(생각하는 인간)보다 더 상위개념인 '**호모 루덴스**'(Homo Ludens: 유희적
인간)라고 부르는 것이지요.

그런데 '인류의 문명을 탄생케 한 민족'을 찾으려 애쓴

세계적인 민속인류학자가 있었습니다. **스튜어트 컬린 박사**(1858~ 1929), 펜실베니아대 고고학박물관 관장이었지요. 그런데 이 분이 쓴, **조선의 고유놀이 97가지**가 수록된 *한국의 게임(KOREAN GAME1895) 은 **전 세계에 큰– 반향**을 불러옵니다. 그중 '한국의 윷놀이는 전 세계에 존재하는 **수많은 놀이의 원형**이며 **고대신앙에 기초**를 둔 **우주적 인 철학**도 담고 있다.'는 말은 우리조차 어리둥절하게 만들었지요.

그래요! 원시자연철학에 근거한 **조선의 '윷놀이'**야말로 세상의 모든 **놀이문화의 원형**(archetype)이었고 **인류문명을 태동**케 했다는 것이지요. 그래서 컬린 박사는 '사해일가'(四海一家) 온 세상이 하나의 집에서 나왔다는 말로써 한국땅이 인류문명의 기원지였음을 일깨웠던 것입니다.

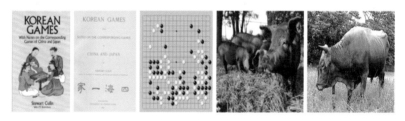

스튜어트 컬린 저 *코리안 게임(겉표지) 속표지의 '사해일가'(四海一家) 출처: 블로그 참앎삶,
토종돼지 출처: 농촌진흥청, 장연 조선소 출처: 남북한천연기념물 CD

IQ가 가장 높아 **조상께서 제일 먼저 길들였다**는 도(도야지 1)를 시작으로, 개(개 2), 걸(뿔 있는 숫양 3), 윷(소 4), 모(말 5) 그러니까 **태곳적 야생동물을 우리 땅에서 가축화한 순서로 행보**를 정하고 농경의 상징인 소(윷)로서 이름을 '윷놀이'라 불렀던 것은, 우리 땅이 **강과 호수**, **한류와** 난류가 모이는 **바다에서**, 평원과 산이 조화를 이룬 **육지와**,

소금과 조개를 얻을 수 있는 **갯벌**에서, 철새와 온갖 새들과 모든 야
생동물들과 **동물의 왕인 고래와 범에 이르기까지** 다 모여 살던, 먹이
사슬이 완벽했던 천혜의 땅으로서 1만5천 년 전(최소한) 하늘을 관측
하며 **인류에게 풍요로운 문명을 열며** 북두칠성처럼 **세상을 다스렸던
주인**(主人)의 자부심을 드러내고 싶었기 때문이지요.

　이것이 훗날 **고대조선**(고조선, 부여)이 저猪(돼지)가 · 구狗(개)가 · 양
羊가 · 우牛가 · 마馬가의 **'5가**(加)**체재'로, 고구리가 5부족 체재로** 나
라를 운영했던 이유입니다. 국어 · 국사시간- 무슨 동물 집단처럼,
더럽고 야만스럽고 미개하게 배웠던 우리 역사가 **사실은 우리의 엄청
난 자부심**의 상징이었던 것이지요!

윷놀이는 천손 칠성겨레의 장쾌한 자부심의 놀이

한 해의 노고를 털고 새로운 **풍년을 기약하며 공동체의 결속력을** 다
졌던 윷놀이! **오묘하고도 엄격한 우주의 이치**(天理) 속에서 1**동등한
위치**에서 2**인간의 노력**(윷말을 쓰는 전략: 업고 가고, 상대의 말을 잡고)과
그 속에서의 3**우연성의 원리**를 바탕으로 **인간의 도리를 깨닫고 재미
와 함께 교훈**을 얻는 놀이였지요.

　그래서 잠시 뒤쳐졌더라도, **'진인사대천명'**(盡人事待天命)**의 삶의 자
세**를 강조하며 결코 **포기하지 않고** 힘든 상황에서도 **천지의 변화를
살피며 함께 최선을 다해 상황을 변화시켜 운명을 개척해** 왔던 칠성
겨레의 정체성(正體性)을 극명하게 보여주는 놀이문화였습니다.

〈한민족학세계화본부〉 권천문 총재는 "윷놀이는 너와 나, 남녀노소, 위·아래 격이 없이 그것도 **평등한 위치**에서 **같은 방식**으로 겨루었기에 **한 마음, 한 뜻의 '우리'**가 되어 **함께 한 소리**를 내며 춤과 신명으로써 **엑스터시**에 빠질 수 있었던 자유로운 영혼들의 놀이였다."라며 이 땅의 문화의 태동을 말합니다.

그런데 *태백일사의 마한세가는 윷놀이가 환국의 역(易)인 **'환역'**을 쉽게 풀이하기 위해서 고안된 놀이였다고 전합니다. 그래요. 겨레의 별인 **북두칠성(7)**이 네(4) **방위**에 따라 북극성(天元點)을 돌아가는 세상의 모습을 **28개의 별**(宿)과 중앙의 천원점1 이렇게 총 29개의 별로 형상화한 것으로서, 하늘(天)에서 **음양**(윷의 엎치고 젖힌 모습)**과 오행** (도·개·걸·윷·모)**으로 조화**를 부리며 **천지사방**(동서남북)**의 땅**(地)으로 뿌려 점을 치고 판을 짰던(人) 장쾌한 놀이였지요.

'북두칠성(7)겨레'란 세상의 판을 짰던 지구상의 제왕의 상징이었습니다. 진정 **자유로운 영혼을 지닌 세상의 주인**(主人)으로서 **세상의 판** (版: 시·공간을 이룬 세상)**을 짜며 천하를 운영했던 천손의 자부심**을 동양사상의 정수라 말하는 음양오행의 심오한 이치로써 상징했던 놀이였던 것입니다.

오래 전 이 땅을 떠나 상투를 틀고 우리처럼 샅바씨름을 즐긴 수메르인에게 '하늘의 최고신인 일곱(七) 신이 우주를 다스리는 **주신**(主神)들로 세계의 운명이 **결정되고 통치된다**'는 믿음이 전해졌던 것이 이런 때문이지요. 이렇듯 북두칠성의 칠(7)은 위대한 천손의 수가 되고 영적인 완전수이기에 행운의 수가 되어 **칠성을 본뜬 숟가락**(匕: 숟가락비)이 되고 **복**(福)**의 숫자 칠**(七: 지나는 8)이 되었던 것이지요. 이 북두칠성 겨레가 퍼져나간 지구인들의 고향이 바로 이 땅이었습니다.

그래서 **북두칠성이 돌아가는 계절**을 살펴 농경과 목축을 시작했던 사람들이 나뭇가지 **네 개**(爻)**로 던졌던 놀이**라는 것을 '**효**'(爻)라는 글자를 만들어 가르쳐야 함을 지금의 배울 **學**, 가르칠 **敎** 등으로 전해 **천손의 오랜 자부심의 역사**를 잊지 말라고 했던 것이지요. 학창시절, 국어선생님께서 '**學**을 편하자고 学(약자, 간자체)으로 써서는 안 되는 것'이라고 말씀하셨던 것이 이런 깊으신 뜻이었습니다.

그래요. **저들에게 윷놀이가 전하지 않았던 것은 칠성사상**이 결코 저들 문화가 아니었기 때문이며 또 윷놀이를 차이나, 재팬에서 말하지 않는 **척사**(擲柶: 북두칠성을 던지다=뿌리다)나 **사희**(柶戲: 북두칠성 놀이)라고 우리가 말하는 것은 사(柶)가 숟가락 즉 북두칠성을 상징하기 때문이며 그리고 **역**(易)**의 기본이 되는 효**(爻)의 연원(북두칠성)조차 알 수 없어 지금 저들이 간자체로 쓰는 것은 漢字라는 문자가 차이나의 문화에서 만든 글자가 아니었기 때문입니다.

그래요. 윷놀이는 우주만물의 변화 속에서 자유로운 주인(主人)이 **되어 노력할 것을 당부했던, 그래서 정작 우리가 지켜야 할 문화의 보물**이었음에도 역사의 혼을 상실했던 근세조선의 지배층은 윷놀이를 경계하면서 송시열은 *계녀서, 이덕무는 *사소절에서 윷놀이를 '사대부가 해선 안 되는 음란한 유희나 도박'이라는 부정적인 시각으로 몰면서 **장쾌한 주인의 꿈을 접게** 했던 것이었지요.

이렇게 한국인에게는 '주인(천손)유전자'가 있었기에 길이 없으면, **길**(방법)**을 찾고 뭍의 길**(유목길, 실크로드)**과 바다의 길**(최초의 해양민족 뱃길), **하늘의 길**(천문도)을 만들었던 것입니다. 그래서 통일을 꿈꾸는 요즈음, **소**(윷)**를 끌고 올라가 판**(版)**을 바꾸셨던 현대그룹의 정주영 왕회장님의 크신 뜻과 당당함**이 그립고 "**길을 찾고, 찾아도 없으면 만들면 된다.**" 하시던 당신의 말씀이 떠오르는 것은 쪼잔한 지금의 정치판에서 당당한 한국인을 그리워하고 고대하기 때문일 것입니다. 왕회장님, 잘 계시죠? 제 책을 **생전에 꼭 드리고** 싶었었는데…!

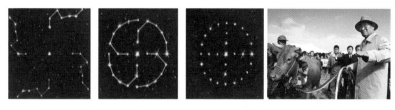

윷판의 형성과정 출처: 지천태, 정주영 왕회장의 소떼 윷판 출처: 아시아엔

윷놀이의 기원과 전파

혹자는 **윷판**이 신석기시대(9000~4000BCE)의 역사를 보여주는 증거라고 하지만, 울산대학의 진용옥 교수는 "윷놀이는 **우리 겨레의 농사법과 그 연원을 같이** 하므로 윷놀이의 기원이 **최대 1만 5천년까지** 거슬러 올라간다." 라고 하지요. 특히 **포항의 '칠포리 곤륜산 윷판 암각화'는** 칠성신앙의 확실한 증거로 근처 '울산 반구대 고래 암각화'와 견주어 **최소 1만 년 전**이라 주장합니다.

윷판은 **만주 집안현** 고구려 고분 인근바위, **요동반도 일대** 그리고 포항 칠포리, 신흥리, 남원, 단양의 하리와 수곡리 등 **우리나라 전역**에 산재한 고인돌 덮개석이나 산등성이의 너럭바위, 돌판 등 **약 200개 이상의 암각화**에서 발견되지만, **차이나나 재팬에서는 발견되지 않는** 한겨레만의 고유한 도형이라고 합니다. 암각화와 골각(骨角)문자의 권위자인 유봉군 교수(산동대) 또한 "**중국 전역**에 산재한 암각화와 고대의 골각에서 **전혀 본 바가 없다!**" 라고 하지요.

예전 안동지역 어린이들에겐 머릿속으로 말판을 그려(브레인스크린)서 말을 놓는 '**건궁윷놀이**'마저 있었다고 하니, **역사에 대한 집단기억 상실증으로 갈등을 빚고 있는 이 땅 사람들**에게 건궁윷놀이로 조상의 자부심을 전하고 싶군요.

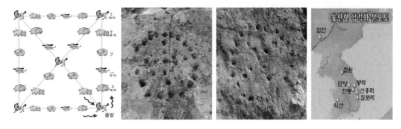

가축윷판 출처: 윤병욱, 포항 신흥리 오줌바위 암각화군 출처: 오마이뉴스, 칠포리 암각화 윷판 출처: 풀꽃이 되어 풀꽃에게, 윷판형 암각화 분포도 출처: KBS 역사스페셜

미국 캘리포니아(소노마 레이크)의 〈인디언 풍속박물관〉에는 우리와 같은 **인디언 조상들의 윷말과 윷판**이 전시되어 있고 **파라과이나 볼리비아**의 인디언들은 우리처럼 '**윷**'이라고 말하고 특히 과테말라의 케치족(Q'eqchi)은 '**모 나와라**'라는 말까지…, 우리의 윷놀이는 파파고 인디언에게 **킹스굿**(Kings Goot), 나바호 인디언에게는 **셋 틸스**(Set

Tilth), 마야 인디언의 불(Bul), 아스텍 인디언의 **파톨리**, 멕시코 미초아깐 인디언의 **꾸일리치**(Kuilichi) 등으로 계승되고 있다고 합니다.

손성태 교수는 "대부분의 **북미 인디언들**이 윷놀이를 했다. 다양한 형태로 전해지지만, 우리의 윷말판과 대동소이하다. 특히 블랙풋(Blackfoot) 인디언은 **카차지니**(Katsasini)라는 윷놀이를 하는데 **상투**를 하고 여성들은 **쪽진 머리**를 하고 **멍석 위에 윷말**을 던지고 있다.'고 합니다. 그래서인지 영국의 영문판 *의학대사전은 '**아시아인들이 미주로 이주했다**'라고 기록하고 *대영백과사전 또한 '멕시코에 있는 마야 문명이 한민족의 문명과 **같다**' 라고 발표하지요.

멕시코 윷놀이 & 파톨리 게임 출처: 미키의 라틴스케치, 인디언들의 윷말판들 출처: 코리안 신대륙 발견, 저포놀이 출처: 가시장미의 행복이야기, 체스 출처: 브런치

스튜어트 컬린 박사는 그래서 '**인도의 파치시**(pachisi)와 **차우자**(chausar)의 도형은 십자형의 윷판을 확장한 형태이며, **서양의 체스**나 **재팬의 야사스카리무사시**(八道行成)도 윷놀이에서 발전된 놀이였음'을 놀이방식이나 판의 형상 등으로 조목조목 설명했던 것입니다.

그래서 **바둑과 장기, 주사위놀이 지금의 야구** 등도 그 유래는 윷놀이로부터였다고 말하는 것이고 지금 우리가 게임왕국이 된 이유이기도 하지요. 반면 윷놀이가 지나로 건너가 변천되어 훗날 우리나라로 **역수입된 것이 저포**(樗蒲 cf만복사저포기)라는 놀이입니다.

또한 이 윷놀이에서 변형된 **우리 겨레의 아주 오랜 놀이**가 있습니다. 임금에서 백성과 스님까지 가장 많이 즐겼고 **세계에서 오직 한국 사람만**이 즐기는 독특한 놀이로 바둑과 장기의 기원이 되는 '고누'(고니, 꼰, 곤누 등)도 있지요.

*고구려는 살아있다의 저자인 김병호 박사는 베트남 호치민시 부근에서 정작 현지인도 모르는 **고누의 그림이 고인돌 뚜껑돌**에 새겨있는 것을 보고 너무나 놀랐다고 합니다. **원주의 거돈사**(居頓寺: 신라 말 창건) 경내 작은 바위 위에도 새겨져 있는데 어쩌면 고누가 **청동기 시대에도 민중의 놀이**였을 것이라고 합니다.

그러나 윷놀이의 모습이 이웃인 차이나나 재팬에 **없고**, 아시아 전역은 물론 유럽에도 **전해지지 않은 것**은 이 땅을 벗어나 척박한 환경 속에서 살아서인지 하늘의 이치가 흩어지고 평등이 **깨지면서** 대자연에 순응하는 장쾌한 마음을 **잃었기** 때문일 것입니다. 그러나 차이나 정부는 윷놀이를 〈흑룡강성문화재〉로 지정(2013)하더니 〈국가무형문화재〉 등재를 서두르며 **국가문화유산**으로 만들려고 하네요.

권천문 총재(한민족학세계화본부)는 그래서 "**윷놀이의 유네스코 등재**를 통해 잃었던 역사를 되찾아야 한다." 라고 말합니다. 그래요. **윷놀이를 빼앗기는 것**은 인류의 놀이의 기원은 물론, 최소 1만 년의 시원의 역사와 철학의 뿌리를 **빼앗기는 것**이기 때문이지요. 인공지능 알파고와 **사람의 대표로 한국인**(이세돌)을 대결시켰던 것은 이런 나라였기 때문이었습니다.

"자기 조국을 모르는 것보다 더한 수치는 없다."
-Gabriel Harvey(英 1546?~1630)

조선조 김홍도의 풍속도 고누놀이, 원주 거돈사 옛절터 마당 바위 위, 만월대 왕궁터(2007 남북한 학자 공동발굴), 고창 선운사 만세루 바닥 고누판 출처: 죽림헌 김재일

사라진 천손 문명인의 상징- 상투

하늘 아래 종족들이 짐승과 다름없이 산발을 하고 다녔을 때, **문명을 밝혀 시작했던 천손겨레**는 언제인가부터 머리를 가지런히 빗어 땋아 댕기를 했고 혼례를 치르면, **여인**(陰)**은** 쪽을 지어 단정히 했고 **사내** (陽)**는 상투**(Sangtu)를 올렸습니다. 상투는 **계**(髻, 紒), **결**(結)이라고도 하지요. 최소 6천 년 전 최초의 문명인(文明人)인 이 땅 사람의 **자부심 을 나타냈던** 문화였습니다.

혹자는 상투가 **유교의 효**에서 **비롯됐다고** 하는데, 지나족이 상투 를 했나요? 김양동 석좌교수는 '**상투는 장가 간 사내의 남근으로 조 상과 끈을 이어가는 독립된 주인**임을 사회적 문화상징'이었다고도 하 지만, 역시 상투를 하고 비녀를 꽂는 뜻은 **천손인 칠성겨레**로서, 인 류의 **현문명 · 문화를 창조해 내었던 뿌리**(root)와 모든 것의 처음과 으뜸, 근원(元), 근본을 상징하는 어른으로서의 자부심을 드러내었던 상징이었을 것입니다. 그래서 **상두**(上斗: 북두칠성)**로 상투 튼** 즉 머리 위에 **북두칠성을 인 사내를 '夫'**(지아비 부)라 했었다고 합니다.

박선희 교수(상명대)는 "상투전통은 유독 한겨레에게서만 볼 수 있는 시원문화로서 **우주의 절대자 하느님을 모시는 신앙**이었다. 머리를 틀어 올리는 '상투'를 상두(북두칠성)라고 불렀던 것은 **하늘로부터 내려오는 북두칠성(7)의 기운을 내려 받기 위함**이었다. 그래서 상투를 틀 때 **앞으로 4번, 뒤로 3번**을 감아 머리꼭대기로 틀어 올려서 세웠던 것이다."(*고조선 복식문화의 발견) 라고 하여 칠성이 **한국인이 생각하는 우주의 주재신**이었음을 일깨웁니다.

멕시코와 한국인의 상투 출처: KBS1, 백년 전 상투 모습, 묘족 삐아사부족 출처: 삼태극

상투가 **고구리의 고분벽화**에서 나타나니까 삼국시대에 시작된 것으로 전해지고 있으나 이미 위만마저 단군조선의 변방인 번조선에 들어올 때(BCE194), **조선인으로 위장하며 추결**(魋結: 상투 틀고)했다는 기록(*사기)을 보더라도 이미 고구리 이전 **지나에까지도 알려진 우리의 고유문화**였음을 알 수 있습니다.

또한 **지나땅 서안의 고조선 고유의 일산청동마차**와 함께 출토된 **상투 튼 병마용, 인도인의 상투, 아메리카 인디안**이나 **멕시코 아즈텍 원주민의 상투**, 무엇보다 BCE3500년 전 **수메르인**은 동쪽에서 맷돌을 갖고 갑자기 나타나 **상투를 '머리를 세운다'**는 뜻으로 [상두]라 말하며 우리처럼 샅바씨름을 하였던 것이며 **수메르의 왕 사르곤이 상투**

머리를 튼 것들이 **이상**하지 않습니까?

그런데 의문을 풀어줄 유물-이 나타납니다.

수메르보다 **앞선 BCE4000년 전 옛 우리 땅** 홍산문화 유적지에서 상투를 감싸는 '**옥고**'(玉箍)가 나타났던 것이지요. 바로 우리 겨레가 상투의 시원겨레였음을 입증하는 **최초의 유물**이며 **홍산문명의 주체가 우리 한겨레**의 풍속과 같았던 사람들이었다는 것을 입증하는 또 하나의 강력한 증거였습니다. 지금 〈홍산문화박물관〉에는, **상의는 벗고 팬티만 입혀 왜곡해 놓은 원시인 수준의 우리의 생각**과는 달리, **단아한 복식에 옥기를 달고 단정한 상투에 옥고까지** 갖춘 모습으로 홍산인을 세워 '**차이나의 조상이었다**'고 합니다.

홍산유적지에서 발견된 황금검의 상투머리 출처: 김형희 골동품나라, 옥고 출처: 국학원, 진시황무덤(?) 병마용갱의 상투병사(북방유목민족이었던 羌族) 출처: 백오의 여행천하

임금이나 세자, 왕족 정도 되어야만 썼다는 **관**(冠)이나 **금관**, 대신들이 썼다는 **책**(幘), 우리에게 전해지는 **갓**이나 고구리평민들의 **절풍**(折風)과 **건**(巾) 등은 다 **천손의 상징인 상투를 보호**하려고 쓴 것이었다고 하지요. 그리고 보니, 한국에서 유독 **많은 금관**이 출토(전 세계 고대금관 14점 중 우리나라 10점)되고 가장 화려한 '금관의 나라', '모자의 나라'라고 하는지 이제 이해가 됩니다.

지금도 회자되는 면암 최익현의 '오두가단 차발불가단'(吾頭可斷此髮不可斷)!

고종 32년(1895), 70세에 의병을 일으키고 일제의 **단발령**에 맞서 대마도에서 아사순국하시기 전 올린 〈상소문〉의 구절을 두고, 지금 **'나라'의 뜻도** 모르면서 "너희가 나라를 아느냐…?"를 외치는 자들은, '내 목을 칠지언정 **내 머리털**은 자를 수 없다!'고 알면서 단지 신체를 훼손할 수 없다는 **효심**(孝心)으로, 한 조각 인습쯤으로 알고 있으나, 면암은 **인류의 시원문화**를 일으켰던 천손(天孫)의 자부심을 지키려는 항거였음을, 중화와 식민으로 길들여져 영혼조차 말라버린 종이나 뱁새, 똥이나 굴리는 쇠똥구리는 모릅니다!

*한국인만 모르는 다른 대한민국의 저자 임마뉴엘 페스트 라이쉬(하바드대 동아시아문명학 박사)는 말합니다. "한국인은 사지는 멀쩡하지만, **머리는 영혼이 없는 사대노예근성으로 찌들어** 있다. 문화의 단절 때문이었다. 한국의 오랜 역사와 전통가치 안에는 복잡다단한 국제사회에서 평화와 공존의 **중심역할을 가장 잘해낼 수 있는 위대한 역량**과 위기에 처한 **인류와 지구를 구하는 미래의 가치**를 갖추고 있음에도 **스스로 잠재성을 인식하지 못하고 있는 것**이 문제다."

그래요. 역사의 맥(脈)이라는 백성에게 **역사의 혼이라는 문화가 없기 때문**이지요. '문화(文化)란 숟가락(匕)을 쓰고 칠성(七)을 믿는 이(亻)들의 것'이었다는데, 이제 우리의 통일을 시기하는 강국의 술수에 또다시 휘둘리지 않으려면, 우리가 **천손의 혼(魂)과 북두칠성문화로…**

참 역사의 마중물을 어서 준비했으면 합니다!

경주 황남대총금관 출처: 한국민족문화대백과, 김제니 미스슈프라내셔널(2017) 우승 출처: 스포츠투데이, 문화를 역설했던 면암 출처: 국회방송, 이만열 교수 출처: SBS 뉴스브리핑

신의 무기, 칠성겨레의 활(神弓)

신(神)의 무기, 하늘의 해를 닮은 천손의 무기를 아십니까?

세상을 아울렀던 **위대한**(大) **북두칠성**(弓) **겨레**(夷)의 풍류와 **호연지기**(浩然之氣)를 상징하는 벗이자 3차원의 가공할 하늘무기, - 활!

만(?) 년도 더 전, **바람보다 빠른 활**(초속80m이상)**의 발명**은 오늘날의 핵무기에 버금가는 일대 대-사건이었다고 합니다.

인류학자들은 '**활**'이 구석기시대 동굴벽화에까지 나타날 정도로 **기원이 오래**(3만 년)**되었던 인류의 보편적인 발명품**이라고 하고 또한 '활이 **창과 작살에서** 유래되었다'고도 말합니다. 그래요. 한국인이 잊고 있었던 '해양문명'과 '해문명'이지요.

인류의 문화유산인 〈울산암각화〉에 **창과 작살로 고래를 잡고 활로 사냥**하는 모습의 벽화가 전해지는 것이나 **위대한**(大) **활**(弓), 또 **깃털 달린 화살까지 처음 발명했던 사람들**이라 하여 '**동이**'(夷)로 불렸던 사실과 후기구석기 유적지인 **단양 수양개에서 약 1만9천 년 전**으로 추정되는, **흑요석으로 만든, 자루가 달린 화살촉, 창촉** 등 약 3만여 점의 석기가 출토되고 지금도 한국인이 유독 활을 잘 쏘는 사실 등은 **이 땅의 선조께서 활을 발명했다**는 역사적 증거들이 아닐까요!

이러한 동방사람(東夷)을 차이나의 〈하남박물관〉 홈페이지는 이렇게 소개합니다. "동이인들은 깃털 달린 화살과 활을 발명했으며, **문자를 창조**했고, **청동기**를 제작하고, **철**을 단련했으며, **배**(舟)**와 수레**(車)를 만들었고, **농업**을 발전시키고 **치수**(治水)를 하였다."… 아, 학교에서 이런 자부심을 가르친다면, 얼마나 좋겠…!

'**효시**'(嚆矢), 소리를 내어 시작을 알리는 화살(명적)! 어떤 일이나 사물의 <u>맨 처음</u>(첨)을 뜻하는 이 말은 인류의 문명·문화를 시작했다는 우리 동이겨레의 자부심을 나타내는 말이었지요. 맞아요. '**弓**'(활)은 **천손의 별 북두칠성을 상징**하는 문자였고 **하늘**(ㅎ)**의 해처럼 훌훌 나는**(ㄹ) 무기였기에 '활'이라고 했을 것입니다.

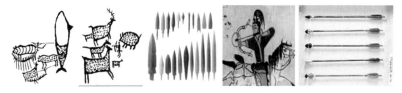

작살로 고래잡고 화살로 사냥하는 모습, 돌화살촉 출처: 울산 반구대암각화, 각궁에 효시를 쏘다
출처: 고구리의 수렵도(무용총), 전통화살 중 명적(효시 上2.3.5) 출처: 유영기 궁시장

처음은 목궁(나무활)으로 우리 땅의 나무인 **버드나무와 뽕나무**로 만들었다 하나, 고조선 때는 **신단수**(神檀樹) 즉 단단하고 질긴 **박달**(檀)**나무로 만들었기에** '단궁'(檀弓)이라 했다고 합니다. 길이는 1m 20cm 정도, 아무리 커도 2m를 넘지 않았기에 **단궁**(짧은 활)이었지요.

그러나 우리(九夷)의 전통활(국궁)은 비교가 불가한 과학의 산물이었기에 동이의 夷는 큰(大) 활(弓)이 아닌 '위대한(大) 활'로 해석해야한다고 합니다.

북두칠성처럼 180도 이상 역으로 구부려 탄력을 최대로 극대화시켜 **사정거리를 세상에서 가장 길게**(약 150m) 한 '역궁'(逆弓 a inverted bow)으로, (동)예의 **단궁**과 맥국의 **맥궁**(쇠붙이, 동물의 뿔로 만든 각궁)이 유명했다고 합니다.(왜·지나의 활: 50~80m) 당태종의 눈알을 꿰뚫은 **고구리 양만춘 장군의 활이 바로 맥궁**이었는데 *후한서는 고구리의 활을 **맥이**(貊夷: 북방동이)**의 활 '맥궁'**이라고 불렀지요.

전략·전술의 귀재라는 제갈량마저 *심서 동이편에서 **"동이가 강한 이유는 활**이라는 날아가는 창이 있는데, **우리는 그 무기를 이길 수 없다.** 따라서 **전쟁을 해서는 안 되고** 가급적 외교적으로 마무리해야 한다." 라며 감히 대적조차 피했던 이유도 **지구상 가장 강력했던 활**이었기 때문이지요.

고구리는 이러한 역궁에 **깃털**(정확성)**을 단 활과 초강력 쇠화살촉**(살상력)**으로 아시아를 제패**하고, 고구리의 작은 부족으로 출발한 **훈족**(일명 견철족)**은 유럽대륙을 정복·유린**하였으며, 또한 **몽골의 징기스칸이 전 세계를 정복할 수 있었던 요인** 중 하나는 고구리를 이은 대진(발해)의 후예로서 바로 휴대에 편하고 성능 좋은 단궁 때문이었다고 합니다. 그래요. 활문화는 **농경과 해양과 초원**을 아우르며 퍼져 갔던, 해와 북두칠성과 바람, 천손의 풍류문화였습니다.

역궁사진(물소뿔 각궁) 출처: 한국의 궁, 전통적 쇠뇌 궐장노(유영기 복원) 출처: 영집궁시박물관, 편전 출처: 영화 최종병기 활, 서양의 활(활을 쏘는 헤라클레스) 출처: 파리 부르델미술관

활이란, 적과 가까이서 맞서 힘을 소진하는 단순한 근거리전투가 아닌, **멀리서 적을 쏘아** 전열을 흐트러뜨려 아군의 **피해를 최소화**하면서 **체계적인 공격으로** 압도적인 승리를 이끌어 내는 **지혜와 효율**을 엿볼 수 있는 3차원적인 천손의 무기, 지금의 **미사일공격**이었습니다.

왜가 **칼**(刀)을, 차이나가 **창**(槍)을 중히 여겼다면, **우리는 활**(弓)**을 더 중히** 사용했지요. 무용총 벽화에 칼이나 창을 쓰는 모습보다 **활 쏘는 모습이 많이** 그려져 있는 이유입니다.

그러하기에 훗날 대롱 속에 넣어 쏘았던 창의적인 화살인 자그마한 '편전'(片箭: 애기살)은 공기저항이 적었기에 사정거리가 500m 이상 이르고 갑옷을 뚫었던 가공할 파괴력에 경제성까지 갖춘 활문화의 진수였기에 여진정벌과 거란과 왜에게서 (근세)**조선을 지킬 수 있었던 대표적인 비밀병기**였다고 하고요. 세계최초의 로켓인 '신기전' 같은 가공할 무기가 우리 땅에서 나왔던 것도 다 천손의 활·화살의 뿌리 깊은 전통을 이었기에 가능했던 것이지요.

활을 말하다 보니, **신라의 구진천**이 애달파집니다. 그가 개발한 **쇠뇌**는 정확도와 파괴력도 가공했지만, 화살이 천 보(1,200m)까지~

날아간다고 '천보노'(千步弩)라고 불렸지요. **당**(唐)**의 쇠뇌는 30보** (36m)…, 그래서 당왕(고종 684~704)은 구진천을 불러들여 심한 매질로 알고자 했으나 죽을 때까지 **신라의 쇠뇌에 관한 노하우를** 지켜내었다 하니, 지금 위대한 한국인으로 그의 이름을 기억합니다.

이미 평남 강서군 태성리의 15호 토광묘, 황해도 은파군 갈현리 부조예군 무덤 등에서 출토된 **발사장치와 살촉 등 단군조선 후기의 청동제 쇠뇌 여러 점**이 발굴되어 〈조선중앙력사박물관〉에 전시되어 **고조선 때의 무기**였음을 알 수 있지요. 육군대학 전략학처의 장영호 중령은 *무기체계 발달과 전쟁의 상관관계 연구에서 "쇠뇌는 <u>고조선의 주력무기</u>였다." 라고 주장하여 제갈량 발명설을 일축합니다.

천손의 효(孝)로 승화된 활

우리 땅에는 문명이 시작하기 전, 아주 오랜~ 옛적부터 구전되는 '호아루(활)설화'가 있어 **활의 애틋한 유래를** 느끼게 합니다. "먼 옛날 호아루는 자기를 낳아 길러 준 아버지의 신체를 새와 짐승들이 뜯어먹는 것을 차마 볼 수 없어 **활**(ㄹ)**을 만들고 화살**(ㅣ)**을 걸어 쫓았던 것에**서 계기가 되어 **문상 때 모두 화살**(ㅣ)을 갖고 와 망자의 시신을 함께 지켜준 것이 '**조문**'(弔問)이라는 풍속이 되었다."(*정읍 수천선생 傳) 지금 **상**(喪家)을 당할 때 문 앞에 '**조**'(弔: 활에 살을 먹인 형상)가 써진 근조기를 매달아 두었던 유래였지요.

또한 이렇게 활로 부모의 시신을 지키고 **매장문화를 일으켰던** 북쪽의 동이인 대정 씨의 풍습(6000여 년 전)을 송(宋)의 사마광

(1019~1086)은 *자치통감에서 매장문화가 **옛 효자 대정씨로부터** 비롯되었고 훗날 발해(대진)를 건국한 **대조영의 먼 조상**이었음을 기록하여 한겨레의 활(弓)문화에 효(孝)와 인(仁)과 예(禮)가 서려있음을 알게 하면서 왜 한국인을 **'대인'**(大人)이라 했고 활쏘기를 왜, '궁술'(弓術)이 아닌 **'궁도'**(弓道)로 시작했는지 그 까닭을 알게 합니다.

오호 통재라! 그러나 이 땅의 상가(喪家)에선 이런 천손의 정체성이 담겨있는 **'조'**(弔)가 써진 근조기 대신 훗날 지나가 근원도 모르고 만들어 낸 **조**(吊: 수건으로 입을 막음)자가 붙은 근조(謹吊)기를 떡 세워놓고 천손의 **흰색 상복** 대신 서양과 지나의 **검정색 상복**을 입고 여기에 일제가 조선인을 억압하라고 채워주었던 순사의 **팔뚝완장**을 차고서 줄(1줄~3줄)로서 **서열을 따지고** 있고 종교적 경쟁 속에 **조상의 혼령은 혼미**해지고 일제가 건네준 **화투**로 '못 먹어두 고- 해뿌러'를 외치고…, 이렇게까지 혼이 무너질 수 있음이 무섭네요!

옛날엔 망자를 기리며 칠성을 그린 덟깃발에 꽃상여 **태워 천손의 정체성을 확인**시키며 **하늘나라로 모시는 장엄한 의식**을 치렀는데, 지금의 한국인은 **죽음까지도 인터내셔널**(차이나식+서양식+재팬식) 극-코미디이니 조상이 계신 **'천궁'**(天宮)을 제대로 찾을는지?

지금 우리가 아가에게 **'깍꿍'**(覺弓)하는 것이 세상을 지배했던 천손(弓)의 근본과 자부심을 잊지 말라는 것이고 **'짝짝궁'**(作作弓)을 가르치는 것은 **칠성**(弓)**겨레를 많이 생산하여 활**(弓: 천손의 역량)**로 역량을 키우라**는 뜻일 텐데, 아가들은 줄어들고…? **각-궁! 깍-꿍!!**

근조등 출처: 푸나무, 천손의 효(孝) 전통- 謹弔, 잘못된 육군참모총장기의 謹弔
출처: 재향군인회 근조기, 지금의 상복, 완장 찬 일제 순사

바람의 나라 하늘을 꿈꾸다

하늘을 꿈꾸며 **태양과 북두칠성**에게 새가 되고 **바람이** 되기를 소원했던 사람들! 우리의 벽화에는 많은 **신과 신선들이 한결같이 하늘을 날고 용을 타고** 있고 〈울산암각화〉에선 동물의 왕, **고래를 하늘로 치솟게** 하며 바다와 뭍 모두에서 사람의 문명을 시작한 이 땅 천손(天孫)의 꿈과 자부심을 알리고 있습니다.

바람의 사람들! **봉황과 용을 꿈꾸어** 하늘을 날고 **닭을 해에게 날려 불멸의 삼족오를 꿈꾸고 물고기를 날게 하여 대붕**(大鵬)을 이루어 구만 리를 날고 바람에 **연**(鳶)을 띄워 소망을 전하고 **그네를 띄워** 우리의 여인을 하늘로 올리고 바람을 만드는 **풀무를 만들어 앞선 금속문화를 이루고,** 인류최초의 배는 물론 **바람을 이용한 도와 돛을** 만들어 바다 위를 날랐던 천손들! 그래서 바람(want)을 바람(風)이라 함께 말했던 '풍이(風夷)'였지요.

"나도 살고 싶소. 그러나 대한(大韓) 남아로서 할 일을 하고 미련 없이 떠나가오."
-한인 애국단 윤봉길(1908.6.21~1932.12.19)

비행기(飛車)를 발명한 한국인, **정평구**(鄭平九 1552?~1593 김제)!
KBS 〈역사스페셜〉은 '조선시대 우리는 하늘을 날았다' 편으로 방영
(2000.4.8)하여 그가 **인류 최초로 비행기를 만들어 바람을 타고 하늘을
날아올랐던 역사**를 알립니다. 명장 전라우수사 이억기의 부하로 육당
최남선이 일찌기 '**한국을 빛낸 100인의 위인**'으로 선정했던 분이지요.

　철종 때 실학자 **이규경**(李圭景 1788~?)이 지은 대백과사전 *오주연
문장전산고(五洲衍文長箋散考 60권60책, 규장각) 〈비거변증설〉에는 "**임
진왜란 때** 정평구라는 사람이 **비거를 만들어 진주성에 갇힌 사람들을
성 밖으로 탈출**시켰는데, 그 비거는 **30리를 날았다.**" 라고 기록하고
있습니다. 김병학 원장(김제문화원)은 일제 때 정리된 *김제군지(1917)
에서 '임진왜란 때 홀로 **적진을 농락했다**'는 기록을 찾아내어 비거가
왜군의 작전 전개에 큰 곤욕을 주었음을 확인합니다.

　전문가들은 귀신폭탄인 **비격진천뢰**(세계최초의 시한폭탄) 같은 과학병
기 외에도 **4인승 비거**(동력비행기)를 타고 정찰과 군량보급은 물론 **백 장**
(1丈: 3.33m)을 날며 **화살과 종이폭탄**을 쏟아부어 **왜군에 막대한 피해**를
주었을 것이라고 합니다. 그래요. 〈임란 3대 대첩〉 중 하나였던 '**진주
성대첩**'(1592) 또한 행주산성대첩이나 한산대첩처럼 월등한 화약과 무
기 등의 과학의 승리였지요. 무엇보다 대첩의 미스터리? 어떻게 **3,800
여명의 병력**으로, 조총으로 잘 훈련되고 수(3만) 또한 압도적이었던 **왜
군을 대파할 수 있었나**에 대한 의문을 비거로 명쾌히 풀어냅니다.
　그러나 우리의 정사(正史) 어디에도 **이 영웅의 활약은 보이지 않고**

비거 또한 **전하지 않는 것은** 하늘을 날았던 것이 **왕권**(王權)에 대한 도전이라는 소심함 때문은 아니었을까? 왜병의 집중사격으로 추락해 **39세로 하늘의 별이 된, 바람의 영웅 정평구**를 기억합니다.

비거 원리 출처: KBS 역사스페셜, 비거의 출처(*오주연문장전산고) 출처: EBS 지식채널e, 정평구 기록 출처: 국립광주과학관, *김제군지의 정평구 활약상 출처: KBS 역사스페셜

훗날 조선의 실학자 신경준은 *여암전서 중 〈거제대책〉(車制對策)에서 **비거를 만든 정평구와 활약상을 소개**하고 이규경도 *오주연문장전산고에 비슷한 시기, 강원도 원주출신의 **윤달규**(尹達圭)라는 사람이 **정밀하고 교묘한 기구로 하늘을 나는 비거**를 만들었는데, '자벌레나비처럼 **굽혔다 폈다 하여 바람을 내어 날개가 저절로 떠오르는 원리**로 잠깐 사이에 **천리를 날아 십여 일의 시간을 단축**하니 대붕이 단숨에 삼천리를 나는 것 같았다'라고 전합니다.

여기에 17C 때 정후조(鄭厚祚)와 실학자 이익(李瀷: 18C초)이 '**나는 배**를 만드는 방법을 그림'으로 남겼다고도 하고 또한 **고리**(려)**시대에도 하늘을 나는 날틀**(飛車)이 있었다는 민간에 전해지는 말도 있어 우리 땅에선 **이미 하늘을 나는 방법**이 있었을 것으로 추정합니다.

라이트 형제(미)에 의해 1903년 12초 동안 36m를 날았다는 인류최초(?)의 비행기, 그러나 우린 저들보다 **최소 300여 년 전**(1592)에 30리(12km)를 날았던 천손들이었지요.

국립과천과학관의 모형비거1,2 출처: 이봉섭 *조선의 비행기, 공군사관학교의 비거 시험비행 출처: KBS 역사스페셜, 비거 비행장면 출처: 영화 조선명탐정, 여암전서 출처: 한국한중앙연구원

신과 제왕의 학문 - 천문학

옛날 **최고**(最高)**의 학문**이 무엇인지 아시는지요?

그래요. 모든 학문의 산실이라는 '천문학'(天文學)이지요. 자연과학 중 **가장 오랜 학문**이라 할 만큼, 인류의 역사 속에 **세상을 지배하는** 천 통(天統: 하늘과 태양의 후손)의 권위를 가졌기에 일반사람에게는 금기시 되었던 학문입니다. 그래서 '**제왕학**'(帝王學)이라고 말하지요.

당시 제왕은 **천체의 규칙**성을 파악하여 **시간**을 정의하고 **역법**(曆 法)을 만들어 농사나 어로는 물론 수렵 등에 필요한 **천문정보**를 제공 하고 일식과 월식 같은 **천문현상에 의식을 행하여 백성의 마음을 얻** 어야 했습니다. 그래서 천문학이란 **고대인의 생존과 직결된 학문**이 었고 **군주**(지도자)**가 반드시 배워야 할** 도리였으며 갖추어야 할 **홍익** (弘益)**의 정치철학**이었지요. 따라서 천문학을 맨 처음 시작한 나라란 **가장 오랜 역사 속에서 문명문화를 이뤄낸 나라**였고 성인의 나라는 물론 **천통을 이어받은** 하느님의 나라였던 것을 입증하는 것입니다!

그런데 **하늘을 관측한 사람**(천문학자)**이** '聖人'(성인)이었음을 글로 보여줍니다. 耳+口+壬, 즉 壬(壬의 재주로 주요직책을 맡은 사람)이 **고개**

를 쳐들고 하늘을 보는 것(귀와 입이 수평)을 표현한 상형문자였다는 것이지요.

여기에 지금 '점령'(占領: 점으로 영도하여 정복)이란 말은 당시의 천문학 등 선진과학으로 풀어 정확히 예측하는 것이 얼마나 중요한 일이었고 '점'(占星術)의 유래가 허황된 것이 아닌, 하늘을 연구하여 천문학을 맨 처음 시작한 나라의 과학이었음을 알게 합니다. 바로 점의 결과를 집대성한 것이 '역'(易=日+月)이었구요. 그래서 지나땅의 '은(殷)이 점을 쳤던 국가'라고 하는 것은 성인(천문학을 중시하는)의 나라(단군조선)에 뿌리를 두었던 우리의 제후국이었음을 증명하는 말이었지요.

인류최초의 천문기록

'하늘의 별바라기'셨던 우리의 선조들!

천손(天孫)이기에 죽으면, 하늘의 별(★)이 된다고 그래서 단순히 천국(하늘나라)이 아닌 하늘별의 궁전인 '천궁'(天宮)으로 돌아간다고 믿었던 우리의 선조! 그때의 마음이 고인돌의 뚜껑돌 위나 선돌(강원도 양구군 용하리)에 새겨져 우리에게 전해집니다.

평남 증산군 용덕리 10호고인돌 덮개돌 겉면에는 북극성을 중심으로 큰곰자리, 사냥개자리, 작은곰자리, 헤라클레스자리 등 11개의 별자리에 80여 개의 성혈(星穴, : 지름11.5~2.5cm)이 새겨져 있지요. 역사과학자인 이종호님과 이종욱 박사가 세차운동을 감안해 측정하니 별자리 연대가 최소한 4800±215년 전의 하늘이었으며 고인돌에서 발견된 **질그릇 조각** 또한 <u>4926±741년 전</u>으로 비슷한 연대였다고 합니다. 평양시 상원군 번동리 **2호고인돌 뚜껑돌**에도 **80여개의 크고 작은 구멍**이 있는데, 이 역시 <u>5000년이 넘게</u> 추정된다는데….

이렇게 우리 땅의 **고인돌별자리의 발견**은 〈세계천문학계〉를 발칵 뒤집어버리지요. 세계최초(?)의 별자리라던 **메소포타미아의 돌별자리**('바빌로니아의 경계비' BCE1200년경)보다 1800 년 이상 앞선 세계최고 (最古)의 천문도였으니 말입니다.

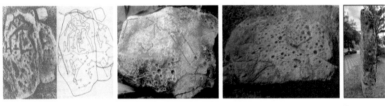

평남 증산군 용덕리고인돌10호 덮개돌 출처: 시사저널, 경남 함안군 동촌리26호고인돌 출처: 문화재청, 전남 화순군 절산리 고인돌 출처: *하늘에 새긴 우리 역사, 양구군 용하리 선돌의 ★

인류최초의 천문도 - 천상열차분야지도

그래서인지 우리에겐 **가장 오랜 하늘의 별자리지도**도 전해집니다. 한때 **창경궁의 식탁으로 전락**했던 수모를 딛고 세계인이 보는 〈평창 올림픽〉 개막식 밤하늘에 화려하게 부활한 '천상열차분야지도'입니다. '문명의 돌'이라는 거대한 흑요석(122.8×200.9cm)에 **295개의 별자리**(現서양 88개, 고대그리스 48개)**와 1,467여개의 별**이 새겨진 〈세계 천문학계〉에서 인정하는 세계 최고의 별자리 지도이지요.

조상께선 오래—전부터 **우리 하늘나라 임금님이 거처**하는 곳을 북극의 중심에 위치한 '**자미궁**'이라 했고 그 궁을 지키는 담을 **자미원**(紫微垣)이라 했습니다. 그 하늘의 중심에 **임금을 상징하는 북극성과 하늘나라를 다스리는 북두칠성과** 계절에 따라 하늘을 도는 **28수를 비롯한 별과 별자리들,** 그리고 은하수 사이로 **견우성과 직녀성**(위)을 새겨 우리 한겨레(마고자손)의 정체성을 나타낸 보물입니다.

국립고궁박물관의 천상열차분야지도와 각석 출처: *거꾸로 읽는 천문학개론,
천상열차분야지도 근접사진 출처: KBS

세계 최초의 하늘별자리지도 천상열차분야지도(天象列次分野之圖)가 비록 1395년에 제작되지만, 제작자인 **유방택**(1320~1402 천문학자)**은 천손의 꿈을 담은 고구리 초기**(1C)**의 하늘의 모습을 새기고** 이성계의 벼슬도 버리고 **고리**(려)**인으로 살았다고** 합니다. 실제로 서울대 천문학과 박석재 교수가 '천상열차분야지도의 중심부의 별의 위치를 연구한 결과 BCE34±170 고구리 시대 지금의 평양이나 서울에서 본 하늘이었다' 고 하니, **고대조선에서 이어온 천문학을 고구리가 계승하여** 이어온 관측연대가 가장 오랜 세계 최초의 천문도였던 것이지요.

그러니까 차이나는 저들의 천문도를 내세우며 **우리가** 저들을 모방했다(?)고 합니다. 우리(1395)보다 147년 앞서 남송 때 만들어져(1247)

현재 소주의 공자묘에 있는 **순우천문도**(일명 소주천문도) 때문인데, 그러나 이것은 **1078~1085년쯤의 밤하늘을 그린 것**으로 확인되면서 우리의 천상열차분야지도가 순우천문도보다 **최소한 900년**, 서양학자들이 내세우는 바빌로니아보다 **1천 년 이상 앞선 천문도**임이 확인되며 오히려 **우리의 천문도를 모방했을 개연성**이 제시됩니다.

특히나 지나의 순우천문도는 **별의 숫자**(1443수)**도 적거니와**, 우리의 **천상열차분야지도**(1467수)**가 모든 별들을 5등급**(현대 천문학과 일치)**으로 크기를 다르게** 구분하고 있는 것에 비해, 모든 별을 **단지** 하나의 크기로만 하고 있으며 우리 천문도에 있는 **별자리**(종대부: 왕실 귀족의 우두머리 의미)**가 없고** 심지어 어떤 별자리(기부)는 **별의 수가** 적고 (천상29 : 순우25) 모양도 잘못 나타나구요.

더군다나 정중앙에, 북극성 옆에 있는 **팔곡**(八穀)은 예로부터 인간 생명의 근원이 되는 주식물이자 나라를 다스리는 가장 중요한 기반이 되었던 '**곡식별자리**'로서 그 해의 **농사의 풍·흉년을 점치는 매우 중요한 별**임에도 그 **모양과 별의 수**(천상8 : 순우3)**가** 판이하게 다르니…!

이게~ 뭐죠? 누가 누굴 모방했을까요?

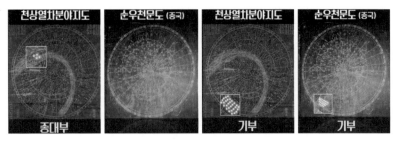

천상열차분야지도와 순우천문도의 비교 출처: KBS

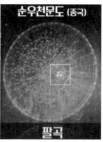

그런데도 〈평창올림픽〉 개막식 때 떠오른 '천상열차분야지도'를 보고 또 얼마나 부러웠는지, '자기들 천문도를 도둑맞았다'고 세계에 떠들었으니, **고인돌도 없는 차이나**가 애초 한국과 견준다는 것부터 어불성설이지요.

무릇 '천문도'란 **선조의 오랜 관측자료**와 기존의 **천문도**를 토대로 수정하여 만드는 것이라는 것을 감안하면 우리는 수많은 돌에 새겨진 **최소 5천 년**(실제 만 년 이상)**이 넘는 천문관측의 역사**를 보아야 합니다. 천상열차분야지도는 시원문화를 이루었던 천손의 신(神)들의 하늘을 새겨 하늘의 별이 천손 고구리를 중심으로 도는 세상의 중심(中心)임을 세상에 공포했던 것이었지요.

그러하기에 고구리의 시조 추모왕(鄒牟王, 주몽)께서 스스로를 **'일월지자'**(日月之子)라고 하고 "나는 **황천**(皇天: 하늘나라 임금)**의 아들**이며 어머님은 **하백**(물과 바다의 지배자)**의 따님이다.**" 라고 했던 것이고(국강상광개토경평안호태왕릉 비문) 광개토태왕의 부하 〈모두루의 비문〉에도 "천하 사방은 **이 나라 이 고을이** 가장 성(聖)스러운 곳임을 알 것이다." 라고 써졌던 것입니다.

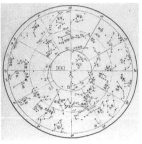

평창올림픽 개막식 하늘에 부활한 천상열차분야지도 출처: KBS,
고대조선인의 천문도(묘도항해박물관 소장) 출처: 九山

세계최초의 천문대 - 첨성대

신라의 **첨성대가 현존 최고의 천문대**라고 하지만, 삼국 중 **제일 문명
이 앞섰던 고구리는 평양에도 '첨성대'**가 있었음이 지도 '평양전도'(서
울대 규장각 소장)와 *세종실록은 전하고 왜에 천문문화를 전해 천상열
차분야지도의 복사판인 '기토라 고분천문도'를 낳기도 했습니다. **백제
또한 신라보다 앞서 천문제도를 두며 역법과 천문학 서적을 왜에 전하
고** 왜에서 백제 유민들이 675년에 **'점성대'**(占星坮)라는 천문대를 세웠
다(*일본서기)고 합니다. 이후 신라는 **'사천대'**(司天臺), 고리(려)는 **'태복
감'**(〉서운관), 조선은 **'관상감'**이라는 관청을 두고 세계최고의 천문학을
이어왔지요. 그러나 다- 불태워졌던 우리의 찬란했던 역사책들…!

무엇보다 **4천 년 전, '지구는 물론 태양 또한 거대한 우주를 중심
으로 돈다'**는 우주의 근본 변화를 이미 BCE2096 때(단군조선 5대 구을
단군)에 꿰고 있었던 무시무시한 나라였기 때문에 가능했지요.

이를 *단군세기(고리 때 이암 저)에는 감성관 황보덕(당시 재상)이 50

여 년간 천체를 관측하고 구을단군에게 보고한 기록에서 **'북극성과 태양주위를 돌고 있는 행성으로 수성, 금성, 지구성, 화성 등 10개의 행성이름**을 밝히고 **서양보다 3700년이나 앞서** 인류최초로 지동설을 말하며 BCE1916(10대 노을단군)년에 인류최초의 천문대인 감성(監星)을 설치하였다'는 기록을 남겨 이미 한국인의 과학을 알게 합니다. 영국의 국립천문기관(그리니치1675)의 역사는 **겨우 350년!**

구을단군 을축4년(BCE2096년)에는 '혼천기'(천체의 위치와 운행을 관측)를 만들게 하고 처음 **육십갑자로 '책력'**을 만들어 첫째 날 하늘님인 천신(天)을 시작으로 월신(月), 수신(水), 화신(火), 목신(木), 금신(金), 토신(土)을 **차례로 제사를 드렸던 칠회제신력**(七回祭神歷)으로 지금 지구의 **칠성력**을 이루게 하고(BCE2700 자부선인) 이러한 수리로서 역법(曆法)이 창작하여 1년을 '365일 5시간 48분46초'(365.24219907일)로 정하고 **책력을 만들어 농사와 어로를 도와** 백성을 다스렸던 위대한 나라! 아, 경이로웠던 천문(天文)의 나라!

그래서 석학인 서량지도 *중국사전사화(중국사 이전의 역사1943)에서 "중국의 책력법은 동이에서 비롯됐다. 역법을 지은 사람은 **희화자로 동이의 은**(殷), 상(商) 이전(배달나라)의 사람이다. **동이가 역법을 창조**하였음은 의심의 여지가 없다"(中國曆法始終於東夷造曆法羲和子也系出東夷之殷商先公…東夷造歷實務疑問矣) 라고 기록했던 것입니다.

오호 통재라! 재팬에 의해 미신의 누명을 쓴 채, '왕립천문대'는 일개 **측우소로 전락**(1904년)하면서 천문학의 명맥이 끊어지지요.

〈한국의 정신과 문화 알리기회〉에서는 **세계에서 현존하는 가장 오래된 천문대인 '첨성대'에 많은 과학**이 있었음을 알립니다.

"**365개의 돌**은 1년의 날 수를 상징하고 **27기단**은 달의 공전주기(27.3일)를, 여기에 **정(井)자석 2단을 합한 수로 한 달**(음력)의 날수(29.5일)를, **첨성대 정자석의 네 모서리**는 고대에 한 해의 시작을 의미했던 **동지일출**에 맞추어 시계방향으로 **동지일출→동지일몰→하지일몰→하지일출**을 의미하며 **춘·하·추·동 절기**를 모두 표현하고 있다. 첨성대 몸체의 **회전곡면**을 이루는 세로곡면 중 **1단**은 동지, **12단**은 춘·추분을, **24단**은 하지에 해당되는 **황도곡선**(태양이 원을 그리며 도는 궤도)으로 **삼각함수 곡선을 1/2로 줄인 고등수학**을 적용한 것이었다."

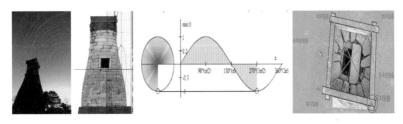

첨성대 촬영자: 김 규, 첨성대 출처: 한국문화, 삼각함수의 확장 출처: 전파거북이
시간, 정자석 모서리의 4방위 출처: 한국문화(파란)

아, 유레카! '**삼각함수는 천문학에서 시작되었다**'는 학자들의 말을 **입증하는 고대 건축물**이었음을 알게 합니다. 여기에 **북동쪽으로 2° 기울어져 있는 등** 지금 후손이 우매해서 **알 수 없는 과학까지** 생각한 다면, 첨성대는 가히 인류천문학의 보고라 하는 것이 결코 과장된 수식이 아니지요.

"극동의 성배(聖杯)민족을 찾아 경배하고 그들을 도우라."
-루돌프 슈타이너(独 1861~1925)

그래서 우리에겐 자랑할 기록들이 아—주 많습니다.

천문학자인 서울대 박창범 교수와 라대일 박사 등에 의하여 과학적 방법으로 증명(1993년)되었던 '오성취루현상'기록이지요. 정확히 BCE1733년 7월13일(단군조선 13세 흘달단군 50년) 일몰 직후 서쪽하늘, 초승달에서 화성, 수성, 토성, 목성, 금성까지 **일렬지어 하늘에 나타나는 장관**을 기록하였음이 확인된 것이었습니다. **동서고금에도 없었던 최초의 천문기록**이었지요.

　또한 갈릴레오보다 **천여 년 앞선** '흑점기록'들과 '일식'(日蝕 Solar eclipse: 달이 해를 가림)기록 등은 **횟수와 정확성**(실현율)에서도 다른 민족과 비교가 안 되지요. 박창범 교수는 **지나 한족**(漢族)**의 일식기록의 실현율은 78%**(*한서 *후한서)에 불과하지만, ***삼국사**(기) **초기 일식기록의 실현율은 무려 89%**, 왜의 문화적 융성기로 알려져 있는 **나라**(奈良)**시대는 35%**⋯, 일식의 기록연대 또한 우리가 **단군조선 제2대 부루단제 때인 BCE2183년으로 기록**돼 있는데, **차이나는 1천4백여 년**이나 늦은 **주**(周) **때인 BCE776년의 기록**이었다 하니 어디서 감히 천손에게 천문(天文)을 견주며 문화(文化)를 앞세우는지⋯?

종로(계동) 조선왕조 관상감 관천대 출처: 장안봉, BCE1733.7.13 '오성취루현상'을 인왕산 위로 재연한 모습. 초승달에서 오성(화성, 수성, 토성, 목성, 금성) 사진: 박창범
*하늘에 새긴 우리 역사 김영사, 금환일식(日蝕), 개기일식 출처: WiKiDOK

여기에 우리의 '오로라 기록'은 같은 기간(~1700년대) 지나의 기록 (294회), 재팬의 기록(50회)에 **월등하고** 전 유럽국가가 남긴 **기록**(594회)**보다 많은 711회**(*삼국사 *삼국유사 *고려사 등)였고 이 역시 **태양흑점 주기인 약 11년과** 일치했다고 하지요. 그리고 우리 겨레가 가장 힘이 없었던 조선왕조 때에도 **천문기록이 약 2만 회**(*조선왕조실록)로 가장 많았던 것은 왜, 우리나라가 지구상 최초 · 최고의 천문학의 나라였 었는지를 웅변합니다.

인류 최고의 시계들

그래서 **자랑할 발명품도 많습니다.** '앙부일구'는 이미 15C~16C **시각 과 절기를 알려주었던 세계최초의 공중**(公衆, Public)**용 시계**였구요. 낮과 밤의 시간을 모두 측정할 수 있는 독창적인 천문시계인 '**일성정 시의**'(日星定時儀)…

혼천의와 혼천시계(고려대 소장) 출처: 연합뉴스, 만원권의 혼천의와 고인돌 별자리(배경), 앙부일구와 휴대용해시계 출처: YTN 사이언스

무엇보다 천문시계인 '**혼천시계**'는 태양의 모형이 태양의 길을 따 라 회전하는 '**혼천의**'(1433, 세종15 이천, 장영실)에다 **시계장치를 더한**

것으로, 모든 것을 한 눈에 볼 수 있는 최첨단 천문관측기구였지요.

1669년(현종10) 관상감 교수 '송이영의 혼천시계'는 **세계최초로 추의 움직임을 에너지로 활용**해 **절기와 계절은 물론 12가지 시패**를 보이고 구슬이 떨어지며 종을 쳐 시각을 알려주기까지…. 그래서 조지 프니덤(英과학자)은 **"조선의 혼천시계는 획기적인 유물로 세계의 유명 박물관에 꼭 전시해야 할** 인류의 위대한 유산이다!" 라고 말했지요.

혹자는 우리(자격루1434)보다 **24년 앞서 체코의 프라하**에 세워진 천문시계(1410)를 세계최초의 자동시계라고 말합니다. 그래서 한국관광객들은 온종일 기다리다 **'대단하다! 우린 뭐냐?'**며 문화열등의식에 빠져서 들어오곤 하지요.

그러나 보기만 그럴듯하지 근본조차 지동설이 아닌 **천동설에 기초**해 만든 것이고 제어공학기술 또한 단지 정각이 되면, 옆의 **네 조각 인형**(해골 등)이 **고개만 끄덕**이고 예수의 열두사제 **인형이 한 번씩 모습**을 비추며 한 바퀴 도는 단순한 것일 뿐, 이 인형 또한 19C에 첨가한 것이었다 하니…! 서양의 지동설은 **우리보다 무려 3700년이나 늦은 16C**에 **코페르니쿠스**(폴 1473~1543)에 이르러 주장하지만, 이 역시 **'우주의 중심이 태양'**이라는 잘못된 우주관이었습니다.

반면, 세종 때의 장영실을 비롯한 과학자들이 이룩한 '자격루'(1434 自擊漏: 스스로 알리는 물시계)는 세계최고의 첨단제어공학기술을 이용해 자동으로 표준시를 알리는, **자동표준시계의 진수**를 보여주었던 물시계였지요.

1시(時: 2시간)**마다** 인형이 종을 치고 2**경**(更: 밤길이의 1/5)**마다** 또 다른 인형이 북을 치고 3**점**(點: 1경의 1/5)**마다** 또 다른 인형이 징을 치며 각각의 인형이 각기 다른 4**소리로 때를 정확히 자동**으로 알려 주고 5 **눈으로는 시각**(時)**을 알리는 푯말을 든 인형**이 자동으로 '**표준시**'를 보이며 경복궁의 보루각에서 알리면, 이 신호에 따라 숭례문 등 4**대문누각**에서 수도 한양의 시각을 알리게 되어 있었던 시간의 나라!

이것이 17C, 시계를 활용한 세 국가 중 우리가 **유일하게 일반백성들마저 휴대용** (해)**시계를 소지**하고 다녔던 가히 '시계의 나라'였던 이유입니다. 이러한 애민정신과 과학은 하루아침에 뜬금없이 나올 수 없는 것이지요. 시원문명을 이끈 세상의 주인으로서, 천손의 역사로 시작했던 천문학에서 비롯한 유산들이었습니다.

남문현교수의 자격루 복원도 출처: 디 라이브러리, 관광수입을 올리고 있는 프라하 천문시계 출처: Lui's Story

나침반, 세상의 주인

인류의 나침반(羅針盤 a compass)은 '나'를 中心으로 하여 **동서남북**을 구별하는 상징적 물건이지요. 12C경 아라비아로부터 **동양의 나침반을 입수**한 유럽은 14C경 **이탈리아에서 세계지도가 제작**되고 배 위에서 방향을 찾는 **해도**(海圖)마저 만들어지면서 대규모의 원정항해와 무역으로 **세계화의 기폭제가 되고 많은 문화를 파생**시켰기에 소위 인류의 4대 발명품이라 하는 것이지요. 나침반은 사남, 지남, 라경(羅經), 천지반(天地般) 등으로 불려왔다고 합니다.

나침반을 '**정확히 어느 민족이 발명했는가**'가 밝혀지지 않고 있는 것은 발명한 민족이 스스로 알지 못하기 때문이지요.

오재성님은 나침반을 신라에서 발명한 '**신라침반**'(新羅針般)이 줄어 나온 말이라 하고 어떤 분은 당(唐)의 양균송이 쓴 풍수서인 *청낭오어의 글 "**포라만상**(包羅萬象 우주의 삼라만상) **경륜천지**(經倫天地 하늘과 땅의 이치를 다스린다)"란 말에서 유래된 '**나경**'(羅經)이었다고 합니다.

확실한 것은 서양이 아니고 동양의 발명품이라는 것인데, 문제는 북경올림픽(2008)을 맞아 차이나가 나침반을 **자기네 발명품으로 대대적으로 선전**하고 **외국원수들한테까지 사남**(司南)**을 선물**하면서 지나 조상의 문화로 공인해버렸다는 것이지요.

그런데 정말 지나의 발명품일까요?

차이나는 *고금주라는 책을 들어 **한족**(漢族?)**의 헌원**이 동이(우리)의 14대 환웅인 치우의 군대가 피운 연막에 고전하다 남쪽을 가리키는 수레인 '**지남거**'(指南車)를 만들어 가까스로 탈출했다는 기록으로 나침반이라 우기지만, 헌원 또한 **동이인**이었고 '**수레 위에 수직**으로 세워 **남쪽**(도망갈 방향)**만을 가리키는 것은 나무였을 뿐**'이라고 하여 차이나의 고고학자 손기(국가박물관)조차 분명 **철자석**(磁石)**을 이용한**~

나침반이 아닌 목재인형이었다고 말합니다!

또한 자석에서 꼭 필요한 '**철**'(銕 iron)은 구리에 이어 한족이 아닌 우리 동이의 발명품이었죠. 그래서 한(漢) 이전 시대의 기록인 *설문에는 지금의 철(鐵)이라 쓰지 않고 **東夷의 이**(夷)**를 넣은 철**(銕)이라 썼던 것입니다. 여기에 역사학자 오재성 씨는 자석(磁石)이 나왔다는 **하북성의 자**(磁)**라는 지방도 옛날 신라 땅**이었을 가능성을 제시합니다.

훗날 한(漢)이 철(鐵)로 글자를 바꾸며 동이의 모든 영광을 지웠고 우리의 고구리, 백제가 망하고 신라마저 사라지자, 철제품인 나침반을 **막연히 지나족의 당**(唐)**이나 송**(宋)**에서 발명했으려니 한 것 뿐…!**

지남차 출처: 中國數字科技官, 2천 년 전 평양의 방위관측기 출처: 연합뉴스, 사남
출처: 양동효, 윤도장 김종대 선생의 부채와 윤도 출처: 문화재청

그러니까 이번엔 **나침반에 관한 첫 기록**이라며, 'BCE3세기 낙랑고분에서 **원**(하늘)**과 네모**(땅)**의 천지반**(天地盤)**에 방위, 간지**(干支)**와 기본 별자리를 그렸던 흔적의 칠기의 발굴**'을 들며 지나문화라고 주장하지요. 그러나 당시 낙랑은 지나가 아닌 **고조선후예들의 땅**이었고 (한사군은 허구) **하늘과 땅을 원**(ㅇ)**과 네모**(ㅁ)**로 나타내는 문화나 별자리문화**는 한겨레 고유의 천손(△)의 문화였으며, 칠기(漆器: 그릇과 물건에 옻칠하는)문화 역시 **우리의 문화**였을 뿐입니다.

또 지나는 후한(後漢) 때 왕충(王充 27~97)이 쓴 *논형(論衡)에 나오는 '국자를 물 위에 띄워 놓으면, 남쪽을 가리키면서 멈춰선다'는 '사남'(司南)을 나침반의 효시라고 주장하고 있지요. 그러나 이 또한 **숟가락 모양의 자석을 식반(食盤) 위에 던져 운수를 점친 것**일 뿐, 남북을 가리키는 도구는 아니었다고 합니다.

그래서 양동효(梁東曉) 씨는 "1947년 지나의 왕진탁(중앙문화부 박사)이 논문에서 썼던 '사남을 만들어 지반에 놓고 **숟가락을 돌리니 그 손잡이가 남쪽을 가리켰다**'던 천연자석숟가락은 지나의 국가박물관의 손기 박사를 비롯한 **연구자들조차** 본 적이 없었던 것이기에 이미 〈중국역사박물관〉조차 '사남이 잘못된 개념'이었다고 결론(1980년대 말)을 내리고 1990년대 말부터 공중에 전시하지 않았다고 합니다.

그럼에도 차이나정부는 **남극에 사남의 모형**을 만들어 놓는가(2002) 하면, 북경올림픽(2008)에 나침반을 지나가 발명했다고 과시하고 **지나를 대표하는 외교용 선물로 사남을 지정**하여 외국원수들에게 선물을 하고 교과서에 싣는 등 **사남을 나침반으로 정책적으로 조작하고 있다.**" 라고 합니다.

반면, 〈상고사학회〉의 고 이중재 회장님은 나침반을 **동이**, 즉 한국이 먼저 사용했다고 하지요. 그래요. 무엇보다 우리 칠성겨레에게는 해처럼 밤하늘 높이 떠 **동서남북을 규칙적으로 돌면서 시간과 계절의 법칙성**을 알려주는 북두칠성으로 인해 어느 민족보다 **시계와 나침반 개념**이 있었을 것입니다.

무엇보다 지구인으로선 **처음 배를 만들어 고래잡이를 했다**는 우리의 선조께서 더구나 고래를 쫓다 구름으로 가려 **별 하나 없는 캄캄한 밤, 또 간조의 차이로 지형의 변화가 심했을 우리의 바다**, 망망한 바다에서 망막─했을 우리의 선조들! 그 순간, **북두칠성을 대신**할 '무엇'이 **필요**했음을 느꼈을 것입니다.

송(宋)의 왕명으로 1123(고려 인종1)년, 고리를 방문했던 서긍이 쓴 *고리(려)도경에는 '송사신들이 탄 배(고리인이 만든 신주)가 **고리로 항해할 때** 나침반**을 사용**했다'는 기록이 있어 우리는 이미 나침반을 항해에 널리 사용했었음을 알게 하지요. 반면 거친 바다에 익숙하지 못하고 **내륙의 강만 다니고 건넜던** 지나의 배들은 바람에 약해 종단항해는 불가능하며 **강이나 연안항해만 가능한 도선**(導線)**이었다**고 하니 애초에 나침반의 필요성조차 없었을 것입니다. *중국진출 백제인의 해상활동 천오백년의 저자 김성호씨는 '**차이나의 배들은 돛**(帆)**을 이용해 풍력**(바닷바람)**으로 움직이는 배가 아니라 오직 사람의 힘으로 노**(櫓: 물을 헤쳐 나가게 하는 기구)**를 저어 움직이는 보트식 배였다**'고 합니다.

그런데 북한의 중앙방송은 〈북한사회과학원〉이 '평양 통일거리 건설현장 나무곽무덤에서 28개의 별자리와 12개월이 표시된 **네모난 방형판에 북두칠성**이 그려진 둥근 원형판을 회전시켜 **천체의 별자리를 통해 방위**를 판단하던 2천 년 전 방위관측기를 **발굴했다**'고 발표(1993.5)하여 **세상을 발칵 뒤집어** 놓습니다. 지나가 최초의 나침반(?)이라고 자랑하던 **사남보다도 이른 시기**이고 나침판의 전 단계의 유물이었기 때문이지요. 그래서 우리의 조상님은 나침반을 **바퀴**(輪, 해 sun)**처럼 돌린다고 하여 '윤도'**(輪圖)라고 부르셨던 것입니다.

무엇보다 차이나는 **사남의 숟가락**이 무슨 의미인지 모르겠지만, 그건 물의 나라(井)에 물을 내리는 **한겨레의 별**, 북두칠성이었고, 더 구나 나침반을 **'처음 하늘제사**(天祭)**를 지냈던 사람들의 점**(占)**치는 도 구였다'**고 하는 것은 **문명과 천문을 시작했던 천손 북두칠성겨레가 세 상의 중심에서 모든 별들을 돌렸던** 그때를 상징했기 때문이지요.

그래요. 나침반 또한 천손 한국의 발명품이었습니다.

또한 우리의 *삼국사(기) 신라본기(669, 문무왕9년 정월조)에 '당(唐) 의 승려 법안이 신라에 와서 천자의 **명령이라며 자석을 요청**하여 자 석을 얻어가고 5월에는 급찬 지진산 등을 통해 **자석 두 상자를 당에** 보냈고 **여러 차례**(문무왕12년, 경문왕9년 등) **자석을 보냈다'**는 기록이 밝혀지지만, 반면 우리는 **당이나 다른 어느 국가로부터 '나침반을 가 져왔다'는 기록은 전혀 없다**고 합니다. 이는 **신라의 자석문화가** 당보 다 월등했음을 짐작케 하는 기록들이지요.

그런데 당시 문화의 힘으로 보았을 때, 나침반 또한 신라보다는 응 당 **고구리와 백제가 먼저**였을 것입니다. 아니, 훨씬 더 일찍, 인류시 원문명을 이은 천제국으로서 **고조선이 나침반의 최초발명국이었을 지도** 모를 일이지요. 왜냐하면, 나침반은 비록 작은 물건이지만, **북 두칠성문화와 천제**(天祭)**문화와 농경의 시작과 고래문명과 배와 바다 문명과 쇠문명과 천문학** 등 모든 문화가 융합된 천제(天帝: 하늘임금)나 라에서 비롯된 발명품이었을 테니까요.

그렇다면, 최소한 신라로부터 입수한 신라침반이 **당**(唐)**을 거쳐 실크로드로 퍼져나가** 서양으로 전해진 것을, 서양에선 **지나에서 발명한 것으로 잘못 알게** 되었던 것은 아닐까?

사실 '나침반을 차이나가 발명했다'고 (잘못) 알려진 것은 〈영국왕립학회〉의 생화학자인 **조셉 니담이 한국의 시원문명을 연구하지 못한 채,** 차이나에서 세뇌당하여 귀국(1946)한 후 〈파리유네스코〉에서 '**차이나인의 가장 위대한 세 가지 발명**은 제지 및 인쇄술, 나침반과 흑화약이다' 라고 강연한데서 비롯된 것이었을 뿐인데 **우린 뿌리역사인 상고사를 버렸기에** 차이나의 유산이라고 생각했던 것입니다.

우리의 선조께서 어떻게 이룩하신 문화유산인데, 문제는 이러한 **자부심의 문화**(역사)**와 정체성을 모르면서** 정치를 하고 정책을 세우고 입법을 하고 수사를 하고 보도하고 가르치고 있으니…, 빨리 정신 차려 문화의 소유권을 찾는 날이 오면 좋겠습니다.

화약(火藥)**- 중국은 인류의 프로메테우스신의 종가**(宗家)**인가?**

1957년 10월4일, 소련(러시아)이 **세계최초의 인공위성 스푸트니크**(Sputnik)1호를 우주로 쏘아 올렸을 때, 지나는 비아냥거렸지요. '**우리**(차이나)**가 이미 1000년 전**(宋 시대) 개발했던 것을 **러시아는 이제 겨우 개발했다'**고!

그리고 〈북경올림픽〉 때(2008), 지나의 영화감독 장이머우(張藝謀)는 '**중국의 4대 발명품**'이라는 주제로 올림픽 스타디움에 '**종이**'를 상징하는 초대형 두루마리를 펼치고, 그 위에 상형문자로 된 **수많은**

활자를 띄우게 하며 '**인쇄술**'의 발명마저 과시하고 명(明)의 장군 정화가 '**나침반**'으로 바다실크로드를 개척하는 모습에 천둥 같은 소리를 내는 '**화약**'으로 북경의 밤하늘을 수놓으며 세계인의 존경과 부러움 속에 '인류4대 발명품 모두의 종주국(?)'임과 '세상의 中心'이 중국(?)이었음을 전 세계에 각인시킵니다. 역사를 조금 아는 사람들은 "**이거 뭐야,** 다 한국인의 발명품인데…?" 하며 난리가 났었지요.

화약이 〈**인류의 4대발명품**〉이라고 하는 이유는 무엇일까요? **엄청난 살상력으로 세상을 바꾸**었을 뿐 아니라, **건설 등 산업 부문**에서 동·서양의 역사에 지대한 영향과 공헌을 했기 때문입니다. 그런데, **화약**은 본디 불로 돌과 쇠를 가장 잘 다룬 사람들에게서 **이어진 깊은 문화에서** 나올 수 있는 발명품이었지요.

그래서 **불**(火)을 더 이른 시기의 〈**인류의 3대발명품**〉이라는 것이지요. 돌로서 **구석기와 신석기 인류문명을 시작했던 천손**은 불을 피워 천제를 처음 올리고 그 **불씨를 소중히 간직하여 쇠문화의 시작인 구리**(銅)**로 청동기를 처음 발명**했던 사람들이었습니다.

그래서 한국인을 '인류의 프로메테우스'라고 말하는 것이지요. 예부터 불과 화약은 해(SUN)나라의 제왕의 권위를 드러냈기에 문명을 시작했던 천손은 인위적인 불과 화약을 일으켜 **천제**(天祭)**와 의식을 치르며** 신통(神統)**을 인정**받았던 것이니, 우리만이 '한식'(寒食 동지로부터 105일)날, 하늘에서 붙인 **신통의 불을** 임금이 내리어 **릴레이로 관리에서 백성의 아궁이까지** 전했던 것이나 제사를 지낼 때나 전국체전 때 불을 피우는 것이 이런 이유였습니다.

지금까지 화약(불꽃놀이 등)은 세계최초로 '당(唐)이 8C에 발명하여 서양으로 전파되었다'고 화기화약은 송(宋)때 발명되었고 **연대가 확실한 최초의 화기는 1356년**에 나타난 것이라고 알려져 있지요.(프 Fernand Braudel의 *물질문명과 자본주의 참조) 우리 또한 **겨우 고리 때 최무선**(1325~1395)이라고 배웠구요.

지나는 **당**(唐, 618~907)**때 우연히**(?) **발견**하였다 하기도 하고 혹자는 **송대**(宋, 960~1279)에 지어진 도교의 경전인 *도장에 '**화약**'이란 말이 처음 기록된 점 또 화약(火藥)이 '불 붙는 약'이란 뜻이라 하여, 불로장생을 위해 단약(丹藥)을 조제하던 **고대 도교**(道敎)**에 사상적 기반을 둔 '연단술'에서 기원**하였다고 하여 지나의 발명품이라고 주장하고(도교의 기원은 한국) 또 혹자는 송(宋)때 노진이 쓴 *구국지에 **당**(唐)**말기**(904~906년) '**발기비화**'(發起飛火: 나는 불)나, **唐 덕종 원년**(784년) 이희열의 반란군이 사용했다는 '방사책'(方士策-실체는 없음)을 최초의 화약병기 사용으로 간주하면서 화약의 원조라고 주장합니다.

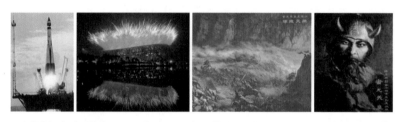

세계최초의 인공위성 스푸트니크(Sputnik)1호 출처: 프리미엄조선, 베이징올림픽(2008)
개막 출처: egloos, 탁록대전과 치우천황 출처: 김산호 화백님

"자기가 자기 역사(歷史)를 내팽개치고 있는데, 그 내팽개친 역사를 남이 왜곡서술하고 있다고 해서 그렇게도 분노가 이는가? 부끄러운 줄도 모르고 남만 질타하는 그 가증스러운 행위는 왜, 분노하지 못하는가?" -송 복 명예교수

천손이 만든 천둥과 벼락과 안개

그러나 천손에겐, 지나족이 5~6천 년 전 동남아시아를 떠나 차이나 동남부로 오기 전, 이미 **깊은 뿌리문화와 까마득한 역사가 있었음**을 간과해서는 안되지요.

배달국 시대 14대 환웅이신 치우천왕(BCE2707)께서 "불과 물을 **마음대로 사용하였다.**"라는 기록이 우리의 *신시본기란 책에 전합니다. 또 *대변경에는 "**치우천왕**께서 유망의 소호군과 싸울 때, 큰 안개(화약)를 일으켜 **적의 군사를 혼미케 했다.**"라는 기록과 *태백일사 *규원사화에는 치우천왕께서, 70여 회를 패해도 항복하지 않는 지나의 수장 헌원을 압박하며 사방에 큰 안개를 일으켜 지척을 분간 못하게 하여 헌원이 지남거(指南車)를 만들어 도망치게 했던 기록이 있어 **이른 시기 화약의 존재**를 기록으로 전합니다.

그래요. **화약의 시작이지요!**
그릇을 처음 굽고 쇠(金)**를 처음 발명**하며 신석기 혁명을 일으켰던 **구리겨레**이기에 이때 이미 **화약도 발명하여 사용**했던 기록들이겠지요.
까마득한 옛날, **돌과 쇠의 겨레**(돌쇠)**답게** 이때 '비석(飛石)박격기'라는 돌을 날리는 기계를 처음 발명하여 **불과 화약을 함께 뿌려 '호풍환우'**(呼風喚雨: 바람과 비를 부름)하고 안개를 자욱하게 했던 **치우천왕**의 기록은 우리 천손의 큰 자부심입니다.
'불을 가장 많이 활용했던 선조, 도깨비들!'

여기에 원동중(元童仲)이 지은 *삼성기전(하편, 신시역대기)에 치우(본명: 자오지)천황의 치우(蚩尤)란 한겨레(구이, 동이)의 책무를 부여하는 자(字: 성인의 의무와 책임을 삶의 지표로 삼으라며 존중하여 부르는 사회적 이름)로서 '번개와 비를 크게 내려 산과 강을 바꾸라'는 뜻이었으니 그래요. 화약으로 산과 강을 바꾸며 옳지 못한 것을 비로 쓸어버리듯, 지나족을 해치웠(치우)던 그때의 역사를 방증하는 언어였지요.

　그러면 '우리가 흑색화약(gunpowder)을 발명했다'는 구체적인 근거는 무엇일까요? 우리의 보물 같은 역사서인 *삼국유사에는 7C 북한산성 전투(661년)에 관한 묘사 중 신라군이 쏜 '광휘'라는 화기(흑색)화약의 기록이 있지요. "북한산성의 신라군이 구원병이 오지 않음을 원망하는데… 성부산에서 단을 설치하고 신술을 쓰니 큰 독처럼 생긴 광휘가 갑자기 생겨나 단 위로 떠올라 별이 되어 북쪽으로 날아갔다. 적들이 공격하려고 할 때, 갑자기 이 광휘가 남쪽 하늘에서 날아와 벼락이 되어 30여개의 포석들을 쳐부수니 적의 활, 화살, 창, 칼들이 산산이 부서졌다(해치웠다)." 지나(秦 때)보다 700년을 앞서죠!

　*세계최고의 우리 문화유산의 저자인 이종호 씨는 '신술'이란 신기한 기술의 화약무기를 일컫는 말이고 '광휘'는 흑색 추진 화약가스의 불을 뒤로 뿜으면서 눈부시게 밝은 불빛을 내는 무기라고 합니다. 그래요. 현대의 로켓과 같은 분사추진 무기였음을 밝혀주는 기록으로 세계최초의 2단 로켓(장거리 미사일)인 '신기전'이 우리에게 있었던 것이 뜬금없는 것이 아니었지요. 화약, 우리 엄마 맞습니다!

조선시대에 출간된 *융원필비에는 '**고대에 충전뢰, 화뢰포**라는 폭탄 원리에 의한 화약무기가 있었다'는 기록이 보이는데, 학자들은 **이 시기를 삼국시대의 북한산성 전투**로 보고 있습니다.

*세조실록 또한 "화포가 **신라에서 시작**하여 **고리**(려) **때 정비**되고 **조선 때 완성**되었다." 라고 기록하여 불타버린 선진국 고구리 백제의 역사기록 말고도 신라는 이미 지나보다 **수백 년 먼저 흑색화약무기도 최초로 개발**했던 것이지요.

이러함에도 '**누가 누-구의 발명품을 뺏어갔다**'고 말합니까?

그래서 또 조셉 니담을 탓할 뿐이지요.

세계최초의 함포해전 진포대첩 출처: KBS1HD, 진포해전 발포와 왜선 파괴 출처: Hyunmok Jo YouTube, 작가 미상의 레판토 해전 전투그림 출처: 위키백과

그럼, 세계최초의 함포해전(화약병기를 배에 설치)은 어디였을까요? 또 영국이나 뭐 중국(지나)이라 하겠고 우린 임진왜란(1592~8) 때 '한산대첩' 아니냐고 하겠지만, 아니에요!

이보다 **200여 년이나 앞서 고리**(려) **때**, 금강어구 진포에서의 '**진포대첩**'(1380.8)이었다고 〈KBS역사스페셜〉은 방송합니다. 이때 최무선은 부원수로 출전하여 100여척의 선단에 **세계최초로 화통과 화포 등 화약병기를 설치**하여 왜구선단 500척을 불태웠다고 하지요.

더구나 왜의 *소우기(小右記)는 "1019(간닌 3년)년 고리전함이 화약을 넣어 공격하여 적선을 부순다." 라고 기록하여 **진포해전보다도 훨씬 전 360년 전**이었고 유럽 최초의 함포해전 **레반토해전(1571)보다 550년이나 앞선 기록**이었으니…, 아마 **우리가 알고 있는 것보다 훨씬 전**이었음을 알게 합니다. 진포해전이 너무나 유명해서 **고리 때 최무선이 화약을 발명했던** 것으로 알았던 것이었지요.

아! 1019년이면, 몽골보다 일찍 현란한 기마술로 중앙아시아를 평정하며 송(宋)에게 조공을 받았던 강력했던 그 요(遼 거란)의 최정예군을 초토화시켰던 고리의 '**귀주대첩**'이 있었던 해! 이제 왜, 이 땅의 '3대 대첩'으로 전하는지, 그 이유를 알 것 같습니다! 이러한 화약과 화포 기술은 13C 몽골(元)의 서아시아 원정 때 **아랍과 유럽으로 전해져 차이나문명으로 오인되었을 것이니 허상에서 제발** 벗어나길…!

북경올림픽 후 인터넷상에서 **한국과 차이나 사이에 뜨거운** '화약논쟁'이 불붙었지요. 안타까운 것은, 우리 옆의 차이나는 **고대문명도 없고 짧은 역사의 국가**였음에도 스스로 역사와 문화의 선진국인 줄 알고 '위대한 중화'라 하면서 '**천하의 中心은 언제나** 중국이었고, **중국이어야 하고 주변국은 언제나 미개한 오랑캐요 작은 섬일 뿐**'이라는 망상에 젖어 있고 **다른 국가는 절대 중화를 넘어는 안 된다는** 오만으로 가득 차 있다는 것이지요. 그러나 누굴 탓하겠습니까?

큰 문제는 우리 스스로가 아직도 '**최무선(1325~1395)이 송(宋)의 상인에 귀동냥을 해서 겨우 화약을 발명했던 것**'이라고 가르치고 스스로를 과소평가하며 잘못된 과거의 틀에서 벗어나지 못하는데…!

우리의 전쟁은 신들의 과학(科學)

그래서 혹자는 '임진왜란 3대 대첩'이라고 알고 있는 '한산대첩, 행주대첩, 진주대첩'과 이전의 '진포(해전)대첩' 등이 언제나 **열악한 환경과 수적 열세 속에서 단순히 강인한 단결력과 지혜로 싸워얻은 미스터리한 대승**(?)이라고 생각하지만, 사실은 월등한 화약과 최신무기**로 인한 과학의 승리**였습니다.

임진왜란 다음해(1593) 2월 모진 추위 속 행주산성, 당시 산성이라기보다는 **거의 목책**에 가까웠다는 이 곳을 조총으로 무장한 7개부대, 3만의 왜군이 겹겹이 둘러쌉니다. 9차례의 공격을 했던 저들은 **일본 열도를 통일했던 장군들의 그 정예부대**였고 **조선의 정예군을 처참하게 궤멸시킨 부대**였으며 더욱이 **명**(明)**의 이여송 군대를 격파**한 직후여서 사기는 하늘을 찌를 듯 했지요.   산성 안에는 승군을 포함한 **정병 2,300**과 노인과 부녀자들…?
　　　　이제 행주대첩 신화의 미스터리를 풀겠습니다.

그런데 이 전쟁이 우리의 대승으로 끝나 **'행주대첩'**이라 회자되는 이유는 과학화된, 가공할 첨단(자동)화기들에 있었습니다. 지금의 수류탄의 원조인 **'지화통'**, 무려 **3km를 나는 원거리 화포 '현자총통'**을 비롯한 **각종 대포**와 무엇보다 경주성 탈환 때 처음 등장하여 조선의 귀신폭탄이라고 불렸던 **'비격진천뢰'**(우레처럼 폭발하는 폭탄, 이장손 발명)! 무게 120근(72~48kg)의 폭탄!
　　　　세계최초의 시한폭탄이었습니다!

왜구들은 이를 *정한위략에서 이렇게 기록하지요.

"적진에서 **괴물체가 날아와 땅에 떨어져** 군사들이 빙 둘러서 구경하는데 갑자기 폭발하여 천지를 흔들고 철편이 별가루 같이 흩어져 맞은 자는 즉사하고 맞지 않은 자는 폭풍에 날아갔다." 그래요. 아주 독창적(쇠조각들이 퍼지는)이면서 철편이 **바위에 박힐 정도**의 폭발력이었지요. 맞아요! 세계최초의 시한폭탄이었습니다!

여기에 세계최초의 장거리 미사일이며 2단 로켓무기인 '**신기전**'과 이러한 신기전과 총통을 탑재했던 탱크와 기관총(다연발총)의 조상이라는 '**이동식 변이중 화차**' 등 세계최초의 첨단화공무기가 있었기 때문이었습니다.

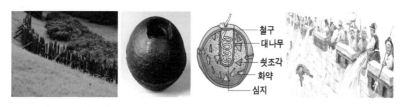

당시 행주목책 재현(토성) 출처: 우리문화신문, 비격진천뢰와 구조 출처: 한국학중앙연구원, 우리가 만드는 미래, 아직도 돌과 물로 이겼다고 가르치는 '행주대첩 삽화' 출처: 어느 교과서

그런데 **신기전**(神機箭: 틀에서 나오는 귀신화살, 소·중·대·산화−신기전)은 **2단 점화 후 굉음**과 함께 **활보다 3~4배의 거리**로 **수백 미터**를 날아가 폭발하여 적진을 초토화시켰던 15C 세계최대 최초의 무기였다고 하지요. 지금의 세계최초의 장거리 미사일, 2단 로켓의 모태였던 초유의 발명이었습니다. 이미 *세종실록에 평안도와 함길도(4군 6진 지역)에 **2만4,930개의 신기전**을 배치해 **여진족을 격퇴**했던 기록이 있어 우리의 월등한 과학유전자를 느끼게 하지요.

1474년 성종 때 간행된 *국조오례의서례의 병기도설에는 '**신기전의 설계도**'와 함께 세종 때 군기감정이었던 과학자 박강이 주화(불화살)에 **소폭탄을 달아 200m 이상을 날아 폭발**하게 하는 '**중주화**'(중신기전, 한 번에 100발의 폭약)와 세계 최대 **2단형 종이약통로켓에 무게 3~5kg의 대형폭탄을 탑재해 500~600m를 날아갔던** '**대주화**'(대신기전)를 개발(1448)했던 사실을 기록하고 있습니다.

실로 대신기전과 산화신기전(살상력·추진력을 높인 대신기전)은 **5~6m**(4.5~5kg)**가 넘는 길이와 규모, 파괴력·사정거리면에서나 최대 2km**에 달하는 세계최장의 최고의 로켓화기였다고 하지요.

〈세계우주항공학회〉는 **설계도가 존재**하는 대신기전을 현존 최고의 로켓화기로 인정했으며 〈디스커버리 히스토리〉는 실험결과 **가공할 거리가 2km 이상**이었음을 확인합니다. 군사학자들은 '서양에 비해 **3C 정도 앞섰던 무기로**, 당시 동·서양을 막론하고 세계사에서 신기전에 필적할만한 로켓무기는 없었다'고 평가합니다. **1805년**(370년 후)**에 영국**(콩그레브)이 만든 로켓은 **길이 4.3m, 무게는 6파운드** (2.7kg)였다고 하니…, 우리의 조상님은 이런 분들이셨습니다!

복원(1980)한 문종화차 출처: 채연석 교수(과학기술연합대학원), 신기전 발사 출처: 밀리터리 이야기, 조선의 로켓 신기전 출처: EBS, 대신기전 위용 출처: 2010 HelloDD.com

여기에 우리에겐 휴대용 기관총같은 **최신**(最新), **최고**(最高) 기술이 집합된 무기인 '**승자총통**'(개발자: 김지 장군)이 있었지요. 승자총통 1기에서는 15철환(총알)이 700~820m를 날아갑니다. 그런데 (총통)화차에 승자총통 50기를 탑재하니 동시에 연속발사하면 750발의 총알이 날아가지요!

심지어 탱크와 기관총의 조상이라는 '**이동식 변이중 화차**'(1ton)는 전면에 14문, 좌우에 각각 15문 3면에 총 40여 기의 승자총통이 탑재되어 한 번에 총 600발이 발사됩니다. 그런데 행주성에는 이 **화차 40대가 있었으니 한 번씩의 발사로 2만4천 발의 탄환**이 왜군에게 발사되었던 것이지요. 사촌인 변윤중의 전 재산과 변씨 문중의 사재를 털어 마련한 **화차 300대 중에서 보급** 받은 것이었으니, 과학정신과 진정한 선비정신이 함께 했던 승리였습니다.

과학저술가 이종호 씨는 이렇게 말하지요.

'당시 서양이란 화약은 **엄두조차** 내지 못하는, **단순히** 돌을 쏘아대는 석포 수준이었고 명(明)이나 서구 유럽의 전차가 **마차 위에서 병사들이 화살을 쏘는** 단순한 화차였으나, **문종화차**(근세조선 제5대 임금이 만든 화차)는 총통과 불심지를 서로 연결한 **하나의 불심지에 불을 붙이**는 것만으로도 **수십 개의 화살이나 탄환을 연거푸 발사**할 수 있는, 당시로는 획기적인 최첨단 자동화기였다'고 말입니다. 이러한 **문종화차를 한 해에만 700여대를 제작**하였고 이보다 발전된 것이 변이중화차였으니, 우리 천손의 전쟁개념이란 단순한 병사의 수로 싸우는 평면적 재래전이 아닌 **화약을 통한 첨단의 과학전**이었습니다.

그러나 우린 아직도 식민의 역사로 치마에 돌맹이로, 더운 물을 부어 크―게 이겼다고 아이들에게 말하고 '부녀자들이 **물을 붓고 치마에 돌을 날라** 이겨 행주치마의 어원이 되었다'며 시험('민간어원설')까지 내고 있지요. 더구나 **행주대첩이 있기 76년 전**, 최세진이 쓴 *사성통해와 *훈몽자회(1527)에 '**행주치마'란 단어**가 사용됐음이 밝혀졌음에도 **치마에 돌맹이**란 말로 우리의 역사를 나약하게 말하고 치마를 두르며 대권출마를 하면서 조상을 능욕하고 있으니, 어쩌죠?

비록 현대무기경쟁에서 많이 뒤늦었지만, 머잖아 첨단기술로 다시 세계를 리드할 것이라고 우리가 믿는 것은 우리의 피에 **시원의 역사**와 **도깨비 같은 조상님의 명품DNA가 흐르기** 때문일 것입니다.

신기전 출처: YTN, 변이중 화차의 외양, 확대, 내부의 승자총통 출처: 문화유산채널 EBS 채널e

천손의 꿈 그리고 다ー물!

단군조선이 붕하자, 천손의 장자를 자처하는 **고구리는 옛 조선의 영광을 회복**하여 **천손의 땅**은 물론 **천하질서를** 재건하겠다는 '다물'(多勿)을 연호로 외치고 井문양 깃발을 날리며 일어섭니다. 학자들은 고구리의 상무정신으로 알려진 다물이 **다**(따)**무르**란 '원래의 뿌리 상태' 즉 인류의 문명을 시작했던 거대한 물의 나라 '우리나라'**의 영광을 되찾아** 자존감을 회복하겠다는 말이었을 것이라고 합니다.

백제 또한 천손의 후예로 "우리가 누군데!"를 곱씹으며 **울타리처럼 물가를 담장 둘러 문명을 시작했던 시원의 땅**을 상징화하는 '담울'(옛 울타리 담을 찾자)을 기치로 '**담로**'(憺魯: 백제왕족이 파견되어 통치했던 해외봉건영지, 해외식민지)**를 개척했던** 나라였지요.

반면, *단군의 나라, 카자흐스탄의 저자인 김정민 박사는 "중앙아시아인의 언어습관상 '다물'은 **철**(銕)鐵) **즉 쇠**를 의미하며 **토무르, 티무르** 등에서 예를 찾을 수 있다." 라고 밝힙니다.

우리가 잊은 천손의 의미를 강력했던 **철문명에서** 찾은 것이지요. 그래서 지금도 **몽골남자의 이름으로 금성**(金星: 쇠를 총칭하는 별, 동명성)을 뜻하는 **철면**(출몽)과 **처머**(애칭)가 쓰이고 있는 것으로 미루어 '**다물**'이란 **동쪽에서 빛나는 태양과 금성처럼 번쩍이는 쇠**를 처음 발명했던 강력한 **철기문명의 자부심**을 드러낸 연호로서 **철기문명**을 바탕으로 **천손의 뿌리**를 찾고 **거대한 우리나라의 영광**을 되찾겠다' 는 말이었습니다. 그래서 고구리 추모(鄒牟, 출몽)를 '동명성왕'이라 말하고 세계적인 몽골학자 한촐라 교수는 한국에 도착(1990)하자 "어머니의 나라에 왔습니다!"라며 **예**(禮)**를 취해 세상을 놀라게 했던** 것이지요.

철기문명과 더불어 이 땅의 고구리, 백제, 신라는 **다– 뿌리 깊은 과학의 나라**였습니다. 송의 정사인 *송서(宋書)에는 "련(고구리 20대 장수태왕)에게 말을 보내달라(439년)고 하니 **말 800필을 보냈다.**" 라며 송왕의 고마움이 담긴 기록을 전합니다. 말 10필을 배에 싣는 것도 엄청나게 어려운 일이라는데…, 600년 후(11세기경) 바이킹 선단이 말을 운반할 때, 한 배에 군마 2필을 운반했다고 하니, **무려 800필을 싣고 1200km를 항해**했다는 것은 엄청난 규모의 **조선공학**에 **조선술, 항해술을 요하는** 상상을 넘은 과학이 있었던 것이지요.

한때 수(隋)와 당(唐)이 참람하게 천제국 고구리에 맞서 참패를 당했던 것이나 신라의 장보고가 해상권을 접수하여 **바다의 왕좌**(王座)를 유지할 수 있었던 것이나 고리(高麗) 또한 아랍까지 해상활동을 펼쳤던 것은 강력했던 과학문명으로 육지와 **큰 물인 바다까지 경영할 수 있었기 때문**이었습니다.

그렇기에 **을지문덕**(乙支文德)이 수(隋)의 장군 우중문에게 보낸 시 '여수장 우중문시'(與隋將于仲文詩)에서 "(우리 고구리는) **천문을 꿰뚫어 신묘한 책략**을 갖추었고/ **땅의 이치를 통달**한 절묘한 계산을 갖춘 천손이니 하루속히 물러나라-"라고 **조롱하며 살수**(612년)**에서** 대승을 거둘 수 있었던 것이었습니다.

봉황의 꿈, 대- 고구리

봉황의 후예라는 **고구리와 백제**는 우리가 아는 작-은 나라였을까요? 당(唐)과 여러 차례 전투를 치러서 **고구리의 초기영토를 가늠한다는** '서안평'(西安平)을 두고 식민사학자는 신의주 위 압록강 건너 있는 단둥(丹東)을 주장하지만, 이덕일(한가람역사연구소) 소장은 지금 **홍산문화 유물이 쏟아지는 우리 조상의 땅** 내몽골지역, 훗날 **요**(遼: 거란족이 세운 왕조)**의 수도 상경**(上京)이었던 '파림좌기'(巴林左旗)였음을 밝혀냅니다.

이소장은 *요사(遼史) 지리지 상경임황부조에서 파림좌기가 '본래 漢의 요동(고구리의 요서 끝자락)군 서안평'(本漢遼東郡西安平之地)이라는 기록을 찾아 현지박물관장과 인터뷰를 통해 '여기(파림좌기)가 요동군 서안평으로 나오는 곳이며 이 지역 사람들은 모두 고구리성이라고 말한다' 라는 답변을 받아 국내 매스콤에 방송을 함으로써 고구리가 요동 한 구석에 움츠리고 있는 나라가 아니라 평원을 평정하고 서역을 넘나들었던 대륙의 초강국이었음을 알립니다.

그래요. 근처에 고리(고구려)성과 고리호(湖)도 있지만, 무엇보다 바다문명(용巴)을 시작했던 사람을 상징하는 '파림'(巴林: 용이 나온 숲)이라는 말과 고대조선의 토템인 곰과 범을 상징하는 깃발을 뜻하는 '기'(旗)라는 글자나 서안평(西安平)에 마고의 집을 뜻하는 '안'(安)이 있는 것으로 이미 옛 선조의 땅이었음을 짐작하고 있었기에 이곳(파림좌기?)에서 자명고를 찢어 사랑을 이루려 했던 낙랑공주(樂浪)와 '큰 전쟁의 신'이라 불리었던 대무신(大武神 고구리 3대 재위18~44) 태왕의 서자 호동왕자의 슬픈 사랑이야기가 가슴을 아프게 합니다.

상하 고려성(붉은 글자)에 둘러싸인 巴林左旗(중앙) 중국국방성발행 중국여도(100만:1)
출처: 향고도, 홍산문명 위 파림좌기 출처: 환단고기(역주본 266쪽), 서안평(붉은 원) 주장–신진사학(파림좌기上):강단사학(단동下) 출처: 이덕일의 역사특강

중화주의자였던 김부식마저 **태조태왕**(고구리 6대, 재위53~146)을 유일하게 대왕이라 호칭하면서 그때의 메뚜기떼 사건을 기록(*삼국사)하여 후손으로 하여금 **몽골에 가까운 요서에서 출몰하는 메뚜기 떼**였음을 알게 하며 고구리가 **작은 나라가 아니었음**을 알게 합니다.

"3년(CE55) 봄 2월에 **요서**(만리장성 동쪽, 옛 신선들이 살았다는 갈석산으로 흐르는 난하의 서쪽?)**에 열 개의 성을 쌓아** 한(漢)의 침략에 대비하였다. 가을 8월, 나라의 남쪽 지방에 **메뚜기**(蝗황)**떼**가 나타나 곡식을 해쳤다."(三年 春二月 築遼西十城 以備漢兵 秋八月 國南 蝗害穀)

이렇게 300년을 노력하여, 백성에게 영원한 즐거움을 누리게 하겠다며 '**영락**'(永樂)이라는 연호를 세우시고 **국강상 광개토**(國罡上 廣開土: 북두칠성이 비치는 나라의 땅을 넓게 여신)하시어 **경평안**(境平安: 이 안의 마고의 백성을 다스렸)하셨기에 **호태왕**(好太王: 인류의 시원문명을 이어받은 아름다운 왕중왕)이라는 사후 왕호로 칭송을 얻으셨던 **19대 광개토태왕**(391?~412?)께선 **조상의 옛 강토**(중앙아시아까지)**를 거의 수복**하시고 '**다물**'을 완성하신 분이셨습니다.

그래요. 인류의 시원(太)문명을 연 북두칠성(ㄱ)겨레의 문명이 끝없이 미치었던 땅(罡土, 疆土)을 넓게 여신 겨레의 영웅! 그래서 **영토**(領土: 점령하고 있는 땅)가 아닌 '**강토**'(疆土)라 전하셨던 분들이셨죠. 지금부터라도 '**國罡上 廣開土 境平安 好太王**'이라 부르며 북두칠성 겨레의 영광을 떠올리는 것은 어떻겠습니까!

그래서 아드님이신 20대 장수태왕에 이르러는 아홉 동이, **구이**(구리)**의 영광을 다시 찾았다** 하여 나라의 이름을 高句麗(고구리, 지나음:

가오거우리)에서 **구**(句: 끊어짐, 마디, 토막)**를 버리고 '高麗'**(고리, Gāolí가
오리)라 했던 것이지요.

혹자는 고리 초(993년), 송과 여진과의 전쟁에서 승리하고 80만(?)
대군을 이끌며 온, 당시 **초강대국 거란황제의 부마였던 소손녕**과 맞
서 담판으로 **옛 강토**(강동6주)**를 획득했던** 서희 장군을 두고 '세 치 혀
의 승리'라 말하며 단지 주도면밀한 준비에 따른 외교적 승리, 외교
의 교과서였다고 말들을 합니다.

그러나 이는 서희 장군이 **국호**(고리)**에 대한 역사의식과 뿌리에 대
한 강한 자부심**을 갖고 있었고 거란은 우리의 국호에서 **가장 아픈 곳**
을 간파 당했기 때문입니다. 그래요 '누가 시원겨레의 정통성을 갖고
있었는가'는 천하가 다 알고 있었기에 거란은 이미 뺏은 고구리땅을
내어 준 것이었지요. **강한 역사의식이 나라를 구한 것입니다.**

그때의 대사입니다. "그렇지 않다! 우리나라가 곧 **고구리의 구지**
(舊地)이다. 그러므로 **국호를 '고리'**라 하고 **평양에 도읍**하였으니, 만
일 땅의 경계를 말한다면, **거란의 동경도 우리 강토 안에** 들어있는
것을 어찌 침식이라 하는가?"

그래서 우리가 분명히 알아야 할 역사의식은 **고구리**(高句麗)**를** 고구
려라 발음해서는 안 된다는 것입니다. '麗'는 곱다(형용사)라는 뜻일 때
는 '려'로 발음하지만, **나라이름일 때**는 반드시 '**리**'라고 읽어야 함을
많은 옥편은 물론, 고산자 **김정호**는 *대동지지에서, 육당 **최남선**은 *
신자전에서 말해 왔습니다. "구이(九夷 구리)의 영광을 잊지 말아라!"

성헌식 역사 칼럼니스트는 **고구[려]**란 지나의 사서인 *한서지리지의 주장으로 '**고구려**(高句驪)는 유주(幽州: 북경의 옛 지명)의 현토군(玄免郡)에 속한 3개 **현 중 하나**'라는 기록으로 어처구니없게도 대고구리가 겨우 **지나의 일 개** 고구려현에 속하게 되는 것으로, 지금 우리가 고구려로 말함은 결국 저들의 〈**동북공정**〉을 돕는 망언이 되어 **구이의 영광**을 잇는 '고구리'라는 **나라는 존재조차 없어지게 되는 것**이라고 말합니다. 그래서 송(宋)의 역사서 *자치통감마저 무려 69번이나 주석을 달아 高句麗(고麗·구麗)에 대해 절대 '려'로 읽지 말라고 당부했던 것은 천손인 아홉 이(九夷 구리)의 장자의 맥을 이어왔던 나라가 대고구리였기 때문이었지요.

우리가 高句麗(리)를 '고구려'로 잘못 읽어 왔던 것은 **불과 100년쯤 전부터**였음을 지적하면서 이젠 의식을 깨어 바꾸어야 한다고 성헌식 역사칼럼니스트와 서길수 교수 등은 말합니다.

문제는 강단학자(?)들이 **침-묵**으로 일관하고 있고 오히려 〈동북공정〉을 추진하는 차이나의 개가 되어 '**북쪽의 맥**(貊: 동이)족이 지나족에 밀려(?) 동으로(?) 이동한 사람들이 **고구려**'라는 등, 지나가 조작한 한사군 중 **현토군**(玄菟郡 BCE107)의 속현인 **고구려현**(高句驪縣)**이 고구려**였다는 주장을 따라 짖어대는 것이지요. 그러니 '**한국은 대대로 중국**의 **변방사**이고 **지방정권**'이라고 차이나의 수장이 세계에 공개적으로 지껄여도 아무…! 지금, **한국사가 존재나 할 수 있을지?**'를 심각하게 걱정해야 할 때입니다.

> "이 구구(久久: 변하지 않는)한 세상이 어찌 자네를 알아 줄 것인가?
> 자네가 그러한 세상을 만들어야지" −이규보

혹시 고구리 병마원수 **강이식**(姜以式) **장군**을 아시나요?

천제국 대조선이 망하자, 근본도 없는 **수**(隨)가 진(秦)을 멸망시키고 중원을 통일하더니 감히 4차례나 **천제국 고구리**를 넘봅니다. "고구리 왕을 **신하**라 칭하니 **굴복하고 충성을 다하라!**" 라는 국서를 영양태왕(26대)에게 보내오자(597년) "오만불손한 수문제의 **버릇을 고쳐야 한다.**" 라며 글보다는 칼로서 화답할 것을 강력히 주장했던 최고 지휘관 강이식 장군은 뛰어난 전략으로 수를 선제공격하여 **임유관**(산해관)**에서 대첩**으로 혼을 내주고 5만 정예부대로서 **30만 대군을 궤멸**(1차 침입)시키며 천제국의 자존감을 천하에 각인시키지요.

부하였던 **을지문덕** 장군 또한 양떼처럼 적을 몰아 만주땅 요하의 지류인 **살수**(혼하 추정, 청천강 아님)**에서 천문과 지리, 수공**(水攻)**으로** 대첩(612년 2차 전쟁 병력113만 *수서)을 거두며 천제국의 위엄을 보입니다.

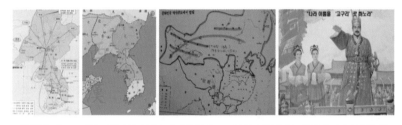

왜곡된 우리 교과서의 고구리 최대강역도(노랑) 출차: 고교한국사 역사부도, 왜곡된 지나의 영역지도 (충남, 강원까지) 출차: 성훈, '장엄한 고구리 강역(주황색 선, 중앙아시아 카자흐스탄) 출차: 중화민국(대만) 역사부도, "나라 이름을 '고구리'로 하노라!" 출차: 북한소장 제공: 성헌식

당시 세계 최강을 가리는 지구상 최대의 전투에서 완벽한 승리를 거둔 고구리였습니다. 신생국 수(隨)와 당(唐)이 국가의 명운을 걸고 고구리 정벌에 나섰던 이유는 무엇이었을까?

그것은 시원의 땅에서 문명을 이끌던 구리의 천제국(3한)을 승계한 (고)구리가 있는 한, 세상의 주인으로 인정받지 못하는 불문율 때문이었지요. 우리가 배웠어야 할 **한국의 참역사**였고 **진정한 모습**이었습니다!

힘으로 세상의 판을 바꾼 천손

그런데, 아십니까? 인류사에서 가장 큰 전투와 큰 사건들의 고리 (link, collar)가 모-두 동이(東夷)와 관련되었던 사실을…! 세계 최대 인원의 전투였던 **고 · 수**(高구리 : 隨)**전쟁**을 비롯하여 지금의 **유럽 지도로 바꾸었던 대사건**들 모두 '천손 (고)구리'였습니다.

미국의 케이블 TV(The Learning Chanell 1997년)와 다큐멘터리 전문채널 〈디스커버리〉에서는 각각 'The Huns and the forgotten Korean'(훈족과 잊혀진 한국인), 'Atilla the Hun'(훈족의 아틸라 406~453)이라는 다큐멘터리가 방영되고 독일의 ZDF-TV 또한 다큐멘터리 '스핑크스, 역사의 비밀' 중 '(인류의) **잃어버린 고리**'(2004년 제작)를 방영하며 **인류가 잊어버린 고리가 '코리'**(쿠리)였음을 찾아냅니다.

몇 만이 되지 않는 훈족이 게르만족을 몰아내고 당시 **유럽 최강의 동로마제국군을 무너뜨리며** '게르만민족의 대이동'이라는 사건으로 지금의 유럽지도를 형성시킨 장본인이 바로 **아시아인**이었으며 '그 훈족의 출발지가 아시아대륙의 동쪽 만주 한국땅일 가능성'을 제기합니다.(For these reasons a large number of semi-nomadic tribes left from what is known today as the Korean mainland to Eastern Manchuria.)

그래요. 4~5C경, **고구리**(코리)**로 추정하는 무리와 신라계 유민이 중심**이 되어 주변의 훈(匈)족을 규합하며 서쪽으로 이동하면서 로마 위쪽에 있었던 당시 **게르만 민족을 압박하여 지금의 독일로 이동시키고** 유럽의 심장부이며 자존심인 로마와 프랑스를 유린하며 **100년 이상을 일사분란하게 지배했던 '아틸라'**(Attila 406~453)를 말함입니다. 그래서 지금까지도 유럽인에게 악의 화신이 되고 **두려움**이 되었던 이름!

훈제국 영토(노랑) 출처: b2b.mekia.net, 삼족오 · 삼태극문화를 간직하고 있는 성 마르테 성당
출처: 삼태극, 영화 '훈족의 아틸라' 출처: dbfktldksspxmdnjzm, 칭키즈 칸 출처: 강진규

당시 동쪽은 '국강상 광개토경평안 호태왕'의 시대!

그래요! **동시대** 동양과 서양을 **석권하고** 세상의 '판'을 바꾼 민족은 지구상에서 **우리 겨레밖**에 없었습니다. 아틸라칸이 죽었을 때, **고구리의 찰갑**을 둘렀다고 전하고 그들은 **고구리 활인 각궁**(맥궁)을 썼고 **편두와 푸른 반점**(마고반점, 한반점)이 있었고 훈족과 중앙아시아는 텡그리(단군)신앙을 갖고 있었다고 합니다. 훗날 유럽왕실가문들 중 가장 영향력 있던 가문 중 하나인 오스트리아의 합스부르크와 헝가리의 통합왕국의 상징이 **고구리의 삼족오**였음과 아틸라의 부족이 세운 헝가리의 수도 부다페스트 **성 마르테 성당이 태극문양**을 오랜 전통으로 간직하고 있음은 이 땅을 떠난 자의 '아리랑'이 아니었을까… !

여기에 "내가 말을 달리기엔 세상이 좁다!" 라고 말하며
유럽을 평정하고 13C, 세계 최대의 영토를 거느렸던 정복자 '칭기즈 칸'
(유아명 테무진)의 **생부모**인 '칠레두'와 '후엘룬'과 **아내**인 '쿨란'(Kulan)**이
한국계 '솔롱고스'**였던 메르키드족이었던 사실과 몽골 왕족만 보았다
는 *몽골비사에 코리족(쿠리)의 후예로서 **'코리족의 군장'**으로 기록되
어 있는 사실! 그리고 전원철 박사는 징기즈 칸이 **진**(震 발해)**의 시조
대조영의 아우인 대야발**(大野勃)**의 19대손**이었음을…, 그래서 진(震: 만
물이 나온 땅)의 국왕이라며 '친기 칸'이라 했던 것임을 밝혀냅니다. 아,
우리가 한 판, 두 판 등으로 말해온 것은 **세상의 판을 바꾸었던 강한
기상과 힘**(power)**을 가진 천손의 무리**(물의 사람)였기 때문이었지요.

대붕의 꿈, 대- 백제

많은 **지나 측 정사**(25사)는 우리의 인식과 달리 우리의 역사를 기록합
니다. 당(唐) 때 편찬된 *남사 *송서 *양서 백제전에는 '고구리가 요
동(난하의 동쪽)을 지배하던 시절에 백제는 인접한 **요서지방을 지배했
다**'는 등의 **기록이 무려 11군데**나 있고 특히 지나의 정사인 *자치통
감(204권)은 '서주도독'(西州都督), 우리의 *삼국사(기)는 '분거국서주현'
(分居國西州縣)이라며 한결같이 후기춘추전국시대 **서역땅 서주**(천산산맥
밑 신강성)에 백제가 **도독부**(분국)**를 두었다**고 하고 여기에 *송서는 **양
자강 남북까지 동해안 일대를 지배했음**을 기록합니다.

당시의 요서란 남·북한보다 훨씬 넓은 영역으로 북경을 포함한 하
북성과 하남성, 산서성 등의 지역이었지요. 그리고 *북사 *남제서 *

수서 등 심지어 청(淸)의 건륭황제(7대)의 명으로 지어 정사 중의 정사로 인정받는 *흠정만주원류고마저도 **백제의 북쪽 강역**이 요령성의 금주, 의주, 해주와 개평현(蓋平縣)에 미쳐 백제의 요서점령을 방증하고 있고 **신라의 강역** 또한 현 길림성과 요령성의 철령 및 개원 일대에까지 이르렀다고 하여 우리가 무엇을 알고 있었나 자괴감을 줍니다.

아, *삼국사(기)에는 당대의 석학인 **최치원의 말**을 이렇게 싣습니다. "고구리 · 백제가 전성기에 강병 백 만을 보유하고 남으로 **오**(강소성 남부), **월**(절강, 복건성 등지) 북으로 **유**(하북성 북쪽), **연**(산서성 북쪽), **제**(산동성북쪽), **노**(산동성남부)**를 침탈**하여 **중원의 국가**(장안 중심의 서쪽 섬서성)에 큰 두통거리가 되었다."(高句麗百濟全盛之時 强兵百萬 南侵吳越 北撓幽燕齊魯 爲中國巨蠹)

소위 옛날 지나땅의 **고기잡이하고 농사를 지을 수 있는** 가장 좋은 노른자위땅(바닷가를 낀 평야)을 모조리 다시 다 차지했었으니, 백제가 망한 200년 후, 같은 동족으로서 사라져간 큰 영광을 아쉬워했던 최치원의 기록이었지요.

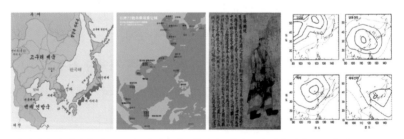

웅장했던 네 나라 출차: 고무영의 *삼국기(북한사서), 백제 22담로(갈색) 추정도 출차: 중국진출 백제인의 해상활동 천오백년2, 백제 '22담로' 기록(좌3줄) 출차: *양직공도, 서울대 박창범 교수의 삼국사(기) 일식 최적 관측지(등고선의 중심) 고구리(좌상), 백제(좌하), 상대신라(201년이전 우상), 하대신라(787년이후 우하)

그래요. 우리가 잊고 있었던 대륙백제이고 해양백제입니다.

북중국을 통일한 강자 **북위**(386~534)가 **5차례에 걸쳐 수십 만의 기병**을 이끌고 대륙백제에 쳐들어 왔으나 당시 무령왕의 아버지 24대 **동성왕**(東城王)은 매번 북위의 기병을 패퇴시키고 **20만 대군**으로 북위를 공격하여 **산동과 회수유역**을 점령하며 **남지나 일대까지** 완전히 장악했던 통쾌한 백제의 역사는 아십니까?

　〈백제인의 해상활동〉을 연구한 김성호님은 "**백제**는 동성왕 이후 만주의 **요서 지역**(황하)과 **양자강 유역, 동남아의 거의 모든 곳**, 왜의 **대마도 구주 일대**에 왕자와 왕족을 임명하여 통치했던 22개의 담로를 두었는데(출처: *梁職貢圖의 백제국기) 담로(倭; 다무로) 밑의 작은 나라들을 합치면 50여 개 국을 다스린 거대한 제국이었음이 *양서(梁書) 백제전에서 확인되었다.

　두우가 쓴 *통전(通典)과 *북사 *수서에는 100개 부족(나루, 항구)이 연합하여 바다를 다스리는 나라라 하여 **백가제해**(百家濟海)라고 하였다." 라고 하여 우리가 **위대했던 백제**에 대해 무엇을 알고 있었는지 부끄럽게 하면서 백제황제가 **왜왕에게 하사한 바둑판**이 왜, 동남아산 나무와 상아 바둑알이었는가를 알게 합니다.

　'해상왕국 백제!'는 서해와 남해, 발해만의 제해권을 장악하며 4C부터 동북아시아의 패권국이 되지요. *한류의 작가 송성표 님은 *당서와 *북사 백제전에 백제가 해외에 여러 식민지를 두고 '**일궁부**'(총독부)라는 관서를 설치했던 기록과 *일본서기에서 왜의 식민지 열도를 통솔했던 **백제의 '태재부'**(太宰府다자이후: 도독부)가 있었음을 밝혀냅니다.

그래서 *송서 백제전에는 백제가 어라하(황제국 이상의 존칭, 태양 임금) 아래에 대고조선처럼 **좌현왕과 우현왕** 등이 있었음을 기록하고 있는 것이고 지금 **북경 외곽에도 백제마을**이 있는 것이며 '내 고향 양자강 남쪽 <u>절강성은 옛 백제 땅</u>이었다'는 장개석(蔣介石) 총통의 말과 다산 정약용이 '**삼국 중 백제가 가장 강했다**'는 말 그리고 근세조선후기 신경준과 정겸의 '백제가 **중원의 여러 지역을 식민지로** 삼았다'는 말 등이 허랑한 말이 아니었음을 알게 합니다.

그래요. **백제의 근초고왕**(13대)**의 적극적인 해외진출 이후** '담울(다물)의 혼'이 화려하게 꽃피웠던 **한겨레의 장엄했던 역사**였지요. 어쩌면, 고구리의 전성시대인 국강상 호태왕(19대?)과 아드님이신 장수태왕(재위 413~491) 이전까지 시원문명을 일으켰던 겨레의 문명적 자부심을 이어온 것은 **백제였다**고 할 수 있습니다.

당시 바다를 왕래함은 목숨을 거는 일이었지만 백제와 고구리, 신라는 **배를 만들어 탕탕한 바다에서 고래를 잡아왔던 천손의 후예**였기에 강에서만 왕래하고 바다를 두려워했던 지나족과는 달랐지요. **백제의 선박**을 과학적 시뮬레이션을 한 결과, **최근의 배와도 성능 차이가 없다**는 것은 문명의 깊이와 격(格)을 증명하는 것이었지요.

일찍이 문명의 고속도로인 바닷길을 개척하여 **해양문명을 경영했던 대-백제**, 그래서 어느 학자는 '백제는 서양의 로마였다!'라고 말했던 것이지요. 우리가 잊고 있는 장쾌했던 백제였습니다.

잊혀진 22 담로, 흑치상지의 묘비석 비문(부여씨의 후손), 광서성 흑치(검은 이)의 후예 출처:
KBS1, 백제의 담로 중엔 코리리도 있었다!(코끼리 영역도 담로) 출처: 그림者

용과 대붕과 봉황, 검과 날개를 접다!

그래서 백제가 망하자, 바람처럼 일어나 **빼앗긴 200여성을 탈취**하며
백제의 부흥운동을 일으켰던, 지금도 전설처럼 내려오는 **검은 이빨
의 장군 흑치상지**(?~689)의 이야기도 백제의 장쾌한 역사를 증명하는
한 예이지만, 우리가 버렸던 영광의 역사의 흔적이지요. 민족사학자
오재성 선생은 '흑치상지는 대륙백제사람으로서 지나 최남부 **광서성**
(하이난섬 위)에 빈랑이라는 나무열매를 먹으면, **이빨이 검어지는 흑치**
라는 지역에 봉해진 백제왕가(부여씨)의 자손이었음'을 밝힙니다.

이곳의 장족은 마을 이름을 **백제허**(百濟 墟:옛터)라고 쓰고 스스로
'치우천황과 대박제(daejbakcae: 대백제)**의 자손'**이라 하면서 **푸른 반점**
을 보이고 한국인과 같은 '마고님의 자손'이라 말한다고 하며 조상의
고유유물인 **디딜방아**와 **맷돌**을 간직하고 **백김치**까지 담아 이어오며
백제허였음을 알리는 플래카드며, 관청의 이름과 버스의 안내표지에
'백제'를 붙여 **대-백제**(百濟=濟)의 영광을 기억하고 있다고 하니 우리
의 젊은이도 이런 대백제를 알면 참, 좋겠습니다.

백제허에 보이는 百濟의 흔적들! 안내간판, 관청, 버스, 상점,디딜방아, 맷돌 출처: Love arirang

*뉴욕타임즈는 '한국이 **한류**(K-wave)로서 매력 있는 나라가 된 것은 **서양과 동양의 가교 역할**을 잘 하고 있기 때문'이라고 합니다.

그래요. 차이나와 재팬이 같은 동양은 우습게 여기면서 서양 앞에서 움츠리는 마음이 있는 반면, 지금 국가는 작지만 대한민국 사람들은 **강자 앞에서 언제나 당당**하고 **약자 앞에서는 관용**(寬容, 톨레랑스)을 베푸는 마음을 함께 갖고 있는 것은 **옛날 인류의 문명을 개척하였던 때부터** 대고조선 제국, 그리고 고구리 · 백제 제국이 세상의 주인(主人)으로서 대륙과 해양을 거침없이 누비고 아울러 경영했던 대제국의 위대했던 정신세계와 아름다운 문화 **속의 자신감에서 넓은 포용력**이 있었기에 가능한 것이었습니다.

성헌식 학술위원장(사−고구려역사문화보전회)은 봉황의 꿈을 전합니다. "백제의 의자왕(31대)과 선왕인 **무왕**(30대)**을 매우 나약했던 왕으로 왜곡하고 있으나**, 백제의 무왕이 붕했음을 듣고 '(당)태종이 소복을 입고 통곡을 하였다'(太宗素服哭之)는 기록이 *신당서에 있는 것이나 (우리의 상식과 달리) 무왕이 **당태종에게 보낸** *표문(641년)에 분명하게 당태종을 제(帝)가 아닌 **군(君)으로 기록**하고 있음은 당시 당이 백제보다 분명 국력이 훨씬 약한 국가였거나, 아니면 당태종 이세민이 **백제 무왕의 제후**였을 개연성이 큼을 알 수 있다."

그래서 백제에 승전의 소식을 들은 당고종의 첫 명령이 "입성하거든 무엇보다 **먼저** 역사서 창고를 없애라!" 였고 설인귀와 소정방은 **백제의 역사창고를 불태우고** 이세적은 **고구리의 진기한 사서**(史書)를 **4개월이 넘도록 불태웠던**(출처: *단기고사) 것은 지나족의 **시원의 뿌리역사에 대한 부러움**과 **천손동이에 대한 한**(恨)이 어떠했는가를 알게 합니다. 이렇게 천손의 역사서는 사라진 것입니다!

지나의 서량지나 임혜상 같은 양심 있는 지나학자들은 '중국역사의 상고사는 한민족의 역사'라고 말하며 재팬의 역사학자 가시마 노보루는 '**한**(漢)족은 기껏해야 **한**(韓)을 흉내 내어 이름붙인 것'이라 말하고 그래서 '차이나의 역사는 **5%만이 진실**이고 나머지는 과대포장된 허구'라는 말이 전해지고 우리가 부러워하는 '중국의 뿌리사'가 **정작 우리의 역사**였다고 하는데, 지금 우리의 역사교과서는 갑오경장이니, 독도니 온통 근대사뿐…! 그래서 우리가 버린 **찬란한 상고역사**를 저들이 부러워 가로챈 것이니, 누구의 잘못일지?

금동대향로, 천손의 꿈 해외동포에게 묻다

나약한 역사, 무능하고 타락했던 왕으로 낙화암, 삼천궁녀로 엮여 전설로 사라진 백제 의자왕…, 실제론 효와 우애가 깊어 '義慈', '해동증자'로, 임금으로 최후까지 항거하다 포로가 된 유일한 분이었습니다.

그래요! 백제는 나약한 나라가 아니었지요. 어쩌면 고구리보다 더 강했을 지도 모릅니다. 그래서 지나는 역사를 철저히 지우고 왜곡하고 가로채 가고 또한 백제와 철저히 앙숙이었던 **신라계 중화주의자인** 김부식은 이러한 영광의 사실과 **해양역사**를 *삼국사(기)에 기록하지 않아 훗날, 근세조선의 사대주의자와 **식민사학자들의 분탕질**을 도와 고구리와 백제가 철저히 잊히게 된 것이지요.

1993년, 절터(부여)의 수로 안에서 홀연히 나타나 백제의 역사를 다시 쓰게 한, 예술의 정수 '백제금동대향로'!(국보 제287호)

용이 입을 벌린 채 향로를 받치면서 1아랫부분은 **물(水)과 수상생태계와 농경문화**를 상징하는 용(龍)의 세상을 2위는 **불(火)과 대륙 문화와 천상계**를 이끄는 봉황(鳳凰 또는 닭)을 높여 조각했습니다.

아-, 1물가를 따라 작살을 쥐고 고래를 잡고 고인돌을 쌓고 떠났던 **대붕의 역사**를, 또한 2활을 메고 피라미드를 쌓으며 솟대에 새를 얹어 불씨를 간직하며 이 땅을 떠났던 **수많은 새(봉황)들의 역사의 비밀**을 알게 하고 이 모두의 근원이 물(水)에 있음을 일깨웁니다.

아, 무리(朋붕)에 새(鳥조)가 합쳐진 말 **대붕(鵬)- 새가 된 물고기들!** 맞아요. 근원이 어부였지요. 그래서 '봉황의 꼬리가 **물고기를 닮았다**' (*周書, *설문해자 등)는 기록이 허언이 아니었던 것이고 '대붕이 파도를 일으키기를 **3천 리**, 회오리바람을 타고 **구만리**를 비상했다'는 장자(莊子 369?~286?BCE)의 *소요유의 기록 또한 사방팔방 9만 리로 퍼져나갔던, **우리 땅을 떠난 물고기(漁夷)들의 긴 여정**을 말함이었지요.

맞아요. 백제대향로는 물고기(魚)의 후예(昆곤)를 곤(鯤)이라 하고 물고기알을 **곤이**(鯤鮞)라고 하고 '**어이가 없다**'는 말로 전했던, 세상의 큰 흐름과 근원을 전하고 싶었던 것은 아니었을까?

그래서 **이른 물문화와 불문화로 용**(龍)**과 봉황을 다 신성시했던** 우리와 달리, 차이나는 **근원도 없이 겨우 헌원 때부터** 등장시킨 용문화를 받들고 불새인 봉황(태양새)을 신조라 하면서도 무시하고 **용보다 아랫 단계에** 두었던 것은 얕은 수로와 강물에서 살면서 고래가 살던 **탕탕한 바다**(海)**와 용궁**(龍宮)**을 잊고** '**해**'(태양, 불문화) 문화의 원천마저 느끼지 못했기 때문이지요. 그러면서도 우리 땅에 없는 **악어와 코끼리**가 백제의 '금동대향로'에 나오자, **지나는 지나의 것**이라고 우겼고 재팬도 슬그머니 2004년 신 만 원권에 꿩(재팬의 국조)대신 백제 금동대향로의 **봉황**(닭)**을 넣어 제 문화로** 알립니다.

진흙 속 백제금동대향로 빛을 보다! (1993 부여 능산리 국보 제287호) 출처: Pinterest, 재팬 신만원권의 봉황(2004년), LA 코리아타운 출처: 월간 우리동네

서량지 교수는 *중국사전사화(1943.10 초판)에서 이렇게 씁니다. "**한족**(漢族)**이 차이나 땅에 들어오기 전인 4천여 년 전**(BCE2000)의 중원의 북부 및 남부는 이미 **묘족**(동이)**이 점령하여 경영**하고 있었다.

-중략- 동이의 활동무대는 실로 지금의 하북, 발해 연안, 하남, 산동, 강소, 안휘, 호북지방과 요동반도와 조선반도의 **광대한 지역을 모두 포괄**하였다." 원래 우리 겨레의 땅이었다는 것입니다!

그래서 다행스러운 것은 송(宋)때의 *태평어람에는 '한족(漢族)이 **이곳**(산동성과 강소성, 광동성, 절강성 등) **사람들을 사해**(四海: 깜깜무식쟁이)**라 왜곡하면서 무시하는** 관습이 있었음'을 〈동이학교〉 박문기 교장이 찾아낸 것이지요.

그런데 "漢字는 천손 **東夷가 발명한** 글이므로 한자라 말하지 말고 **'이글**'로 부르자!" 는 '이글운동'을 벌이고 있는 한국학연구가 이재량 님은 이렇게 말합니다.

'지금 세계를 떠도는 **화교**(華僑, Overseas Chinese)**들의 대부분은 주로 산동성, 강소성, 하남성, 광동성 등 출신**(주로 해안가)이었다. 고구리, 백제, 신라가 망한 후 **삼국의 유민들은 우리말과 문화를 지키며** 살면서 한족의 말을 잘 알아듣지 못한다 하여 무지한 사람으로 <u>오랫동안 한족의 정책적인 무시와 멸시 속에 힘들게 살던 동포</u>였다. 근세 조선 이후 동족에게 외면 받고 광복 후 **대한민국조차 아무런 관심을 보이지 않자**, 실망하여 해외로 떠나간 사람들이었다.

특히 **우리 땅을 찾은 화교**는 거의 천 년을 떠돌다 조국의 품을 찾아온 동포였는데 정부에서 역사인식이 없어 이들을 껴안지 않자 **왕서방으로 조롱만 받다가 대부분 미국**으로 떠난 사람들이었다.' 라며 이러한 사실을 미국으로 떠난 화교에게 확인하고 분통을 터뜨렸다고 말합니다. 또다시 새와 대붕이 되어 떠난 사람들!

그래서 지금도 회자되는 차이나 총통 **장개석**(1887~1975)**과 이시영** (초대 부통령)**과의 대화**는 마음을 아프게 합니다. "내 고향(상해 아래 절강성 봉화시 계구진)은 **옛날 백제땅**이었습니다. 어쩌면 **내 몸에도 백제의 피가 흐르고 있을 지도** 모릅니다."

(사)해외교포문제연구소를 찾은 '인류의 시원문화 찾기' 결의형제에게 이구홍 이사장은 차이나와 대만은 이미 100여 년 전 화교를 국빈으로, 헌법을 고쳐가면서까지 편입시키려고 총성 없는 전쟁을 하고 있다며 한국인의 역사의식이 깨어야 함을 말합니다.

"**동남아 상권을 장악한 화교**(華僑)**를 등에 업은 차이나는 국력의 신**장을 꾀하여 지금 세계 제1 국가의 꿈을 꾸고 있으며 또한 **미국과 세계 경제와 외교를 쥐락펴락하는 이스라엘은 거대한 유대인연합체를** 그 배경으로 하고 있다.

그래서 지금 180개국 750만(재미: 255만 재중: 250만 재일: 82만 등) 이민자(Korean Diaspora)에 대한 새로운 정책수립은 해외동포가 **이주의 경험과 그 사회의 고급정보를 공유하고 국제화의 길잡이로서 조국에 동력을 주는 소중하고 애국적 자산임을** 깨닫게 하는 데 의미가 있다. 우리의 한인정책이 아직은 동포들에게 따뜻한 마음까지 느끼지 못해 **기민**(棄民: 버린 백성)으로, '**존재하지 않은 유령**'으로 의식되고 있는 점이 안타깝다. 하루빨리 조국으로부터 **존경받을 수 있도록 배려와 함께 실질적인 도움을 줄 수 있는 동포정책이** 되도록 해야 한다."

귀소(歸巢)의식이 강한 우리 동포들, 디아스포라!

그래요. 이들은 조국의 위기상황에 **본국국민보다 더 애를 태우고** 외환위기 등 극복에 첨병역할을 했던 사람들이었지요. 지금 이들에겐 무엇보다 '우리는 한국인!'이라는 **자부심과 귀소의식을 갖게 하는 문화**(文化)**와 역사**(歷史)**에 대한 자료 보급**이 시급합니다.

그래요. 18회를 맞는 〈세계한상대회〉마저 왜, 참가자 중 **20%만이 재외동포경제인**(한상)**인가**를 곰곰이 생각해야 합니다. 그래서 우리가 **기민**(棄民)하여 잃었던 화교에 대한 슬픈 역사를 반면교사 삼아 이제 **750만 해외한인**은 물론 **중앙아시아의 고려인**과 그리고 우리 사회가 버렸던 **입양아들까지** 동포로 따뜻이 보듬어야 하며 이젠 '더부살이, 떠돌아 다닌다'는 일제 때 용어인 교포(僑胞) 대신 '한인이나 동포'로 부르며 **격조 높고 아름다운 천손의 시원문화를 일깨워 준다면**, 자부심으로 '거대한 한(韓)겨레벨트'가 둘러져 행복한 미래를 약속할 수 있을 텐데 말입니다.

"나는 청(清) 황계를 설득하여 같은 조상이라는 것을 말하고 이해득실을 설명하여 조선과 더불어 요동, 만주, 유주의 땅을 함께 점거하자고 할 것이다.

북(北)으로는 야인을 설득하여 선봉대로 삼고, 왜와 연결하여서는 그 남(南)쪽을 꺾겠다.

그런 다음에야 조선의 강함을 다시 회복하고 중(中)국의 오만을 꺾을 수 있을 것이다."

-북애자의 북벌론(北伐論) *규원사화의 만설(漫說) 中

14부

한국인이 잊은 어머니
– 신들의 배꼽 마고

14부: 한국인이 잊은 어머니 – 신들의 배꼽 마고

한국인이 지켜야 하는 코어, 신화

지금 한국인에게, **우리 땅을 시작했던** 조상의 신화(神話)는 있는가? 그리고 희망과 용기와 지혜를 주실 어머니의 신(母神)과 **한국인을 지켜주실** 뿌리신(神)들은 존재하는가? 그래서 모국(母口)은 있는가?

세상을 움직인 신과 영웅은 **언제나 밖에서 와야** 하고 **우리의 신과 영웅과 신화는 존재성도 없고** 그래서 괴물이 되고 난쟁이가 되고 미신이 되어야만 했던 땅! 그래서 수메르신화와 이집트신화를 **한없이 부러워**하며 아이들이 걷기만 하면 *그리스 · 로마 신화집을 사주며 **저들 신들의 영웅담을 달달 외우게** 했다. 이렇게 밖의 신을 외치다가 **우린 서로의 아픔과 무관한 남들이 되어갔던** 것이다.

노중평 역사천문학회 부회장은 *고대일본문화의 시발(始發)에서 '**한국인의 근원**'에 대한 질문을 던진다. '새가 본능적으로 집을 짓듯이, 인류는 신화로 자신의 **정신과 영혼이 살아갈 집**을 짓는다. 그래서 신화는 우리가 사는 정신의 집이다. **신화가 없으면**, 우리의 정신이 살아가기 힘든다. ―중략― 또한 신화의 집은 **우리의** 후손이 와서 살 집이다. 그렇다면, 우리의 정신이 들어가 살 **신화의 집이 우리에게는 있는 것인가?** 맨 처음 우리의 신화의 집을 지은 분**은 누구**인가?"

그리고 노부회장은 허탈한 표정으로 말을 잇는다.

"불행하게도 우리는 이 시점에서 무엇 하나 속 시원하게 대답할 입장에 있지 못하다. 우리 신화의 대부분을 지손(支孫: 가지 자손)에 해당하는 중국인과 일본인이 가지고 있고, 우리는 제대로 지은 신화의 집을 가지고 있지 못하고 있으며 우리가 살아야 할 신화의 집이 우리와는 아무 상관이 없는 곳에 방치되어 있다."

어느 민족이건 각기 제 민족을 탄생케 했던 '창조신화'는 시조신화와 결합되어 역사와 함께 그 민족의 자부심이 되고 결집의 구심점이 되는 것이 일반이다. 그래서 각 민족들은 '나는 누구인가? 우리는 어디서 왔는가?' 라는 근원에 대한 답을 찾아 헤매는 것이다. 그런데 세계에서 가장 오랜 역사를 갖고 있다는 우리 겨레에게 왜, 다른 민족에게도 있는 '어머니의 신과 천지창조신화'가 없는 것일까?

스티브 테일러는 *자아폭발(원제: *the fall 몰락)에서 '사람이 자연 자체가 되어서 전쟁 없이 살았던 6천 년 이전 황금시대(4대문명 출현 이전)가 기후변화에 따라 유목민이 세력화하고 남성지배사회의 집단적 광기로 그때의 소통과 조화를 사라지게 한 타락의 역사가 있었다' 라고 말하며 그 근원을 찾으라고 한다.

그런데, 다른 민족의 남성(男性)신격의 거인전승신화와 달리, 우리의 경우 여성(女性)신격의 거인전승신화가 상대적으로 많은 것은 생산력의 상징인 대지의 어머니로부터 천지가 발생하고 초기신화의 세계가 모계사회로부터 잉태되었다는 신화적 발상과도 맞아 우리 땅이 남성사회로 분화하기 이전의 근본을 잉태한 역사의 땅이었음을 알게 한다고 학자들은 말한다. 그리고 그 **최초의 땅이 한라산을 끼고 서쪽과 남쪽 그리고 동쪽**이었다고 한다.

'구름을 **뚫고** 하늘 끝에 **닿을** 정도로 크고 긴 팔로 산, 섬, 하천, 다리, 성곽 등을 창조하고 **산처럼 솟은 베틀**을 만들어 옷감을 짜는' 마고할미와 '**한라산을 베고 누워 한 다리는 서쪽**에, 또 한 다리는 동쪽에 두고 **손으로 땅을 훑어 산과 강을 만들었다**'는 설문대할망(옥황상제의 셋째공주) 이야기는, 그때 **몰락**(*the fall)**의 세상을 알게 하고 거인이 천지를 창조한다**는 신화의 궤를 같이 하면서 아득한 창세의 역사만큼 오랜 '우리의 천지창조신화'였음을 일깨운다.

그렇다. 우리의 창조(시조)신화는 다른 곳의 창조신화보다 훨-씬 오랜(만 년 이상) 근원적인 모계신화였고 유목화의 근원지였기에 훗날 광기어린 **남성신에게 가리워져 민간신화로 미신쯤으로 여겨** 명맥만을 이어오며 **방치했기**에 지나나 왜의 신이 되어버린 것이었다. 아, 한국인에게 창조의 모신은 **누구이며** 간절한 모국(母國)은 **어느 땅일까?** 우리 땅의 많은 나라가 국호는 달라도 단 하나 이 백성들이 붙들며 지켜왔던 나라 이름 '마고지나'에서 우리의 배꼽을 찾는다.

스티브 테일러 *the fall(자아폭발), 대지의 여신 마고 출처: *마고할미-, 거인 마고할미
출처: 이현주B, 제주창조의 여신 설문대할망 출처: 아이러브 제주

세계인의 배꼽(알), 인류의 엄마를 찾아서

옹알이하며 엄마로부터 눈을 마주하며 처음 배우는 말…, 엄마!
세상에서 **가장 편하고 따뜻하면서** 인간에게 근원적 향수를 불러일으
키는 고향 같은 말일 것입니다. 그래서 온 세상 사람들이 부르고 **신**
(神)들의 이름에, **위대한 어머니**(마야: 석가의 母, 마리아: 예수의 母)에 붙
이고 우리가 가장 힘들거나 아플 때 찾았던 이름이었지요.

'엄마'는 **원시모음**(아, 어, 오, 우)과 **원시자음**(ㅁ)이 고스란히 있는 **자**
연(自然)**의 소리**이고 신(神)의 언어였기에 우리 겨레에게는 '**뿌리, 진**
실, 참'의 뜻으로 전해집니다. 소우주였던 엄마의 뱃속에서 **우주자**
연의 기운, 생명에너지(태초에너지: 엄, 암)를 받아 태동된 우리였기에
'**엄, 암**'은 부모가 되고 자연과 신(神: 엄, 검)의 상징이 되었던 것이지
요. 그래서 '옴(aum 엄, 암)~' 소리를 내면, 마음이 편케 되고 몸속의
세포가 진동하며 **만물이 치유되는 우주의 생명에너지**(태초에너지)**를**
얻는다고 전해지는 것일 것입니다!

엄마 젖 먹는 아가 출처: 애플베이비파티, 천단공원의 마고상 출처: 垣彦齋일기, 천왕봉
성모 석상(1956년) 출처: 천손의 배꼽, 스튜어트 컬린 저 *코리안 게임 속표지의
'사해일가'(四海一家: 세상은 한 집) 출처: 블로그 참앎삶

그래요. **땅**(대지land)이나 **여성**(womankind), **엄마**(mother)를 뜻하는

상징인 원시자음 'ㅁ'과 **생명이 탄생할 때 자연적으로 나오는 'ㅏ'**(아하)라는 시초음이 붙어 '**마**'가 합성되면서, 자신의 몸을 분화시켜 생명을 주신 최초의 여성, 암마(엄마)라는 말이 탄생되었던 것이라고 합니다. 우리에겐 **엄마, 마**(므, 머, 모, 무, 므, 미), 어머니, 오마니, 어무이, 엄니, 옴마, 어마이, 어매(메), 어멍… 등으로 불려왔지요.

그런데 희한한 것은 **지구인의 대다수가 거의 같은 말을 공통적으**로 부르고 있다는 것이지요! 혹시 같은 엄마(마마)를 부르는 것은 아닐까? 어쩌면, '**엄마·아빠의 어원**'을 찾는 것은 인류의 배꼽(역사)을 찾는 일이며 스튜어트 컬린 박사가 *한국의 놀이에서 말했던 '사해일가'(四海一家: 세상은 한 집안)의 근원을 찾는 일일 지도 모릅니다.

1) 〈아시아〉 *재팬 → **마마**, 엄마 *차이나 → **마마**(妈妈 māma), **마**(妈 mā) *몽골, 만주 → **암** *태국 → **매~** *베트남 → **마, 메**(me) *미얀마 → **엄미** *네팔어 → **아마** *인도(힌디어, 타밀어) → **암마**(amma) *남인도 드라비다족 → **엄마, 암마** *말레이시아 → **엄마** *스리랑카 → **엄마, 아포치이**(아버지), **하아머니**(할머니), **하아포오치이**(할아버지)

2) 〈중동〉 *아랍 → **엄** *힌디어 → **마** *파키스탄 → **(엄)마** *터키 → **마마**(mama유아어), **안느**(anne) *이란, 아프카니스탄 → **모다르** *이스라엘 → **이마**

3) 〈유럽·아메리카〉 *러시아 → **마-, 마**(미) *핀란드어 → **마** *노르웨이 → **모-르**(mor) *그리스 → **마마**(μαμά) *이탈리아 →

맘마(mamma) *헝가리 ➝ **마마** *미국, 영국 ➝ **맘**(mum), **마미**(mammy), **마더**(mother) *네덜란드 ➝ **마미**(mammie), **마마**(mamma) *독일 ➝ **마마, 무티**(mutti) *프랑스 ➝ **마모, 무터**(mutter), **무티**(mutti), **마망**(maman) *스페인 ➝ **마드레**(madre) *멕시코 ➝ **마마**(mama) *페루 ➝ **마마**(mama) 등!

신들의 엄마, 지구의 첫 지도자, 마고

마고(麻姑) 연구가 마고김황혜숙 박사는 "마고신화야말로 세계의 **신화의 공백이었던** 인류여명기의 역사를 밝힐 수 있고 어떻게 **세계 대여신(大女神)의 문화가 서로 연관**되어 있는지의 의문을 풀 수 있는 신화다." 라고 말합니다. 그래요. 세상의 많은 창조신화에 **유사한 줄거리**가 나타나고 세계여신에 **원형언어 '□'과 마**(대지, 뿌리, 시작, 엄마)가 있었던 것은 **마고할미**가 늙은 여성이 아닌 '인류의 어머니, 大母(the grand mother)로서 세계여신의 배꼽'이었음을 알게 합니다.

"**남무**(Nammu, Namma- 수메르 하늘과 땅을 낳은 태초의 바다, 창세의 여신), **마트**(Maat-이집트 법, 정의, 조화, 지혜의 여신), **마리아**(Maria-기독교), **마말디**(Mamaldi-퉁그스족), **마낫**(Manat, Menat-아라비아), **마우**(Mawu-아프리카), **마주**(서왕모-지나), **아마테라스**(재팬) 등이 나타나고, 특히 마고와 같이 동정생식**으로 자손을 낳는 신**으로 수메르의 **티아맛**(Tiamat: 소금물을 창조한 땅의 어머니), 그리스의 창조여신 **메티스**(Metis: 신과 인간 중에서 가장 지혜로운 자-제우스의 첫째 아내), **가이아**(Gaia,

Gaea: 대지의 여신), **타닛**(Tanit: 카르타고의 달의 여신), **아낫**(Anat: 이스라 엘의 여신) 등이 나타나는 것이다." 라고 하여…, **문명이 시작된 나라 의 창조신** '마고'가 세계여신의 **뿌리**이고 **어머니**이며 세계가 잊고 있 었던 대여신(大女神)의 이름이었음을 일깨웁니다.

마트(마앗) 출처: 위키백과, 가이아 출처: 엘라스—쿠키, 메티스
출처: 위키백과, 인류의 배꼽어미 마고할미: 뉴스앤거제

어머니와 **세계여신**에 원형언어인 'ㅁ과 **마**'가 인류공통의 호칭으로 불리는 것은 **세상이 한 집안**이었음을 방증하지요. 이중 인류여명기 의 만 년이 넘는 역사를 갖고 있는 땅은 우리밖에 없습니다.

'**고**'(姑)를 차이나족은 단지 오래된 여인이나 시어머니라고 하지만, 우리에겐 **사랑**으로, **신**으로 **오랜 신선** 즉 **지혜로웠던 태초의 여인**이 라는 뜻으로 전해지고 '마고' 또한 **땅어머니, 진정한 사랑의 신, 지모 신**(地母神: 땅어머니신), **삼신**(三神: 세상을 조화롭게 창조하는 신), **천신**(天神), **바다여신**으로서 **대조신**(大祖神: 큰—조상신), **대모신**(大母神: 위대한 어머니 신), **마고**(구)**할미, 노고**(노구 老姑: 오랜 역사 속 태초의 여신)**할미, 서고**(서 구 瑞姑: 옥을 찬 상서로운)**할미, 삼신할미, 당산할미, 영등**(동)**할미, 설문 대할미**(망) 등으로 불리는 분입니다.

'**할—미**'란 말 또한 나이만 먹은 노파가 아닌, **한**(하늘같이 높고 크신)+

어미, 즉 대모(大母: 위대하신 어미), '생명의 근원인 위대한 어머니'란 뜻으로 **매우 존엄**하고 **신령스러운 신**을 지칭하는 뜻이었지요.

지금은, **미신이라며** 귀신, 마귀가 된 **뿌리어머이신**입니다.

무엇보다 **칠성님께 점지 받아 엉덩이를 쳐 천손의 생명**으로 세상에 내보내신 우리의 **삼신할머니**(산파의 여인), 그래서 우리에게 엉덩이에 **마고반점**(삼신반점, 동이반점, 한반점, blue mark)을 만들어주시고 **미역**을 먹여 주셨던 분이라고 기억하게 하고 **마**(麻삼)**로써 옷**(삼베)**을 지어 입혀 사람의 모습**을 갖추게 해주셨던, 한국인에게는 원초적인 그리움이십니다! 그럼에도 지금은 천손의 한반점마저 몽골반점이라며 **근원조차 미약한 떠돌이**(몽골)**를 조상**이라고 하고 있으니…!

아, 우리를 세상에 내보내셨다는 말은 '사람으로서의 우리의 역사를 시작했다'는 것을 상징합니다. 마고는 **인류의 첫 어머니**(여성지도자)로서 옛날 지구의 낙원인 우리 땅에서 **'인류의 첫 나라를 여셨던 분'**이었기에 우리 역사의 시작을 개국(開國)이 아닌 '개천'(開열다 통달하다 天)이라 하고 '홍익인간'(弘益人間) 하라 하셨던 것이지요.

한국인의 삼신 지구어머니 마고, 따님 궁희어머니와 소희어머니 출처: 하늘그림궁 성미경, '가문의 귀염둥이' 천손이의 마고반점 출처: 박상민 앨범, 삼신상 삼신단지 출처: 민속박물관

김대성 한배달상임부회장에 따르면, "우리 **동이의 첫 지도자**는 마고이시고 인류의 문화는 마고로부터 시작한다." 라고 합니다.

신(天)과 자연(地)과 인간(人)이 하나(3위1체)가 되었던 시절, 내가 너이고 너와 내가 **'우리'**이고 우리가 **자연이고 우주**였고, 그래서 북쪽사람이건, 남쪽사람이건, 피부색이 같건 다르건, 남자와 여자를 **구별하지 않았다는 이 나라**는 삼베옷을 입은 신선 같은 **여인**을 우두머리로 한 평화로운 모계사회였다고 합니다. 그래서 **동서의 옛 종교인**들이 한결같이 삼베옷을 입고 죽을 때는 삼베옷을 입혔던 것은 어머니 마고(麻삼姑신선)의 자손임을 확인시키고 싶었던 때문이었지요.

인류학자들 또한 **인류사회의 시작**도 여왕벌과 여왕개미의 사회처럼 **'모계중심사회'**였다고 합니다. 그래야 **큰 집단과 사회를 갖출 수 있**었기 때문이지요. 그런데 모계중심의 사회가 되기 위해선, 투쟁과 대립이 아닌, **화합과 평화의 사회**여야 했으며 그러기 위해선 적당한 기후조건과 먹거리 자원이 풍부한 곳이어야 했는데, **그 땅**이 마고어머니로 시작된 옛 **'우리나라'**였고 지금 히스토리(정복군주들에 의한 남성he의 이야기)에 가려진, **'Her story'**가 시작된 인류의 문화의 고향이었다는 것입니다. 그래요. **인류의 역사가** 한결같이 여성을 창조신으로 받들고 '모국'(母國)이라고 말해오고 *트로아노 고사본(마야)에 神들의 모국, 어머니의 나라가 '쿠이'(KUI)- 쿠리로 기록돼 있는 까닭일 겁니다.

'마'는 지구문명을 시작한 첫 어머니의 땅

지구의 문명(신석기혁명)이 우리나라(마고의 나라)에서 시작된 것임을 많은 유물 외에도 **우리의 말**에서도 알 수가 있습니다.

그래요. 인류의 어머니와 여신의 이름에 공통적으로 나타나는 '마'를 우리의 선조께서는 예부터 1참된(truth) 2처음, 시작(beginning, start) 3만든(making) 4뿌리(root) 5남쪽(south) 6엄마(mother)라는 뜻으로 써 오면서 문명의 맹아(萌芽)의 시작을 암시합니다.

윤복현 교수는 '고대중국도 海(바다)의 발음은 지금의 [하이hai]가 아닌 메/미였고 해풍(海風)도 [하이 펑]이 아닌 우리처럼 마파람[메프람]이라 쓰고 읽었다'고 합니다. 그래요. 바다(海)는 마(母모, 무)의 땅에 물(氵)이 차들어 생겼다는 말이었고 우린 남쪽 바람을 마파람이라 했으니 그렇다면, 마는 °참된 것들(인류의 첫 문명)을 °처음 °만들어 °시작했던 °엄마(mother)와 °뿌리(root)같은 °남쪽(south)의 땅이 바로 남쪽 바닷(海)가였다는 것을 품고 있었던 소중한 말이었지요.

그래서 우리가 예부터 '새(동: 샛바람)·하(서: 하늬바람)·마(남: 마파람)·노(북: 높새바람)'라고 하여 동쪽과 남쪽을 서와 북의 앞에 두었던 것(동서남북)은 우리 겨레의 근원과 현 인류문명의 근원이 어디였는가를 간직한 말이었지요.(영어권: 북남동서, 독일어: 북동남서, 카톨릭권: 북남동서, 지나권: 동남서북) 우리가 별 뜻 없이 말해왔던 동·서·남·북이 인류의 문명이 동(東)쪽에서 시작하여 서쪽으로 간 것이고 그 문명의 근원은 남쪽(해안)지방이었음을 상징했던 말로서 왜, 서양이 'Mago'(마고)를 불가사의한 재능, 마법사로 불렀는지를 알게 합니다.

아, '마'는 성스러운 단어였습니다. 그래서 우리 땅이 인류의 뿌리 문명을 시작했던 남쪽의 참어머니(마)의 땅이었고 인류 공통의 호칭인 엄마가 나왔던 땅이었음을 알게 하지요.

지구의 문명의 첫 나라, 마고지나(麻姑之那)의 이야기는 '우리 겨레의 생성신화'로서뿐만 아니라, 지구의 4대문명(수메르 BCE3500, 이집트, 인도, 황하-문명)을 낳은 '홍산문화'(BCE4500)의 어머니문명(마고문명)의 이야기이니, 단군(BCE2333~)시대와 환웅(BCE3898~)시대, 환인시대(BCE7197~)보다 훨-씬 전, 최소한 1만4천 년~1만2천 년 이전부터 내려왔던 '우리나라의 역사'입니다.

'우리나라'는 지금의 **국가**(國家: 사람답지 못한 동물인 돼지豕가 무기戈를 갖고 지키는 좁은 영역□)를 의미하는 말이 아니라, **큰 물가**(waterside)**를 뜻하는 나루**(나라)인 '울이나루'를 말함이지요. 그래요. 물가에 모여 문화를 시작하며 함께 살았기에 '문화의 결을 이루며 큰 정신으로 살았던 사람(에, 애)들'이라 하여 **'겨레'**(결+에)라 했고 하늘나라 '한국'이라 하며 천손겨레라 불렀던 것은 **다 우리 겨레의 고유의 문화정체성**(해양문화)을 일컫는 말들이었지요. 지금은 전설처럼 새하얗게 잊어버린 **인류의 어머니의 역사**(Her Story)를 말함입니다.

창작춤극 '神市-태양의 축제' 중에서(서울시 무용단) 출처: 글로벌이코노믹, 배달국 시대의 신시 출처: 선도문화진흥회, 국학원 전시장의 '신시개천도' 출처: 코리안스피릿

학자들은 **그때를 雙여궁**(雙女宮)**시대**라고 말합니다.
쌍여(雙女)란, 우리나라의 지도자인 **마고**와 그의 딸인 **궁희**와 **소희** 이렇게 셋(隹봉황+隹봉황+又또 봉황)이었다는 사실을 일깨우는 말이라고 하지요. 그래서 세 마리의 새를 얹은 '**솟터**'(해터: 사람의 신성함을 인식하는 공간)에 '**솟대**'(하늘 안테나)를 세워 '**신시**'(神市: 시원적 정치형태)의 나라'였음을 알렸다고 합니다.

'**신시**'(神市)란 지금처럼 영토개념에 따른 국가(country)가 아닌, 육로나 해로로 물건을 갖고 와 **교환했던 범민족적인 거대한 시장**(market)이었고, 천문을 밝히고 경험과 기술과 지식을 **교환하고 전달하는** 인류의 첫 문명인(a civilized man)의 땅이었고 그래서 하늘제사를 지내기 위해 **사람다운 사람들**(군자, 신, 영웅)이 모여들었던 나라, 민족을 가르지 않는 **범민족적인 정치형태의 나라**였다고 하지요.

천손은 마고의 자손들

'지구상에서 하느님의 아들이라고 당당히 말하는 민족은 우리 겨레밖에 없다!' 고 합니다.

그래서인지, 이 땅의 아이들에게 '○○을 얼만큼 좋아하지?' 물으면, 거의가 다 한결같이 가슴을 쭉 펴면서 "**하늘만큼, 땅만큼-!**" 하지요. 우리에겐 **제일 먼저 깨우쳐야 하는 의미가 하늘**(천天)이요, **두 번째가 땅**(따, 지地)이고, 그 사이에서 **늘 주인**(主人)**으로서 의식하는 것**이었습니다. 이렇게 **천**(○) · **지**(□) · **인**(△)을 외치고 **천지인이 하나임**을 깨달아 왔던 이 땅의 천손이었기에 우리 한국인에게는 '보이지 않는 손'이 **돕는다**는 믿음이 존재하는지 모릅니다.

"천천히 보아도 되니까, 꼭 끝까지 보세요!" - 역사의병 다물

마고 마을의 상징 솟대 출처: 하늘문화신문, "하늘만큼 땅만큼 사랑해!" 출처: 박상민 앨범,
태백산 천제 봉행 출처: 뉴시스, 강화도 마리산 채화 시연 출처: 이대길

그래서 **천통**(天統)**을 상징하는 불씨**(아궁이, 사랑, 전통문화, 자손)를 지
켜온 **집안**(女-마고의 집)**의 여주인을** '마누(느, 노)라'라 불러 온 것은,
아내(안+해)가 집안의 태양이듯, 또한 '마(마고 백성)+느(거느리다)+라
(완전한 태양)'라는 숭고한 해의 뜻이었기 때문이었지요. 세종 때 지어
진 *삼강행실도는 마노라를 '**주인**'으로, *이두편람은 '**노비가 주인을
부르는 말**'이라고 기록합니다.

또한 강상원 박사님은 *산스크리트어-옥스포드대사전(748쪽)에서
최초로 지구상에 출현했다는 **마누스**(Manus: 인류의 씨앗, 인류의 조상)의
부인이 **마누라**였음을 찾아내고 에스페란트어로 **마누라**(Manura)가 '여
신(女神), 여제사장, 여추장'이었고 우리의 산신님은 **산신마노라**, 터줏
대감- **터주마노라**, 선왕마마- **선왕마노라**, 대비마마는 **대비마노라**
였음을 찾아내어 마누라의 기원을 알게 합니다.

그래요! 마와 마누라는 '세상을 거느리는 신이나 존귀한 임금, 왕
후 등 **왕실을 높이는 존칭**으로 쓰이던 말로 바로 우리의 시조모이신
마고에서 유래된 지극히 높은 분'의 대명사였습니다.

그래서 조선말 청(清)에 유폐되어 있던 **대원군**이 메느리인 명성황후에게 보낸 편지겉봉에 '**뎐**(殿) **마누라 젼**(前)'이라고 적었던 것입니다. 마누라 역시 역사가 짧은 몽골에서 온 말이 아니었지요.

이렇게 해 뜨는 동(東)쪽에서 세상의 이치를 깨닫고 처음 인류의 문명을 잉태하여 세상을 **해처럼 밝게** 다스렸던(다 살리다-弘益) 마고의 자손들. 세상의 주인(王)으로서 **천제**(天祭)를 올리고 수많은 **명품**(名品)**으로 명가**(名家)**의 품격을 지난하게 이어왔기에** 천손이고 하늘(하느님)의 아들이라고 당당히 말해 왔던 것이지요.

바로 **성인의 나라**로 불렸던, 인류최초의 전설의 나라가 마고가 세운 '**마고지나**', '**신시**'(神市)였습니다. 그래서 미테랑에 이어 시라크 프랑스 대통령마저 "다른 나라는 어려울 때 성인이 나오는데, CORE-A는 처음부터 성인(聖人)이 나라를 세우고 **다스렸다**. 한국은 부러운 나라이다." 라고 말했던 것이지요.

마고가 남긴 한겨레의 정체성

마고의 자손인 **뭇사람**(무의 사람)들은 **해처럼 맑고 고귀한** 무게꽃(무궁화)을 집집마다 심었지요. **동무**들과 **무**(蕪, 무우: 뿌리채소)를 심고 **마늘**(하늘에서 내려온 뿌리)을 먹고 **맷돌**(맛돌: 마나라 사람의 돌)로 최초로 곡식을 갈아 먹고 마(麻)인들이 갈아 만들었다(3.5만~2.5만 년 전)는 돌 **마제**(磨製)**석기로 처음 현 인류의 신석기문명을 시작하여** 첫 문명(마문명)사회(a civilized society)를 이루었던 신비한 사람들!

그래서 사랑스런 **마누라**를 맞아 고래당을 함께 꿈꾸며 **마고할머니**(삼신할미)의 **점지**로 마고님을 닮은 아가(떠오르는 태양)를 낳아 **꼬마**(작은 마고)를 **얼싸**(얼로써 감싸) 안고 "우리 **아가**, 예쁜 아가, 금쌀알(아)기 같이 귀한 아가, 신통방통 우리 아가!"라며 거룩한 해님의 탄생을 이웃과 함께 축복했습니다. **엄마**의 **맘마**(마고엄마가 주시는 첫 먹거리)를 먹고 사랑과 화합, 관계와 조화, 나눔과 공생의 마고의 생각(움, 씨) **마음**(마움)으로 **마음씨**로 배우고 천지만물과 생각과 감정을 다 표현할 수 있는 **말**(남쪽의 첫 시원언어, 마고님의 언어, 참말)을 했지요.

거제 마고산성 출처: 석상순 박사, 우리나라가 원산지인 '무' 토종무 출처: 천삼다초 차성환 번영로TV, 무(蕪)의 전서 가위바위보 출처: BBS NEWS, 백야 김좌진 장군의 생가(홍성)의 마루 출처: 가나와 함께 집 마련

이들은 크고 넓은 **서쪽**(서해)**과** **남쪽**(남해)**의 마고의 땅을 마당**(큰 남쪽의 땅, 마고의 집, 마땅)이라 말하고 어머니 마고께서 앉아 둘러보는 누각을 **마루**라 불렀고 또한 주인의 자리였기에 **하늘, 머리, 꼭대기, 으뜸**으로도 말해왔습니다.(예: 누리마루) 그리고 크고 안락한 방을 지어 **마**(나)**님**(마고님, 훗날–나이 많은 여자의 존칭)을 모시는 **안방**(安= 宀+女 房)이라 했고 그 소중했던 분(마고)을 모시기 위해 지은, 그윽한 **구중궁궐**(대궐)에선 **마마**(왕과 그 가족의 존대어, 어마마마, 아바마마)라고 부르며 소중한 것들을 지켜왔던 사람들이었지요.

이제 우리의 어머니신(母神)을 찾아 우리의 신화를 완성해야 하고 '홍익사상'과 '사해동포주의'(Cosmopolitanism)의 뿌리를 찾아 이 땅에서 세계인이 '우리'로서 평화스러웠던 사해일가(四海一家)의 역사를 깨워 인종, 민족을 초월한 사랑과 화합의 마음을 회복해야 합니다.

이것이 노벨문학상 수상자 게오르규(Gheorghiu 1916~1992)신부는 *25時에서 "한국은 나의 어머니의 크기, 나의 조국의 크기이다." 라며 3번이나 이 땅을 방문하면서 "한국이 낳은 '홍익인간사상'은 지구상에서 **가장 강력하고 완전한 법률**이며 모든 사상과 이념에 최우선하는, **미래 21C의 태평양시대를 주도할 세계의 지도사상이다!**" 라고 역설하고 "당신들은 **세계가 잃어버린 영혼**을 가지고 있습니다. -중략- 천자의 영혼을 지니고 사는 여러분 -중략- **영원한 미소**이며 **인류의 희망입니다.**" 라며 잠자는 천손을 흔들어 깨웠던 이유이지요.

한국인만의 '홍익인간, 이화세계' 출처: 손경식 회장, 게오르규 신부 출처: 天風道人, '더러운 잠' 예술인 기자회견 출처: 경향포토

그래요. 마고할미(어머니)를 잊어버린다는 것은 **태곳적 한국의 역사와 문화의 근원**은 물론, **현 인류의 문명·문화의 근원**을 잃는 것이기 때문입니다. 지금의 한국인은 **마고를 잊으면서 신화와 역사의 원뿌리**

를 잃고 영혼이 살아갈 신화의 집도 잃고 방황하고 있는 것이지요.

그래서 옛날 가까운 사람을 다정하게 불렀던 '인마'(人麻: 사람의 냄새가 나는 마사람들)마저 '나쁜 (마)사람'으로, 천손의 다정한 호칭인 '동무'(어깨 · 길 · 씨동무…)는 사상논쟁에 휘말려 회피어가 되게 했으니…, 동(東)방에서 (인류)문명의 씨를 함께(동) 이루며 뿌리(무) 내려 살던 마(무)고의 자손이 '동무'였는데…, 이제 형제간의 **얼이 썩은 논쟁**을 멈추고 우리 안에 **잊고** 있었던 마고를 **깨우고** 씨동무와 영웅들을 **불러내어** 우리 앞에 놓인 난제들을 풀어야 합니다!

작가 이문열은 *사람의 아들에서 "저 태초의 존재 속에서 **원래 우리는 '하나'였다** -중략- 만약 너희가 **진정으로 믿고 섬겨야 할 신(神)이 있다면**, 그것은 바로 '그때의 하나로 된 우리'이다." 라며 잃어버린 천손의 영혼을 찾으라고 합니다. 마고는 **인류의 첫 역사와 신화**는 물론 종교와 사상, 문명과 문화와 관습 등 고대의 모든 것의 뿌리를 아우르고 근본을 이해하는 '마중물'이기 때문이지요. 공교롭게도 '마중물'이란 우리말이 '**마**'로 시작하는 것은 모든 근본을 끌어내기 위해서는 '**마**(고)'**로부터 시작해야** 함을 암시하고 있으니, *인마, 동무야!*

성(聖)스러운 마(무)땅의 꽃, 무궁화

수 만 년을 이어온 시원나라의 자부심을 붉은 마음(丹心)**으로 지켜나가길** 바라며 전해지는 고귀한 꽃이 있습니다. 사람을 닮아 아침에 피고 저녁에 지는 꽃, 동 · 서 · 남 · 북의 **중심**(5)**에서** 사람의 문화를 처음 시작한 **하늘**(天孫)**겨레의 특성을 닮아 꽃잎 다섯**(5)으로 '**세세만년 영원히 피어서 결코 지지 않기**'를 바라는 이(夷)들의 마음을 담은…

불사(不死)의 꽃, 무궁화(無窮花)!

세종대왕이 훈민정음을 창제(? 1443)하면서 처음 부르게 되었다지만, 이미 **환화**(桓花: 하늘나라꽃), **목근화**(木槿花), **근화**, **천지화**(天指花: 하늘을 향해 피는 꽃) 등으로 불렸던 꽃이었을 뿐 아니라, 김정상(민속학자)씨는 '무궁화의 어원이 무-게(마나라의 꽃), 무우게였고 1만6천 년을 살았다'는 민담을 채록(1923 전남 완도)하여 오랜 세월을 우리 해겨레의 꽃이름이었음을 알게 합니다.

혹자는 이러한 무궁화의 역사적 정체성에 무지하기에 무궁화를 **38 선 이남**(?)에 주로 피는 꽃으로 황해도 이북에서는 심을 수 없는 **지역적 한정성**(?)이 있다고 하고 무궁화의 원산지가 우리나라 외에 재팬, 시리아, 지나, 인도도 있다면서 '외래식물(?)이 어찌 우리의 꽃이었겠느냐'고 우기며 심지어 **더러운 꽃**이라고까지 말합니다.

1만2천 년 전 바닷물에 묻혀 멸망한 MU인(뮤문명-최초의 우리나라 문명)의 시원의 땅이 우리나라의 남쪽땅(당시 아열대)이었음을 알았다면, 못 할 말이지요. 정작 지나는 우리 땅의 무우게를 **목근**(木槿: 동이의 무궁화), 순영(舜英: 동이인 순왕의 꽃), 순화(舜華), **훈화초**(薰花草: 군자의 향기를 내는 꽃)라 하고 그래서 당(唐) 때의 역사서인 *구당서에는 우리 땅을 '**근화향**'(槿花鄕, 무궁화의 나라)이라고까지 기록하였고, 왜(倭) 또한 무우게를 '**무쿠케 아사가오**'(牟久計 朝顔: 조선의 얼굴)라고 하며 성인군자의 나라 성스러운 조선의 얼굴이라고 했는데 말입니다.

우리나라 무궁화 출처: 송혜진의 나무기행, 무궁화의 일종인 황근(黃槿, Hamabo mallow)
꽃말 보물주머니 출처: 임병술, 시리아의 국화 아네모네 출처: 블로그 고플포,
달의 여신 히비스커스 출처: WIKIMEDIA COMMONS

우~스운 것은, **무궁화의 학명**이 'Hibiscus syriacus'(히비스커스 시
리아쿠스: 神처럼 아름다운 시리아)라 하여 원산지를 시리아(수메르문명의
발상지)라고 말하지만, 정작 **시리아**(國花: 아네모네)**에는 무궁화가 없–
대요.** 잘못 붙였다는 것이 학자들의 통설이지만, 그만큼 동서고금을
통해 **세계의 석학들이 부러워하는 꽃**이 무궁화였음을 반증합니다.

서양과 이스라엘에서는 '샤론의 장미'(Rose of Sharon)로 알려져 '성
(聖)스러운 동방에서 피어나는 신들의 꽃'으로, **왕가에서만 키우는 귀
한 꽃**으로 알려져 '꽃 중의 꽃'으로 칭송하는 꽃이지요.

윤복현 교수는 *구약 시편에 나오는 '샤론의 꽃'(가장 아름다운 꽃)이
장미가 아닌 **우리 땅의 무궁화**였고 **고대 샤론땅에 거주했던 이**(아무
르, 후리)들이 당시 셈족이 아닌, **교착어 형태의 말**을 썼던 히타이트의
선조인 **몽골로이드였음**을 밝히고 또 **동북아시아인의 얼굴**의, 神처럼
아름답다는 이집트 창조의 여신이며 어머니의 신인 **'하토르'의 다른
이름인 달의 여신 '히비스'**에게 바쳐진 꽃과 수메르가 숭상한 꽃이 모
두 무궁화였음을 밝혀냅니다.

역사학의 거두 아놀드 토인비(英 1889~1975)가 '**세계가 잃어버린 왕자**(군자)**의 영혼과 미소를 지니고 사는 한국인**'이라 하며 자신의 정원에 심고 늘 보았다는 무궁화! 동양에서 가장 오래된 백과지리서인 *산해경(中 해외동경) 또한 '**동방의 군자의 꽃**'으로 기록합니다.

"**군자의 나라**(동이)**가 북방에 있는데**/ 그들은 **격식을 갖춘 옷**, 머리에 **관**(冠), 허리띠를 하고, 검(sword)을 차고 다니며/ ―중략― 사양하기를 좋아하고 다투기를 싫어한다./ 그 땅에 훈화초(薰華草)가 많은데/ 아침에 피었다가 저녁에 진다."(君子國在其北/ 衣冠帶劍/ ―중략― 好讓不爭/ 有薰華草/ 朝生夕死) 라고 기록하여 **무궁화나라의 군자의 위엄**을 기록하였고 진(晉)의 시인 곽박(276~324) 또한 "**동방 어진 나라에** 군자훈화가 있으니 예절로 늘 사양하기를 좋아하며 예(禮)는 이치로써 따진다."

〈한국五愛교육진흥회〉 김석겸 회장님은 저서 *겨레얼 무궁화에서 "많은 역사왜곡이 있었음에도, 옛 고전은 동이가 실로 **고귀한 이름으로 세상의 밝음과 어짊을 일깨웠던 군자의 나라**였음을 밝혀 왔다. 이를 *지봉류설과 *동경잡기 *해동역사 등 많은 문헌에는 근역(무궁화 강역), 근화향(무궁화 고향) 등 '무궁화의 나라'로 불러 왔으며 고리(려) 예종 때는 고리(高麗)를 스스로 근화향이라 불렀다. **1만6천 년을 산다는** '해겨레의 꽃'으로서 화랑머리에, 과거급제자의 관모로 전해졌던 우리의 꽃이었다. 지금 **우리가 다 뽑아버린 무궁화**는 먼 옛날 이 땅을 떠나 지나로, 중동, 이집트로 퍼져나가 '동방 성인의 땅에서 온 꽃, 성(聖)스러운 땅에서 피어나는 꽃'이라고 숭앙받았던 꽃이었다." 라고 말씀하십니다. 사재를 털어서도 지키지 못한 무궁화에 대해 조상님께 죄송스럽다며 글썽이시는 눈물을 보았습니다.

아, 시들어 떨어지는 꽃이 어찌 아름답겠습니까마는, **떨어질 때 추하다는 등, 진딧물이 많이 꼬인다는 등, 꽃에 핏발이 맺혔다는 등**, 만지면 **눈병**이 나고 **두드러기가** 생긴다는 등 일제의 날조된 문화말살 교육에… 좀비가 되어… 하늘나라꽃을 스스로 다 뽑아버렸습니다. 그래서 세상의 중심을 상징하며 1만 년을 넘게 이 땅을 지켜온 **노랑무궁화**(완도 소안도 지역만 자생)**조차** 정작 **외래종에** 밀려 이방인취급을 받고 있고 '홍인지문' 양쪽에 있었던 **굵은 무궁화는** 베어 흔적도 없으니…, 우리 땅에서 뿌리 굵은 무궁화가 살아갈 수 없는 슬픔이지요.

우리나라 사람이 가장 좋아한다는 **장미꽃의 추함을** 본 사람이라면, 무궁화가 추하다고 못할 것입니다. 솔직히 지키고 아끼지 않았기 때문이지요. 이제는 보이십니까? '떨어질 때도 **꽃잎 다섯이 꽁꽁 묶여 세상 끝날 때까지 함께 하자**'는 저 숭고한 마음을…! 무궁화의 꽃말은 '一片丹心, **인내와 끈기, 섬세한 아름다움**'입니다.

〈국가기록원〉은 우리의 무궁화를 흰 꽃잎에 흰 수술로 온통 흰 **배달계와** 꽃잎 안 쪽이 붉은 **단심계와 아사달계로** 규정하고 있습니다.

'코리아무궁화 환타지아 패션쇼' 출처: 국가보훈처, 국가정체성을 상실한 여의도 국회 앞 벚꽃 축제 출처: 서울시, 장미 출처: pixabay, 떨어져도 고운 무궁화 출처: 20090824 jmh22

리처드 러트(英 신부)가 쓴 *풍류한국에는 '조선의 나라꽃 무궁화가 세계에서 유일하게도 황실의 꽃(이화)이 아닌 **백성의 꽃**이었으니, 무궁화는 **평민의 꽃**이며 **민족 전통의 꽃**'이라 하여 나라의 정체성을 지켜냈던 것이 사대(事大)의 조선이 아닌 **평범한 백성**이었음을 일깨웁니다. 이제야 우리가 무궁화를 왜 **울타리꽃**(번리초)이라고 불러왔는지 알 것 같습니다. '**울타리처럼 에둘러 수만 년** 아름답게 지켜왔던 **우리나라 꽃**'이란 뜻이었지요.

그러나 겨레의 정체성을 모르는 경박자들은 **나라꽃을 진달래나, 개나리로 하자**고 하질 않나 **벚꽃도 우리 꽃**이라며 나라법(法)을 세우는 국회의사당이 있는 여의도마저, 군자의 꽃 무궁화를 다 뽑아버린 자리에 벚꽃을 잔뜩 심고 아직도 왜식명칭인 '윤중로'(輪中路: わじゅう ろ와주로)라 부르며 수백만의 인파가 몰려 온통 쓰레기 천지…!

이렇게 **나라 전체가 정체성 없는 벚꽃축제**로 미쳐가네요.

국제사회는 '**어떤 역사와 문화**를 가지고 있고 **얼마만큼 문화에 자부심**을 갖고 있느냐'에 따라 **민족의 위치가 결정**되고 **국제사회에서 영향력을 행사**할 수 있다고 합니다. 그런데 한국의 인문학의 위치가 얼마나 구차하고 미비한 줄 아십니까? '한국이 선진국이라지만, 한국인의 문화수준은 500$ 수준'이라던 어느 외국인의 말은 **세계의 봉**이니, **코리아 디스카운트**(비슷한 국가에 비해 가치를 낮게 떨어뜨림)니, **코리아 패싱**이란 말로 스스로 자괴하는 이유에 답을 줍니다.

이제, 좀 정도껏 먹고… 놀면서 **우리의 문화와 정체성도** 살펴야 하고, 국민의 대표로 뽑힌 **국회의원의 심장엔 언제나 무궁화를** 달아야 하고 어버이날엔 **우리 얼이 깃든 무궁화를 선물**하는 것은 어떨지? 카네이션은 all 수입산(스페인). 화분 하나당 80원의 로열티-!

사랑하지 않는 역사는 역사가 아닙니다!

그래서 '무궁화 삼천리~' 애국가를 외쳐대고 아이들이 '무궁화 꽃이 피었습니다!' 라며 수천만 번을 부르는 대한민국의 상징꽃이지만, **무궁화 꽃은 아직 법(法)적으로 대한민국의 나라꽃(國花)이 아닙니다!**

더 문제는, 차이나가 아직까지도 공식적으로 국화(國花)를 정하지 않고 있다(~2020.4)는 것이지요! 저들은 꽃의 왕(?)이라는 모란 아니냐구요? 아니에요. 우리의 역사와 문화를 탐내는 **차이나**가 군자의 기상을 드러내고 불사의 꽃이라며 부러워하는 동방 성인의 꽃 무궁화를 언제 자기네 꽃이라고 하지나 않을지? "무궁화 꽃이 피었습니-까?"

인류시원의 열쇠 -마, 삼베!

여름밤 머리 위에서 제일 빛나는 별이 뭘까요? 1만5천 년 전엔 **북극성**이었던 별, 그러니까 우리가 '직녀'(베 짜는 여인)**라 부르는 여인**, 마고(麻姑 삼베옷을 입은 지혜자)와 관련된 이야기이고 훗날 하늘로 올라가 **직녀성**(Vega베가家: 베 짜는 집)이 되신 분의 이야기라고 합니다.

이제 기억이 좀 나십니까?

인간이 동물과 달리 인간의 모습을 갖추게 되는 첫 상징은 옷!
아, **유럽의 영어권**이 Food(식) · Shelter(피난처: 주) · Clothing(의) 순

으로 말하고 지나 또한 食衣住라고 일컬어 **먹는 것을 삶의 우선**으로 했음에 비해, 우리가 '**의 · 식 · 주**'(衣食住)라고 말하는 것은 사람과 뭇짐승과의 상징적 차이를, **염치와 부끄러움과 도덕의 시작인 옷**에 두었다는 것으로서 천손의 문화관습을 알려주는 것이었습니다. 그래서 인간의 철학과 도(道)가 동쪽에서 나왔다고 하는 것이지요.

어느 땅보다 **일찍 신석기시대를 열었던 우리 땅에선 어떤 옷**을 입었을까요? 구석기시대의 나뭇잎이나 짐승의 가죽 말고 **인류가 최초로 날줄과 씨줄로 직조한 옷**(衣)은 무엇이었을까요?

맞아요. **대마**(大麻, Cannabis sativa L)**로 만든 삼베**였습니다! 시원하고 가벼운 **삼베와 모시**는 얼마 전까지만 해도 **한국인의 전통옷**으로서 우리에게 삼베(麻)옷을 짜 입혀주셨다고 하여 삼할머니, 삼베(麻) 여인, 직녀(織女)라 하고 마고(麻姑)의 후예라 하며 말했던 것이지요.

대마는 **인류가 재배한 가장 오랜 작물 중** 하나로 일찍이 구석기시대와 신석기시대 이후는 물론, **산업혁명**(18C 중엽) **이전까지 세계 각처에서 보편적인 섬유**로 쓰였다고 합니다.

열전도가 잘 되고 땀을 빠르게 **흡수하여 배출해 곰팡이**를 막아주고 **좀**이 슬지 않아 피부질환, 무좀 등에 좋고 **살균효과**(예: 포도상구균에 99.9% 항균)**와 자외선을 차단함**(99%)으로써 노동복으로 수건에서 수세미, 음식을 보관하는 덮개, 돗자리, 여기에 마찰에 강하고 질기고 수명이 길어 대물림해서 입는 것은 물론 **평생 입은 삼베**(마의)**를 저승 갈 때 수의로도** 썼던 옷이었지요.

노모의 베틀작업(주제) 출처: 김동전 갤러리, 지나베틀 출처: 박선희 교수, 고대이집트 단순한 베틀(아마포) 출처: 한산이씨 목은 이색의 후손들, 음식보관 삼베 출처: 러브체인블로그

그런데 옷을 짓는 것은 **문명**(文明)**과 과학**(科學)을 상징합니다! 실을 꼬아 올리는 **물레**와 천을 짜는 **베틀**(loom)**과 바늘**이 필요했는데 인류학자와 문화학자들은 전 세계에 퍼져 있는 물레와 베틀의 신비로운 기원이 '농경문화에서 연유되었으며 **베틀의 역사가 거의 1만 년까지** 거슬러 올라간다'고 합니다. 그런데 1만 년의 문명·문화를 갖고 있는 민족은 **지구상에 거-의 없다는 거죠!**

반면, 우린 **최소 1만5천 년 전에 이미 벼농사**를 하고 **가락바퀴로 그물**을 짜 고기를 잡고 튼튼한 밧줄을 만들어 최소 8천 년 전에도 고래를 잡았던 **암각화**(울산)**까지** 있고 **물레**로 실을 뽑아 **베틀**로 베를 짜고 **바늘**로 옷을 만들었던 **완벽한 과정까지** 있어 어느 땅보다 먼저 **옷을 지었을 개연성**이 있는 데다 옷을 지어입혔다는 '**마고**'를 시조모로 하는 신화와 '견우와 직녀'라는 전설까지 전해 왔던 땅입니다.

> "극동의 성배민족을 찾아 경배하고 그들을 도우라!"
> -루돌프 슈타이너의 유언(독 1861~1925)

또 차이나 아니냐구요? 박선희 교수(상명대)는 '중국의 베틀보다 고대조선의 베틀을 계승한 **우리 베틀이 경사도도 낮는 등 더 과학적**

이었으며 고조선의 직물과 당시대의 중국에서 출토된 직물들을 비교·분석한 결과 **고조선에서 생산한** 모직물이나 면직물, 마직물 또는 비단섬유 등이 **훨씬 현대섬유에 가까웠다**'고 합니다.

그래서인지 *삼국지 위지동이전에는 우리가 **광폭세포**(廣幅細布: 넓고 가는 포)**를 제직했고** 30승밖에 짜지 못했던 지나에 비해 **40승**(1승=80올의 날실)**포까지도 제직해** 당(唐)에 보낸 기록 등으로 우리의 제직기술이 훨씬 뛰어났음을 기록합니다. 상고시대 삼을 심고 거두고 밤새 베틀을 돌렸던 이 땅의 여인들. *삼국유사에는 **가락국에서 허왕후**(許王后)**가 왔다는 아유타국에 포를 보낸 기록**도 있어 멀리까지도 수출했음을 알 수 있지요.

그럼 베틀의 기원지가 어디-였을까요?
한국이 삼베로 시작하여 삼베로 끝나는 **삼문화의 인류시원의 나라**였음을 안 〈조선총독부〉는 **조선의 베틀을 없애고 베틀과 관련된 우리의 문헌을 모두 파괴·파기했고** 전통상복인 **거친 삼베옷**(굴건제복) 대신 한복에 **검은 리본**(상장)을 달게 하고 왼팔엔 **군대식 검은 줄의 완장**(마치 병정놀이)을 차게 하면서 직녀와 마고를 잊게 만든 것입니다.

베 짜는 여인 직녀, 마고(麻姑)!

어릴 적, 할머니의 품에서 들었던 **견우**(牽牛: 소-목동)**와 직녀**(織女: 베-여인)의 슬픈 전설! 우리와 차이나('우랑직녀')에 함께 전하는 전설이라고 하지만, '七월七석'이란 **세상이 시작된 오행**(5)**의 땅에서 음**(1)

과 양(1)의 북두칠성(7) 겨레가 시간과 공간을 넘어 재회했던 신성한 날(*한국인 자부심 더 아리랑의 발행일!)을 상징했던 수였지요.

먼~옛날 농경과 바다농사(고래잡이)를 처음 시작했고 가축을 처음 기르며 **베를 처음 짜 입고 문명의 삶을 사셨던 칠성사람**(마고의 자손)들이, '우리나라'에 물이 들어차게 되면서 북쪽으로, 서쪽으로 **유목민(견우)이 되어 떠돌다** 긴 세월 후 우리 땅을 지켰던 **남(南)의 사람들**(직녀)과 다시 만나 칠성겨레(井)의 정체성을 확인하고 감격의 재회를 했던 그때의 역사를 상징했던 것입니다!

그래서 **남녀가 만나 5남매를 낳아 7의 수**(완전수)**로 칠성가족을** 이루어 살려고 했고 죽어서는 **삼칠일**(7*3) **사십구제**(7*7)라 하여 혼을 거두어 달라고 빌었던 칠성겨레였지요. 이것이 '견우와 직녀', '南男北女'의 진정한 의미입니다. 그런데 七월七석을 지나의 전설이라 하면서 **사랑(♡)의 신선이고 지나의 시조모라는 서왕모는 정작 견우와 직녀의 만남을 훼방 놓았으니** 저들의 역사는 결코 아니지요!

김대성(한국문자학회) 부회장은 '우리에게 옷을 입혀 사람이 되게 하셨던 **직녀가** 인류의 어머니인 마고(첫 어신선)였다'고 말합니다. 맞아요. 그래서 **마고의 직계후손이 바로 물가를 지배(井)했던 '하백의 무리'**가 되는 것이구요! 훗날 마고의 자손이 전 세계로 퍼지면서 **베틀이** 전해지며 **삼베옷을** 입게 된 것입니다.

그래서인지 윤복현 교수는 '**마**(麻)**에는 조칙**(詔勅)이라는 뜻도 있는데, 조칙이란 임금이 내린 명령을 뜻하는 말이니, 마의 땅의 원조 임금이었던 마고(麻姑)는 인류 최초의 문명인 **마문명을 일으켜 조칙을 세웠던**

여성지도자였다' 고 말합니다. 그래서 우리 겨레는 마고를 태곳적부터 천신(天神)으로, 여신(女神), 대조신(大祖神: 큰 조상신)으로 숭배해 왔던 것 이지요. 세계의 정신적 지도자나 종교지도자들이 삼베(麻)옷을 입고 제 사를 지냈던 것은 조칙 즉 마문명의 근본(원조 문명, 환문명 桓)을 잊지 않 으려 했기 때문일 것입니다.

소남자 김재섭 님은 '麻(마)자를 금문의 형태로 보면, 두루마기를 입은 지도자가 신전(궁전)에서 두 팔을 벌리고 교화하는 모습'이었다 고 하여 당시 지도자나 종교인들이 마(麻)로 만든 삼베옷을 많이 입었 고 우리나라를 포함한 동양3국에서는 의례복식(儀禮服飾)으로 했던 옷 의 유래를 밝히지요. 그래서 왜왕가에서 삼실 마의를 신성시하는 것 이나 신라가 망할 때, 태자가 비단옷이 아닌 마의를 걸쳤던 것은 나 름 인류의 뿌리(마고)나라의 망함을 애통해했던 것은 아니었을까?

직녀성(위) 견우성, 麻(마)자 금문 출처: http://www.internationalscientific.org/CharacterASP
선조의 노동복 삼베옷 출처:White, 일제가 만들어 놓은 줄완장(병정놀이), 삼농장

마의 원산지를 중앙아시아, 동남아시아로 알고 볼가강 유역의 스 키타인이 BCE2000년 쯤 최초로 이용했다고 짐작된다고 하나, 동남 아는 옷이 불필요했고 스키타이인 또한 백인이 아니라 우리와 같은 몽골로이드였다고 합니다. 고대이집트나 로마에는 BCE1500 년경에

도 보급이 안 되었던 때라고 하는데, 이집트에서 무려 BCE4500 년 경의 것으로 추정되는 아마(Linen) 직물이 발견되고 유럽이나 이집트에서 미이라를 감았던 천이 반드시 삼베나 아마로 사용되었다는 것은 고도의 문화를 갖고 어딘가(앞의 원산지 外)에서 (종교)지도자들이 거친 삼베를 두르고 왔다는 것으로 해석할 수밖에 없지요. 그래서인지 종교지도자들은 한결같이 동방 어딘가에서 왔다고 전해집니다.

인류의 의식주를 해결한 마의 몰락!

대마(大麻)는 15C 구텐베르크의 첫 번째 Bible과 美독립선언문 초안과 헌법을 만들었던(*Webster 새 세계사전) 종이에서~, 섬유(삼베)는 물론 석유대체에너지(대마기름, 바이오디젤유), 기름, 술, 밀크, 선박용 밧줄, 천막, 소방호스, 건축내장재, 콘크리트보다 강한 블록, 싱크대, 무엇보다 동·서양을 막론한 최고의 의약품으로, 대마섬유로 쇠보다 튼튼한 스포츠카(英 로터스)와 선박 등! 오만 가지의 제품으로 쓰일 만큼 인간에게 한없이 베풀어주었던 귀한 식물이었다고 하지요.

1년 만에 쭉쭉 자라 수십 년 된 나무를 베어 쓰는 것보다 더 나은 경제적 가치를 줌은 물론 토양을 비옥하게 하여 환경에도 도움을 주는 작물일 뿐 아니라, 또한 엄청난 집중력으로 인해 뇌종양과 자폐아 치료는 물론 알츠하이머 치매를 억제하는 데 탁월한 약용작물로도 각광을 받고 있어 가히 신(神)이 내린 식물이라는 대마는 최근 햄프씨드라는 건강식품으로, 뷰티제품으로, 의·식·주 산업전반에 걸쳐 다양한

제품으로 많은 국가가 부가가치를 높이고 있는데(2022년까지 320억$)…
재팬(가나자와현)은 **마소주까지 특산품으로 개발**…, 우린 뭐하는 걸까?

대체 우리는 대마(초)라면, **왜, 그렇게 싫어하게** 되었을까?
대마는 **암을 유발하는 물질**('오히려 암을 잡는다'는 설이 있음)도 전혀 없다
고 하고 〈미국국립약물중독연구소〉는 **중독성**(담배: 6, 알코올: 4, 대마초:
1), **금단현상**(담배: 4, 알콜: 6, 대마초: 1)을 발표(1994년)하고 〈영국의사협
회〉(BTA)는 대마초가 알코올이나 담배보다 덜 위험하다고 하며 무엇
보다, 국내에 자생하는 대마는 예부터 마약성분이 낮았다고 하는데?
무엇이 진실일까? 이렇게 된 거래요!

쓰임새가 다─양했던 기존의 아시아의 대마산업이 20C 초, 미국의 화
학섬유산업과 목재펄프사업에 걸림돌이 되자, 술·담배·섬유·석유
재벌들까지 가세해서 '마녀사냥'(witch hunt)을 했다는 것이죠. **대마산
업을 낙후된 문화로, 또 마성분을 우매한 유색인종이나 찾는 저급한
환각물질**이라는 주홍글씨를 붙이며 **대마 자체가 사회에 좋지 않다**는
이미지를 심어 아시아의 산업기반을 도탄내면서 서구유럽경제에 **예
속되게** 한 것이지요. "I See You!"

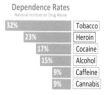

의존적(중독) 현상비교: 담배(32%), 헤로인(23%), 술(15%) 대마(Cannabis9%) 출처: 미국립
약물 남용연구소, 미국 매년 사망자 비교(담배: 43,5만 명, 마리화나: 0명) 출처: 슬로우
뉴스, 오만 가지 제품의 유익함 출처: 카나헴프 코리아, 마녀 사냥 출처: 생각의 힘

어머니의 나라, 우리나라는 마약청정국가를 유지해야 합니다!

그러나 환각제 중에서 필로폰(히로뽕)이나 헤로인, 모르핀 같은 아편류, 코카인 등 사망에까지 이르는 것에서 가장 환각작용이 약하다는 대마(麻)초까지의 명칭을 하필 [마약]이라고 부르면서 인류의 첫 문명의 땅(麻)과 인류의 어머니(麻姑)를 상징하는 **마(麻)에 대한 모든 것을 부정하게** 해서는 안 된다는 것이지요.

그래요. **한국인이 절-대**(never!) **잊-어서도, 부-정해서는 안 되는** 말은 우리의 근원을 뜻하는 '**마**'이고 시원문화를 상징하는 **마고어머니와 삼문화**이지요. **철없이** '**마약**'(麻藥)이라 따라 부르고 마고를 마귀(魔鬼)라며 저주를 퍼붓는 한, 정체성의 회복은 요원하며 **고독과 불안에서 헤어날 수 없는 것**이 우리 겨레의 운명일 것입니다.

적어도 **명칭만이라도** '**마약**'(麻藥) 대신 서양식 명칭인 드럭(drug)이나 '**나르코틱**'(narcotic) 또는 차이나를 뒤집어 놓았던 '**아편**'이나, 재팬이 대량생산한 '**히로뽕**' 아니면 그냥 '**환각제**'라고 고쳐 불러 저주의 사슬을 끊어내고 우리에게 배꼽을 주었던 '(엄)마'를 만나야 하질 않겠습니까?

마(麻 Indian Hemp)의 꽃말은 운명(destiny)!

마고땅의 생명의 나목 뽕나무

뭐니뭐니해도, 우리 한국인을 대표하는 나무는 '**뽕나무**'(桑木)입니다. 소나무, 잣나무가 아니냐구요? 아니지요. 지금 사람들은 뽕나무가 **한국인의 삶에 얼마나 큰 역할**을 했던 귀한 것이었는지 실감하지 못

합니다. **신선들이 먹고 산다는 달콤한 오디**(뽕나무열매)가 양식으로 젖과 꿀이 되어 흘렀던 땅, 한국인과 일생을 함께 했던 나무!

인류의 명품옷인 **실크**(silk)**의 재료**가 되고 **약으로 쓰이는** 잎과 뿌리껍질(상백피), 줄기는 하늘을 나는 **천손의 무기 활**(국궁, 각궁)이 되고 꾸지뽕잎을 먹인 누에실은 질기고 품질이 뛰어나서 **거문고와 가얏고의 최고급 줄**이 되었고 천 년을 간다는 **세계최고의 우리 종이**(한지)는 버드나무, 닥나무, 마 외에도 뽕나무가 주재료였으며 **비단종이**(잠견지)는 한국인만의 '보물 중의 보물'이었다고 합니다.

또한 단백질의 보고이며 당뇨와 간질환, 동맥경화, 고혈압 등 많은 약으로 쓰이는 **누에**(蠶잠), 특히 **꾸지뽕**은 여성의 질병에 성약(聖藥)일 뿐 아니라 신경통, 관절염, 당뇨, 염증을 없애고 신장을 튼튼히 하며 간경화증 및 **항암효과** 등 끝이 없으며 **신선의 버섯**이라는 상황(桑黃)버섯, 심지어 누에의 **분변**까지도 약이었으니 무엇 하나 소중하지 않은 것이 없었다고 하지요. 이렇게 한국인의 지혜처럼 많은 쓰임이 있어 꽃말이 '지혜(봉사)의 나무'라 했습니다.

원산지는 옛 우리나라(한머리땅과 만주, 차이나의 동해지역)!
그래서 예부터 한국인의 어머니 **마고님의 나무**로, 동(東)방의 기운이 가장 강한 **생명의 나무**로, 오랜 역사를 상징하는 나무라 하여 **태목**(太木)이 되고 한국인의 세계수인 우주목(宇宙木)이 되고 **신목**(神木)이 되어 **솟대**로 쓰였던 천상(天上)의 나무였기에 〈고구리 각저총벽화〉에도 그려질 수 있었던 것이지요.

서해와 남해가 바다가 되기 훨씬 전부터, **너른 들판에 빽빽이 들어**
찼던 뽕나무들, 그래서 전한(前漢)의 정치가 동방삭(154~93BCE)이 썼
다(?)는 *십주기(十洲記)에는 **"그곳은 땅과 산천은 기름지고 수려하며,**
크고 오랜 나무들이 빽빽하고 영약, 감액, 옥영 등 **신선들의 약초가**
많다. **자부선인**(BCE2700 14대 환웅 치우천왕의 사부)**의 궁**(宮)**이 있고, 신**
선이 이곳에 머물고 있다." 라고 기록하고 있습니다.

이렇게 우리나라를 온통, 늙지 않는 신선(神仙)의 나라로, **뽕**(桑)**나**
무의 나라로 불렀지요. 동해(지나 쪽에서 본)에는 전설 속의 신목인 **부**
상(榑桑)이 있다고 했고, 그 뽕나무에서 아침해가 솟는 동방의 나라를
상돈(桑暾), 해 뜨는 곳을 **부상**(扶桑), 뽕나무를 키웠던 나라를 **상역**(桑
域), **상목지구**(桑木之區: 뽕나무를 키웠던 지역), 그래서 우리나라를 **청구**
국(靑邱: 푸른 뽕나무로 찬 언덕의 나라)이라 불렀습니다. 그래서 김천택
은 그의 시조집의 명칭을 *청구영언이라 했던 것이지요.

임금님 뒤의 일월부상도(日月扶桑圖: 동의 아침해, 서의 달) 출처: 조봉석, 고구리
각저총의 나무(연리수), 뽕나무열매, 상황버섯 출처: 다음백과

"한(韓)의 후예여,
간도 쓸개도 다 던져진 이 땅의 역사(歷史) 앞에서
비분강개하라!" -丹齋 신채호

실의 명품역사 - 실크

무엇보다, 인류최고의 옷이었던 비단(silk)의 역사는 **최고의 문화적 자부심을** 입증하는 하나일 것입니다. 그런데 외국을 다녀보면, 다들 차이나의 발명품으로 알고 있더군요. 이미 한복의 **자연주의와 과학성으로 우리 옷문화의 우수성을** 밝혔어도…, 아직도 혹자는 **뽕나무의** 원산지가 유럽이다, 아메리카다, 차이나다 하며 비단의 시원국을 당연히 **차이나**(?)라고 합니다.

차이나는 *잠상췌편이란 고전에서 '**복희씨**(伏羲 ?3528~3413BCE)가 뽕나무 누에고치에서 켜낸 실로 가늘고 성긴 세백을 짜냈다'는 기록과 *회남잠경에서 '**헌원**(차이나의 시조?)의 원비 서릉씨(嫘祖누조)가 양잠을 권장하고 친히 잠업을 개창하였다'는 기록을 찾아 복희씨가 **비단실을 처음**(?) 짰고 누조(신농 3218~3078BCE 의 딸)가 **누에의 조상**(?)이었으니, 차이나의 발명품이라고 주장합니다.

그러나 저들이 말하는 복희씨는 배달한국 제5대 **태우의 환웅**(즉위 BCE3512)의 **12번째**(막내) **아들**이었으며(*태백일사), 송(宋)의 백과사전인 *태평어람 권78에 '제(복희씨)는 **진국출신이다**'(帝出於震)라 기록되어 있고, *역경의 설궤전에는 "**만물이 나왔던 곳이 진이다.** 진은 **동방이라**"(萬物 出乎震 震東方) 하여 본디 **동방한국인의 땅**이었음을 분명히 밝히고 있습니다.

그래요. 복희씨가 조상 없이 하늘에서 문화를 갖고 뚝 떨어진 사람이 아닌 이상, 이미 **조상**(한겨레)**의 많은 문화를 전수받아 뒤떨어진 지나족에게 가르침을 주신 분**이라는 것이 상식 아닐까요?

또한 양잠을 했다는 누조의 아버지 **신농씨는 '고시씨'**(高矢: 불과 농작물을 관리하던, BCE3898 1대 거발한 환웅 때 명신으로 農神으로 추앙, '고시례'의 유래)**의 방계인 '소전'**(少典: 배달국 8대 안부련 환웅의 신하, 姜씨의 시조)**의 아들**(*태백일사)이었지요. 여기에 신농씨의 딸 누조의 남편인 **헌원 또한 '소전'의 후손**(*사기 오제본기)이었다고 하니, **신농씨나 누조나 헌원이 다 '고시씨의 후손이고 소전의 후손'**이었지요.

근본이 모두 배달국의 환웅의 자손이었다는 말입니다.

겨우 5천 년 전에도 지나족이 중원의 역사의 주인공이 되지 못했음을 뒷받침하는 **복단대학의 논문집** 외에 또 *중국고대민족관계사연구(복건인민출판사)에는 차이나의 사학자 **24명의 학술토론을 종합한 결론** (364p)을 다음과 같이 적고 있습니다. "**즉** (옛 역사 속의) 중국은 **한국** (汗=韓, 井)이다. 설명할 것도 없이 **인정할 수밖에 없다.** 중원의 왕조는 하나의 한국이었을 뿐이다." (即中國汗 說明他也 承認是 中原王朝的一汗) 우리가 버렸기에 중국이 커진 것이지요.

경북 영천시 누에체험학습관 출처: 환경법률신문, 5~6천 년 전, 지나인의 거주지였던 동남아와 지나 남쪽 출처: *상해 복단대 인류학회 논문, 누에고치 출처: 미주 한국일보, 고대조선 홍산문명지에서 나온 옥으로 만든 누에 옥잠 출처: 참역사문화연구회

무엇보다 **우리의 양잠문화가** 지나(BCE2700)보다 **수천 년을 앞선 시대**(최소 환웅시대)**부터였음이** 유물로 드러나지요. 만주 **홍산문화에서**

BCE4710년(6730년 전) 전후의 옥으로 만든 누에 옥잠(玉蠶)들이 발견되고 황해도 봉산군 지탑리와 함경도에선 **질그릇 밑에 그려 놓은 뽕잎들과 누에들**이, 압록강 건너편 만주(요녕성 후와유적)에서는 **누에 조소품** 등이 출토됩니다.   그래요. 양잠문화는 본디 우리문화였지요.

여기에 우리의 옛 기록 *삼한비기에는 "배달한국 10대 갈고 환웅(BCE3171) 때 **나라의 경계를 확정**하여 신농의 땅(배달국의 제후국)과 경계를 지으니, **뽕나무가 있는 넓은 동쪽땅이 한국**에 속했다" 라고 기록하여 양잠과 잠업의 근원이 우리였음을 명확히 하고 있지요. 그래서 천제국 고대조선의 천제와 제후는 **공상**(公桑뽕밭)과 **잠실**(蠶室누에실 짜는 방)을 두어 궁실의 부인들은 반드시 **뽕나무를 심고 누에를 쳐서 옷감을 짜는 일을 의무적**으로 하였다고 합니다.

단군왕검께서 무진 원년(BCE2333) "**비서갑**(소도를 관장하는 벼슬)**의 하백녀를 후**(后)**로 삼고 누에고치를 다스리게** 하니 순방의 다스림이 온 세상에 두루 미쳐 태평치세를 이루었다." 라고 하여 옛날 고대조선은 물론, 고구리, 백제가 시작했을 때에도 **꾸지뽕나무와 누에를 키워 비단**을 짜는 일을 **나라의 근본**으로 삼았다고 하며 *후한서 권85 동이열전의 고구리조와 예(濊)나라조, *삼국지 위서동이전의 부여조와 고구리조, 마한조에서 '**양잠을 하고 면포를 지었다**'라는 것은 이미 동이제국에서는 **비단이 보편화**되었음을 기록한 것이지요.

훗날 지나에서는 비단을 **마구 생산하여 서양에 수출하니** 실크를 차이나의 문화로 알았을 것이나, 비단의 **발명과 시작**은 결코 지나족이 아닌 **우리 한겨레**였습니다. 최소한 **배달한국 때 우리 선조들에 의해 발견된 최고의 걸작품**이었던 것이지요. **비단의 제조기술** 또한 지나비단과 달랐으니, 평양일대에서 발굴된 비단의 대부분이 **명주실을 겹실로 짠 질긴 비단**(겸포)이었다고 합니다.

누에, 누이야!

아직도, 중화(차이나 최고!)와 사대에 물들어 못 믿는 분을 위해 비단이 한국인의 발명품임을 확실히 밝히지요!

무엇보다 우리에겐 '뿌리언어'가 있습니다.

누에란 잠을 많이(4번) 자야 하는 벌레이기에 잠(蠶 예: 잠실)이라 했던 것이고 늘 땅에 누워있기에 **눕+에〉누ㅸㅔ〉누에**(애)라 불렀을 것입니다. 그래서 누에의 조상이라는 **누조**(嫘祖)의 누(嫘)란 **밭**(田)**에서 실**(糸)**을 생산하는 여자**(女)란 뜻에서 나온 글자로, 우리 겨레에게 엄마와 고모(姑母), 이모(姨母) 다음으로 **한국인의 정체성**을 담고 있었던 다정한 단어였지요. 그래요. '누이'(嫘夷)란 **누에를 키우던 동이**(夷)**여자**를 말함이었습니다.

그래요. 금문의 권위자인 김재섭 선생과 명리학자인 김민기 선생 또한 누조(뉘조)는 '**누에를 키우던 누이**(뉘)**의 조상**'이었다고 주장합니다. 그래서 누이는 우리에게 누배, 누베, 누비, 누에, 누부, 누야, 누애… 등으로 전해지지만, 지나는 누조가 **누에의 조상**(?)이라 말하면서 정작 [**누**](뉘嫘)**라는 원 발음**을 잊고 레이[lei]라고 말하면서 왜, 그렇게 읽히는지 모르고 있지요.

중심원 자미원(紫微垣)부터 천시원(天市) 태미원(太微) 출처: 백제의 꿈, 잠 자는 누에 출처: 환경
생태미술동아리, 안동삼베 출처: 안동포삼베전시관, 여름밤 직녀성, 견우성 직녀성 출처: 하코

그리고 뽕나무(누에)의 벌레 **누에**(天虫)**를 키우고 인류최초로 실을
켜**(실크) 비단을 짰던 마고땅의 사람들은 누에가 **머리와 가슴을 세우
고 잠을 자는 모양**(乙)**을 보고** '마을'(麻乙)이라 하고 **중심하늘에 하늘
임금이 거처한다는 궁궐**을 '자미원'(紫微垣)이라 불렀다는 것입니다.

노자선 님은 "**자미원의 그 자미라는 글자의 어원이 '잠'**(자다sleep)
이다. 잠이라는 것은 **누에가 사는 울타리**, 즉 **뉘조**(마고)**할머니가 살고**
(잠 주무시고) **있는 궁전**이라는 뜻임을 우리말로 쉽게 풀어낼 수 있다."
라고 합니다. 그래요! 많은 잠(4번)을 자기에 잠자는 벌레라는 의미에
서 **누에를 '잠'**(蠶 예: 잠실)이라 부르고 우리에게 옷을 만들어 입혀 주
신 마고를 뽕(나무)할머니라 했던 것이지요.

〈한국고대사〉의 '미래를 위하여' 님은 *산해경 등 지나의 고대사서
에서 동이를 **백민**(白民)이라고 하는 표현의 **'백'**(白희다 밝다)**의 고대적
의미**는 갑골문과 전서를 볼 때 '**태양과 누에고치에서 실을 뽑는 모습**
을 복합적(함축적)으로 그리고 있어 해 뜨는 동방의 나라가 처음 **누에
를 길러 비단을 만들었던** 그때의 모습을 나타낸 것'이었다는 역사를
밝혀냅니다.

지금은 **비단**(silk)이라 말하지만, 누에에서 실이 실실(슬슬) 나왔기에, 우리 고유어로 '실'이라 했고 실을 켜낸 것이라는 말에서 '실크'(실을 켜)의 어원도 보이지요! 그래서 **실끄**(silk), **실꾸**(쿠) 또한 **실을 끄집어 낸 것**, '실꾸리'(sil-kkury: 실 감는 기구)에서 쉽게 알 수 있었습니다. 실꾸리란 실을 감지만, **풀 때는 안으로부터 실이 풀려 실이 엉키질 않고 실 표면이 상하지 않게 하는 고구리**(쿠리)의 획기적인 발명품이었다고 하지요. 여기에 고가의 완제품(비단천)의 위험에서 **재료를 감은 실꾸러미**(실꾸리)**를 단위**로 간편하게 이동하며 교역까지 고려했던 과정에서 알려진 우리의 말이라고 합니다.

영남대 조환 명예교수(섬유공학)는 '**실크의 어원이 우리나라에서 처음 발명된** 특수한 실 감는 기구인 **고구리 때 실꾸리가 차이나를 통해 알려진 것**'임을 〈재팬섬유학회지〉에 게재합니다. 어때요? 우리말 실크와 실꾸의 실마리가 풀리지 않습니까? 이래도 **우리 땅**이 누에를 처음 쳐 **실**(비단)**을 켜고 실끄**(꾸)**로 수출까지 생각해온** 누에치기의 원산지였다는 생각이 안 드시나요?

백(白)의 갑골문(1~3)과 전서(4~9) 출처: http://www.internationalscientific.org/CharacterASP, 근세조선 영조때 유중림의 *증보산림경제 출처: 규장각도서, 무명을 감은 실꾸리 출처: 옥션

**"아아 우리 겨레여! 마치 자루 속에 갇힌 것 같구나.
누-가 능히 이 어둠을 열어주나?"** -茶山 정약용 '술지'

누에는 성장과정에서 **결벽하고 질병에 잘 걸리기**로 유명하여 기르기가 매우 어렵다고 합니다. 숙종 때 홍만선이 지은 백과사전인 *산림경제지는 '누에는 **연기는 물론 냄새도** 싫어하고 **소리**에도 예민하여 통곡소리나 큰 소리, 욕지거리, 성내는 소리, 심지어 **음담패설과 불결한 사람이 곁에 오는 것**조차 싫어하기에 **방이나 도구 등을 깨끗이** 해야 한다'고 적혀 있어 지금도 진실에 **눈 가리고 힘으로 남의 역사를 가로채며** 양심마저 내던지는, **정갈하지 못한 지나의 정체성**에는 도저히 맞지 않는 문화였음을 알게 하지요.

무엇보다 누에를 '천충'(天虫: 하늘이 내린 벌레)이라 하는 것은 해 뜨는 곳 하늘나라 扶桑(부상)에서 **신목**(神木)이라고 부르는 뽕나무의 잎을 먹고사는 하늘 벌레였기 때문입니다.

반면, 우린 남을 높이는 **존대와 양보, 정결한 몸가짐으로 선인·군자**로 불린 사람들이었습니다. 영조 때 *증보산림경제에는 '재산을 늘리기 위해 누에를 치는 것은 **인자의 도리**가 아니니, 늙은이의 옷이나 수의로 쓸 만큼만 누에를 치라'고 기록할 만큼 누에고치 속의 생명까지도 생각했던 **자애로운 마음**을 가진 나라였지요. 그래서인지 **우리나라의 토종석잠누에**는 우리 땅의 야생 메누에로부터 진화(염색체수 27개)한 것으로, 지나누에의 **계보와 조상**(염색체수 28개)**과 전혀 다르다**고 하니 미물조차 기르는 사람을 닮는 것인지, 참– 희한하네요.

실크로드가 열리기 전, 고조선과 고구리가 **인류최초의 누에재배와 직조기술**로 오색 신선의 옷을 만들어 입고 바람을 날릴 때, 비슷한 시기 **2천여 년 전, 서양의 왕족조차** 겨우 우리의 일상복이나 상복(喪服)

에 해당하는 누리끼리한 삼(麻)을 구해 삼베옷도 아닌 **베를 둘러걸치고** 다녔고 겨우 14C에 양잠이 번창하기 전에는 비단을 **동양에서 수입** 했을 뿐이니, 이 땅에서는 그보다 **최소 3~4천 년 전부터 비단실로 짠 화려한 비단옷을 지어** 입었으니, 문화적 차이가 얼마나 컸는지 아시겠지요? **서양의 역사**는 지나역사만큼이나 과장되게 왜곡되었음을 알게 하고 우리가 얼마나 **뛰어난 사람**이었는지를 실감케 합니다.

그러나 지금 이 땅의 사람들은 **'상전벽해'**(桑田碧海: 푸른 바다가 된 뽕나무밭)와 **'공상'**(空桑: 뽕나무가 텅 비워버린 나라)을 남의 전설로 알고 가벼운 입술로 전할 뿐, **마고할미도 고대조선도**, 이러한 유산을 이어 **새로운 차원의 비단**을 만들었다는 고구리와 신라마저 함께 잊혀져 단군할아버지는 풀누더기를 걸친 원시인이라고 미신이라며 학교마다 목이 잘려나가지요. 아, 억장이 무너집니다!

그래서 **우리의 비단인 금**(錦)은 **명**(明)**에서** 만든 견직물(누에고치실) 이라는 명주(明紬)로 불리면서 차이나의 발명품으로 **착각**하면서 술에 취해 '비단~이 장사 왕~서방!'을 흥얼댈 때, '견우와 직녀 설화'는 **지나의 설화**로 등재 되구요. 누에고치를 뜻하는 88(누에의 형상)**년, 누에**(잠)**의 땅, 잠실**에서 올림픽이 열렸을 때, 그때 '우리가 비단과 옷의 시원국'이라고 밝혔어야 했습니다!

종이는 천제문화

인류의 4대 발명품, 종이! 지나는 2008년 〈북경올림픽〉에서 화약, 나침반, 종이, 인쇄술을 차이나의 4대 발명품(?)이라고 소개하며

차이나가 '**인류문화의 中心**'이었음을 전 세계에 선포합니다.

그런데 '종이'를 후한(後漢)의 내시였던 채륜(蔡倫)이 발명한 것(105년)이 정말 맞고 정말 글을 적는 종이(paper)를 만들었을까?

반면, 반길성(潘吉星)은 저서 *중국제지기술사 考에서 **기존의 채륜의 종이발명설을 강력히 부인함**은 물론 '초기의 종이였던 **파교지**(140~87BCE), **롭노르지**(BCE49), **채륜지**(CE105)는 글을 쓰기 위한 목적이 아닌 **다른 용도**(포장지)로 쓰였을 개연성을 들면서 종이발명설을 부인하는 것이 학계의 대세'라고 말합니다. 채륜은 단지 기존에 전해오던 **경험을 개량, 발전시킨 정도**였다는 것이지요.

이러한 고고학 연구결과에도 불구하고 우리 사학계는 식민사관에 젖어 '**우리 스스로의 발명**'에 대해서는 눈먼 채, 국사교과서에서 겨우 10년 전부터 '채륜이 종이를 만들었다'가 아닌 '**~만든 것으로 전하여 진다**'라고 표현만 바꾸었을 뿐이고…! 혹자는 종이 하면, 이집트(BCE2500년 경)의 '**파피루스**'를 떠올리겠지만, 파피루스는 **단순히 식물잎을 가로와 세로로 눌러 사용**했던 것으로, 습기에 매우 약했고 접는 것도 불가능해 **서적으로 발전하지 못한 종이대용품**이었다고 합니다.

종이의 개량 채륜 출처: issuetoktok1177.tistory.com, 지나의 3대 발명품으로 소개한 두루마기종이(북경올림픽) 출처: 플러스코리아 타임즈, 종이 대용품 이집트 파피루스 (19C말 발견) 출처: 동아일보, 죽간(지나문화재) 출처: Pngtree

그래서 인간의 슬기가 담겨 현재에 이른 종이 또한 차이나나 이집트가 아닌 정작 문화의 뿌리가 잔뜩 있는 우리 한국의 문화가 아니었을까? 이미 '누에를 이용하여 종이를 만들어 사용하였다.'(其用帛者謂之爲紙)는 범엽의 *후한서 채륜전의 기록과 후한시대 허신이 지은 *설문해자(100년)의 '종이라 함은 서(絮: 누에고치를 뜨거운 물로 적셔 부드럽게 한 상태)의 일첩'(一笘: 대자리에 걸러 말린 얇은 조각)이라는 기록에서 우리는 채륜의 '채후지' 이전에 비단이나 면으로 종이를 완성하였음을 알 수가 있지요. 그래요. 전설의 '잠견지'(蠶繭紙 누에고치)!

그러면 **뽕나무를 재배하여 누에를 기를 수 있는 지역**은 어디였을까? 온난한 기온과 적당한 습도… 그래요! 대대로 동이가 살던 대륙의 동부 해안지역과 우리나라는 **역사적으로 고대한국**이었습니다.

게다가 학자들은 미불의 *서화사(書畫史)의 "사릉의 서화 가운데 상등(최상품)의 진적(뛰어난 필적)과 법서(法書), 양한(전한, 후한)·삼국·이왕·육조·수·당의 **왕과 신하들의 묵적**(필적)은 高麗지(고리지)로 맨 앞장을 장정한다." 라는 기록으로 고리의 '잠견지'는 이미 양한(兩漢 BCE206~)시대보다 훨씬 전 **가림토 문자**(한글 이전 훈민정음의 전신)를 만들고 *배달유기(환국과 배달의 역사책)를 편수했던 **고조선 3세 가륵단군**(BCE2182) 때로 **거슬러 올라가야 한다**'고 말합니다.

이미 **문명수준이 월등히 우월하고 물산이 풍부했던 동이지역**은 서쪽 서안에 기반을 두었던 지나족보다 **훨씬 전에 비단이 보편화**되었다고 하지요. 그래서 문명이 한참 떨어졌던 **황하문명권에서는 이때 죽간**(竹簡:대)**과 목간**(木簡:나무) 정도가 이용되었을 것이라고 추론합니다.

이렇게 우리나라는 고구리(려)와 부여를 넘어 이미 **고조선 때** 세상 어느 민족도 감히 그 제조기술을 흉내낼 수 없었던, 비단종이(잔견지)를 만들어 문자를 사용했음을 알 수 있습니다. 송(宋)의 서긍은 *고리 도경에서 "고리의 창고마다 **잠견지로 엮은 기서와 이서 등의 서책이 가득하여** 도저히 헤아릴 길이 없었다." 라며 찬탄했을 정도였지요.

〈우리역사교육원〉의 한문수 교수는 '**세계최고의 고려 잠견지 고대 사서와 함께 사라지다!**' 라는 글에서 "**고려지**(고대조선 때 시작된 누에고치종이)**는 면견**(綿繭: 허드레고치실)**으로** 만들었는데 빛은 비단처럼 희고 질기기는 명주와 같아서 **먹을 잘 받으니 사랑**할 만하였다. 이는 중국에 없는 기이한 물품이다. '**면견 또는 잠견**(누에고치)**으로** *난정첩(왕희지가 쓴 법첩)**을 썼다**'는 것도 이 고려지를 가리킨 듯하다." 라는 *동천청록(송의 조희곡)의 기록을 이익(1681~1763)의 *성호사설에서 찾아 한국인이 잊은 종이의 역사를 일깨웁니다.

그래서 추사 김정희가 *완당전집(제4권)에서 동진(東晉)의 '**왕희지**(王羲之307~365)**가 서성**(書聖: 글씨의 성인)**으로** 명성을 얻을 수 있었던 것도 **다 한국의 잠견지가 있었기에** 가능할 수 있었다' 는 기록을 이젠 이해할 수 있지요.

후한서(後漢書) 출처: 루쉰이 생각하는 세상, 잠견지에 쓴 왕희지의 난정서(蘭亭敍) 출처: 서예이야기, 난정첩 1쪽 출처: 대만국립박물관, 한지장(무형문화재117호) 장용훈 선생의 음양지 출처: 한국문화재재단, 매천야록 출처: 하늘처럼

그런데 많은 역사서는 고구리에는 비단으로 만든 잠견지 외에 당시 **천하제일의 종이**로 꼽혔던 **고리**(고구리)**지**가 또 있었다고 합니다. 수명 또한 천 년(紙千年 絹五百)의 명품! 닥나무(뽕나무과)로 만든, 앞(양) 뒤(음)를 한 장에 붙인 '음양지!' '고리의 닥종이는 희기는 **백옥 같았고 매끄럽기는** 거울과 같아 **고급스러우면서도 질기고** 두꺼웠는데, 글씨를 쓰면 **먹이 진하게 배어** 좋고 특히 그림을 그리면 오묘한 빛을 내었다' 라고 *고반여사(考槃餘事: 明의 도융)는 전합니다.

송(宋)의 손목 또한 그의 *계림유사에서 "고리의 닥종이는 **윤택이 나고 흰 빛이 아름다워** 사랑스러울 정도이다." 라고 부러워했다고 하지요. 세상 어느 민족도 감히 흉내 낼 수 없는 독보적인 제조기술과 천 년 이상을 변질이 안 되는 **최고의 명품**이었기에 송(宋), 당(唐) 등이 부러워하며 다투어 썼다고 합니다. 또한 재팬이 그렇게나 자랑했던 '센카지(泉貨紙) 역시 **원류가 한국의 음양지**'였음이 김경균(한일문화연구가)씨와 사카모토 나오아키(종이예술가)에 의해 밝혀지지요.

힘이 약했던 근세조선 때조차 지나관리들 사이에 '**조선의 종이는 마치 비단과 같다**'며 '조선에서 뇌물을 받을 때는 **반드시 종이로 받으라**'는 것이 불문율이었다 하고 **지나의 왕들이 한지**(韓紙)**를 받아들고 기뻐하면서** 왕자나 공주, 뛰어난 전과를 올린 장수들에게만 하사했던 것은 무엇을 의미할까요? 분명 **근본이 영원한 나라의 종이**에 '너의 역사를 기록하여 전하라'는 뜻 아니었을까!

조선말의 경술국치를 당하자 '절명시 4수'를 남기고 자결한 선비

황현(黃玹: 황희 정승의 후손)은 역사책 *매천야록에서 피를 토하며 기록해 놓았습니다. "이세적(당의 장수)이 평양성 함락 후 **고구리 장서고** (서적 보관소)를 열람해 보고는 '**소국**(속 좁은 지나인들의 표현)**의 문헌이 어찌 이처럼 잘 갖춰져 있는가! 이를 남기면, 후인들이 이를 알까 두렵고** 변방의 우환이 자심해 질 것이다' 하여 **모-두 불태웠다!**"

오호-호, 통재(痛哉)라! 인류가 만든 명품종이 **잠견지와 음양지**, 그 서적들과 **기록의 문화**는 이렇게 전설 속에 사라진 것이지요.

인류학자들은 종이가 '제(祭)나 차례를 지낼 때, **조상에 고하고 이를 간직하기 위해서거나, 역사를 기록하여 후손에게 전하려고** 나온 것'이라고 합니다. 인류최초로 하늘(문명)을 열어 사람의 역사를 시작했던 **천손**(天孫) **한국인**, 선사이전부터 **암각화나 벽화**에 새기고 그려 전하려 했던 **천손 특유의 기록DNA**, 그래서 인류최고(最高)의 문화라는 **문자와 인쇄술과 금속활자**도 처음 발명해 내었던 문화겨레, 이렇게 **신석기문명**을 처음 시작하고 **천제**(天祭)**를 지냈던** 문화적 잠재력과 **경험**을 종합해 본다면, 상~식적으로 종이를 누가 발명했을까요?

그러하기에 인류의 가장 오랜 인쇄(목판)본인 *무주정광 다라니경 (706~751)이 1300년을 지난 지금까지도 남아 문화적 우수성을 입증합니다. 오늘날의 화학처리된 펄프종이는 최대보존기간(200년)을 지나면, 책장을 넘기지 못할 정도로 부스러져 버린다는데…, 지금 이탈리아 프랑스 미국 등 '**종이문화재**' 복원에 반드시 **한지**(韓紙)**가** 쓰이는 것을 아시나요?

종이 또한 우리의 독보적인 문화였습니다. 그럼에도 어느 차이니스는 인터넷상에서 이렇게 말하네요. "중화민족은 **역사적으로(?)** 매우 **위대한(?)** 국가였다. **중화의 역사(?)와 문화의 선진성(?)**은 다른 나라가 **초월하지(?)** 못한다. 한 예로 종이(?)를 만드는 기술(?)은 **시간적으로(?)** **월등히** 앞선다." 온통 근거 없는 오만한 중화주의!

꾁해야 **2천 년밖에** 안 되는 역사에, **문화의 뿌리가 없는** 지나이고 식인문화마저 있었…데, 그래서 '**동북공정**'을 획책하며 **한국의 1만 년**(이상) **시원역사를** 훔쳐가는 주제에… !

한지체험관(제천) 출처: 문화저널21, 종이요강, 종이지팡이 출처: 동아일보,
고선지 루트출처: KBS공사창립 특집3부작

천손의 종이문화와 제지술은 또 하나의 세상을 위한 홍익사상의 K-wave로서 1**동양의 문화**를 발전시키고 2**고선지루트를** 통해 서방세계로 전파되면서, 3유럽과 세계를 변화시키는 **역동적 에너지**로 작용하게 됩니다. 고구리의 후예인 고선지(高仙芝, 父: 고사계) **장군 휘하의 동족인 종이기술자**가 달라스 전투에서 포로가 되면서 **고구리의 종이문화**가 유럽까지 전파(14C)된 것이지요.

수 세기가 지나 교황청의 친구와 아랍을 통해 '**고리의 금속활자와 인쇄술**'을 전수받은 구텐베르크가 1456년 바이블을 인쇄하여 대중화하게 되면서 〈종교개혁〉이 촉발되고, 이어 **지식산업을 부흥시키면서**

유럽은 〈르네상스의 시대〉를 맞아 부흥하게 된 것입니다. **세계의 역사를 바꾸었던 우리의 문화들**이었지요.

상전벽해가 되어버린 땅! **'뽕나무'**는 실크만이 아닌, **많은 문화와 자부심**과 관련된 역사였지요. 그래요. 우리 한국인이 '마고 어머니의 신화'(神話)와 '한국인의 우주수(宇宙樹)인 뽕나무'를 잊었기에, **문화와 역사는 물론 그 속의 인물들도 다른 조상이 되고** 말았습니다.

−배달국의 5대 태우의 환웅의 아들인 **복희씨**(? BCE3528~)는 지금 **지나족의 시조**로 둔갑되어 **역**(易)**과 문자와 음악**의 창시자로, 지나의 **문화의 신,** (인류)**문명과 과학의 아버지**로 숭앙받고 **신농**(神農 BCE3218)은 **농사의 신, 다신**(茶神), **약초의 신, 의약의 신**으로 알려지고 **헌원**(BCE2717)은 **문자와 의복, 수레, 활과 화살, 도끼, 60갑자, 침술과 한의학**(황제내경) 등 학문과 기예의 창시자로 둔갑되어 버린 것이지요.

다− 한국의 시원문화들! 그래서 지나의 〈청도(靑島)박물관〉에는 다− 동이인의 발명이라고 전시하고 있고 또 골수중화주의자인 한(漢)의 사마천조차 *사기에서 '차이나역사에서 **BCE841년 전**은 알 수 없다'며 **차이나의 역사가 아니라**고 말했던 것인데…!

신화(神話)도 **없고** 근본도 **모르고** 중심이 **없고** 방향키를 **잃은** 한국인들! 지금 이러한 문화와 세상의 판을 짰던 역사를 다 잊었기에, **우린 문화의 하국으로, 중국(?)의 은혜를 입은 나라로,** 차이나를 방문한 **우리의 대통령이 혼밥**을 하고 **수행기자마저 땅에 패대기쳐 구타**(2017. 12.14)를 당해도 그뿐…, 그나마 옛날엔 황제에게 알현할 땐…, …!

자금성 밖에서 머리 박고 기어서 들어갔다는 둥, 자금성 앞에서 중국 대신들에게 무릎 꿇고 왕의 책봉을 호소했다는 둥 자위하면서 사대(事大)를 하는 것이 외교라는 생각을 하게 됩니다!

지금 우리의 장엄한 신화(神話)와 문화(文化) 그리고 역사(歷史)를 잊고 사는 것이 어떤 자존감과 자부심을 잃고 사는 것이지, 우리가 왜, 늘 똑같은 역사를 반복하고 가족마저 붕괴위기에 섰는지, '어찌, 나에게 이런 일이 생기냐?'며 하늘을 원망하고 힘든 삶을 살 수밖에 없는지를 각자 곱씹어야 합니다. '역사는 나와 관계없다'는 얼간이(얼 나간 놈)와 이방인을 세계가 존중합디까? "역사를 잊은 민족에게 미래는 없다!" 라는 경구가 생각납니다. 한 끼 치맥 대신 벗에게 장엄한 *한국인 자부심 더 시리즈-를 선물해 보심은 어떠신지?

경·천·동·지- 사라진 '우리나라'의 기억들!

평화롭던 이 땅에 위기가 닥쳤습니다. 약 1만5천~8천 년 전, 기온이 평균 10° 상승하자, 홍수와 폭우로 해수면이 상승하고 빙하로 녹아내린 물이 얼음댐에 갇혀있다 일시에 터지며(3번 정도) 소위 '지구대홍수'가 시작되고 화산폭발과 함께 대륙의 일부가 바다 속으로 뒤틀려 들어가고 솟는 강력한 지각변동이 일어났습니다.

육지로 붙어있던 영국과 프랑스도 이때 해협이 되고 그랜드캐년 같은 거대한 협곡들도 이때 생겼다고 하지요. 이때의 상황을 조상께선 '경천동지'(驚天動地: 하늘이 놀라고 땅이 무너진다)라는 말로 전해왔습니다.

이때, 우리나라(울이나숲)의 중심부(고대 서해와 남해대평원)도 **평균수심 35m의 대륙붕의 바다**(130m 이상 상승)가 되면서, 그곳 평원지대에서 살던 최초의 문명인(동이, 마고사람)들은 차차 **높은 지대**로 오릅니다. 제주도와 대마도 등 대평원의 **높은 산들은 떨어져 나가 섬이 되**고 그나마 8천 년 전에는 **많은 섬들마저 다 물에 잠기고** 아래로는 오키나와 열도, 대만 등으로 **다 쪼개졌다**고 합니다. 훗날, 6천~5천 년 전에는 **발해대평원마저 물에 잠겨**버리고 맙니다.

이때 생긴 것이 **무수한 섬**(島)이었지요.

누군 3358개(2010년, 무인도 85.65%)라 하고 지금도 정확한 수를 모르는 우리의 섬들. 그래서 섬을 뜻하는 '**島**'에는 먼 옛날엔 **평지에 솟은 산**(山)이었다고 글 밑에 山을 넣어 후손에게 '**그때의 역사**'를 전하고 있지요. 이상향이었던 제주도 남쪽의 **이어도 전설** 또한 이때 생긴 것이고 갈홍(葛洪 283~364)이 *신선전(神仙傳)의 마고선녀전에서 말한 상전벽해(桑田碧海)도 이때를 말하는 우리의 역사였습니다.

다도해풍경 출처: 통영허브팬션, 그랜드캐년 화성암 침식 출처: 대조선삼한역사학회,
그래이엄 핸콕(Graham Hancock)의 저서 *신의 봉인

이것이 동해 해안가에서도 나오는 구석기나 신석기시대의 초기 유적지들이 **환경이 훨씬 좋았던 서해안에서 나오지 않는 이유**이지요.

다ー 물에 휩쓸려 묻혀버렸던 상전벽해! 그래요, **첫 문명**, 세계 문명을 태동시켰던 **엄마문명**(마문명), **바다문명**이 이렇게 사라지며 우리의 역사는 전설이 된 것입니다. 동방삭(154~92BCE)이 쓴 *십주기(十洲記)에 '동해(지나쪽 동해, 지금의 서해) 가운데 **그 넓이가 만 리나 되는 신선들의 나라가 있었고 오디**(뽕나무 열매)**를 먹고 산다**'고 기록한 것은 발해대평원이 물에 잠기기 전의 '우리나라'를 말함이지요.

이렇게 몇 차례의 전 세계적인 대홍수로 수많은 지형의 변화가 있었음을 저서 *신의 지문에서 밝힌 바 있는, 영국의 그레이엄 핸콕(Graham Hancock)은 그의 *신의 봉인에서는 "**대한해협에서 한반도 서해안과 발해만**에 이르는 지역 일대 해저에는 무언가가 **발견 될 잠재성이 매우 높은 곳이다**. 나에게 그곳 해저세계는 즉 잊혀진 조상들의 고대 영지(領地)이다." 라며 사라진 문명을 일깨웁니다.

그래요. 소위 '지구의 4대문명'이란 **이때 이 땅을 떠난 사람들의 문명**이었기에 우리의 문명과 유사했던 것이고 또한 **문명들이 높은 지대에서 나타나거나 높은 탑을 쌓아 이룬 것** 등은 지구대홍수에 대한 두려움 때문이었을 것입니다.

억-장이 무너지다!

오랫동안 공들여온 일이 허무하게 무너지거나, 극심한 절망적인 상황일 때, '억장이 무너진다'고 말해 왔지만, 우린 정작 억장이 상전벽해의 시원의 땅(나라, 성), **억장지성**(億丈之城: 1장3m×1억)의 준말이었음을 몰랐기에 조상님의 먹먹한 슬픔을 알 수가 없었습니다.

그래요. 오~랜 역사 속에 앞서 이루었던 **첫 문명의 城, 울타리**(우리나라)가 **무너지는 엄-청난 사태**를 뜻하는 말이었습니다. 마고할미가 쌓았다는 첫 호모 사피엔스사피엔스(슬기슬기 인간)의 나라 마고성(麻姑城)이 푸른 바다에 가뭇없이 사라진 전설을 말함이지요.

"아! 지금의 **컴퓨터·반도체의 발명**과 맞먹는 '구석기문화의 꽃'이라는 '좀돌날몸돌'(細石刃核, micro-blade core)과 인류최초의 기계장치라는 석기제작기술로 **대량생산을 시작**된 땅, 가장 진보된 구석기시대 만능칼인 '아슐리안 주먹도끼'(100만~10만 년)를 쓰고, 무려 3만5천 년 전, 자아를 인식했던 '얼굴돌'로 사람의 철학(哲學)을 하고 인류최초의 '눈금돌'(1만8천 년 전)로 인류최초의 도량형이 시작된 땅! 그래서 가장 많은 '거석문화'(고인돌과 선돌, 피라미드)와 '암각화'를 이룬 땅, 최초의 '검'(劍: 돌검〉청동검)과 지팡이가 나왔던 땅, 수학과 과학과 예술로 지구문명이 싹을 틔운 땅…!

인류의 신석기문화가 꽃피운 땅! 인류최초(2만5천 년)의 '마제석기'와 더불어 '숫돌'을 발명했던 땅, 고고학의 미스테리인 '맷돌'이 시작되어 다른 땅보다 **만여 년 앞서 신석기시대를 시작한 땅!** 인류최초의 합성물인 '토기'를 처음 만든 나라, '신석기의 꽃'이라는 '빛(햇)살무늬토기'를 최초로 만든 나라, 인류최초·최고(最高)의 보석이며 가공하기 어렵다는 '옥'(玉)을 차고 다닌 나라, 1만 년 전에 글로벌 네트워크를 이룬 나라! 그래서 인류최초로 농업과 가축이 시작되고 지

구상 모든 개의 조상이 나왔던 땅, '인류최초의 배'(최소 8천
년 전)를 만들어 처음 '고래잡이'를 했던 나라, '온갖 도구'가
나온 땅, 최초의 난방인 '온돌'이 나오고 인류최초로 '볍씨'
를 개발하여 인류를 먹이고 '신석기 밭'이 나온 땅, 인류최초
로 별을 관측했던 '천문(天文)의 하늘나라'!

인류최초의 놀이문화라는 '윷놀이'가 시작된 땅, 풍류와
소리(음악)를 시작으로 인류최초로 '축제(굿)와 태양제'가 시
작되고 하늘에 '천제'를 올렸던 땅, 종교와 샤머니즘 이전의
도(道)가 시작되고 인류최초로 '솟대'를 세우고 예(禮)와 효
(孝)를 시작한 땅, 성스러운 땅에서 피어난다는 왕가의 꽃
'무게꽃'(무궁화)을 키우던, 군자와 성인이 나왔다는 나라…!"

아, 이 많은 문화 중 소위 선진국가라는 영국과 프랑스, 이탈리아,
세계문명의 중심이라는 차이나에서조차 하나도 나올 수 없었던 것은
인류의 문명을 시작했던 땅이 아니었기 때문입니다. **너무나 뛰어나
고 아름다워 무섭고 부럽고 질투가 나는 것들**이지요.

그래서 이러한 마나라땅(마고나라)의 **마**(麻)는 임금이 내린 명령인
'**조칙**'(詔勅)이라고 기록(*한자사전)하고 '**궐천 년**'(闕千歲)의 역사였다며
옛일을 웅변합니다. 북애자의 *규원사화(1675) 중 태시기(太始紀)에는
"이로써 단군 원년에 이르기까지 **전후로 무릇 궐천 년**이었다. 궐은
만을 말한다."(以至檀君元年前後 凡闕千歲 闕者 萬之稱也) 라고 하여 **우리
의 역사**가 단군시대가 시작되기도 전 **1만1천 년 전, 적어도 1만5천 년**
이었음을 일깨웁니다. 그래서 마고지나의 '마고성'을 '대궐'(大闕)이라

말하고 **태고**(太古)적이라 말했던 것이지요.

이렇게 **엄청난 역사 속의 마고지나의 마고성이 사라지는 슬픔이** '**억장이 무너진다**'였던 것입니다. 그래서 어딜 가나 돌을 쌓는 '우리 겨레의 성(城) 쌓기' 행위는 위대한 천손으로서 무너진 억장과 마고할미를 기억하고 잃어버린 천성(신성, 본성)을 회복하여 **복본**(근본으로 돌아가자)**하자**는 우리 겨레만의 암묵적인 암호였던 것이지요.

그런데 삶의 터전(서해·남해평원)이었던 **마당**(마사람의 집)과 **마을**에 물로 차오르며 **태초의 문명**이 사라져 버릴 때, 모계사회의 우두머리였던 **마고**는 뛰어난 지혜로서 무리를 이끌고 사라져 가는 우리 문명을 **육지로 옮기며 섬과 육지를 돌다리로 연결하며 혼미한 정신 속에서 무던히 고생**을 하셨던 모양입니다.

> "옛날, 옛적에 과부할멈이 살고 있었는데, **힘이 장사였데.** 한번은 늑도에 왔다가 살기 좋다고 하기에 살면서 '주민들의 소원이 무엇이냐?' 물었더니 '**육지와 이어지는 돌다리를 놓아 달라**'는 것이었데. 그래 할멈은 지리산 산신령에게 '아무리 써도 헤지지 않는 질긴 가죽치마'를 하나 달라고 했지. 그러나 산신령은 늑도에서 돌아오라며 가죽치마를 주지 않았다고 해. 할 수 없이 할멈은 산신령의 명을 거역하고 **치마에다 지리산의 돌을 날라 돌다리를 놓다가** 그만 지쳐서 죽었데!"

그래서 '**뽕할머니**(마고)**와 호랑이**' 전설로부터 유래된 '진도 바닷길

축제'에 열광하는 것이 그때의 탈출(엑소더스)의 역사가 유전자에 남아 있고 천손의 무덤이자 하늘젯상인 고인돌과 세간살이를 더 높은 곳으로 애태우며 날랐던 그때의 상황을 '**과부할멈**(마고) **서답돌**'이라는 슬픈 전설로 전하는지 모릅니다.

이 땅의 첫 어머니 마고는 **늙은 신선, 마고할미라는 이름**으로 이어지고 천신(天神)의 딸 마고가 지리산에 내려와 8명의 딸을 낳았다는 **천왕봉과 반야봉의 전설**로, 마고할미의 변형으로 짐작되는, 제주도의 창조신 **설문대할망**으로, 거제도의 마고덜경, 단양의 전설, 양양 죽도의 절구바위 등 **설화와 지명으로 남·북한 도처에 수백 편이 넘게** 전해지고 있지만, 한결같이 슬픈 전설로 전하는 것은 이 거대한 우리나라(억장, 마고성)가 무너지면서 **평화의 시대도 함께 사라졌기 때문**입니다.

고인돌- 마고의 공기돌

이처럼 **한국인의 첫 어머니**로서 마고할미의 이야기는 억장이 무너질 때, 한결같이 **한**(恨)**을 이고 굶어죽거나 지쳐서 죽었다는** '공통의 화소'와 함께 **그녀가 나른 것이 바로 수많은 고인돌**이었다는 전설은 우리의 가슴을 아프게 합니다. 어릴 적, '고인돌을 만든 건 마고할멈'이라는 말과 '**커다란 돌도 마고에게는 공깃돌**'이라는 말을 할머니에게서 들은 적이 있지요.

아! 지금 여자아이들의 놀이로 알려진 '**공기**(供碁)**놀이**'는 바로 바다로 변해가는 땅에서 이 땅의 제천단이었던 **돌맹이**(Dolman 고인돌)를

섬과 육지로 분주히 지고 날랐던 마고나라 사람들의 애타는 수고로움
을 비유하는 슬픈 몸짓이었습니다. 그래서 실수를 탓하는 '콩'(쿵)하는
소리와 몸짓은 품에서 떨어뜨린 제천단을 끝까지 지키려 했던…,
마고인들의 진한 안타까움의 표현이었구요.

평남 수산리와 집안현(장천1호) 고분의 **고구리벽화에는 5개와 7개
의 공기를 던져올리는 놀이**를 그려서 이 땅의 마고의 이야기를 후손
에게 전합니다. 지금도 평안도와 황해도 그리고 충북 제천이나 전라
도 고창의 칠성바위와 거북바위, 화순의 핑메바위 등의 **고인돌에는
마고에 얽힌 이야기**가 전래되고 이 땅의 많은 석관묘나 고인돌의 **주
인공이 女子**였다는 사실로 '모국'(母國)의 근원을 알게 합니다. 그래서
어른들은 늘 말씀하셨나 봅니다. "돌맹이 함-부로 차지마라!"

설문대할망 출처: *설문대할망(봄봄). 공기놀이 출처: 네이버문화원형백과, 수산리 고분벽화
공기놀이 출처: 네이버지식백과, 지리산 마고할미의 전설이 깃든 공개(기)돌 출처: 김숙희

바다의 여명, 비바리, 아마

지구상에서 해녀(비바리)가 있는 나라는 **우리나라와 재팬 남부**뿐인 것
은 무엇을 뜻하겠습니까? 물로 채워진 땅에서 **물에 잠긴 세간살이 하
나라도 꺼내오려는 물질이 습관**이 되어 오래 머물 수 있는 폐활량으

로 키워졌던 것이고 이후 고래와 고기를 잡으러 바다로 나간 지아비를 기다리며 이 훈련된 폐활량으로 바다의 양식을 건져 올렸던 물질이 우리가 유일한 해녀의 나라가 된 것은 아닐까요?

그래서인지, 패총(조개무덤)에서 발견된, **옛 선사인들의 인골에서 해녀들에게서 나타나는 귓구멍이 반쯤 막히는 '외이도골종'이라는 잠수병 현상이 발견**(160회 역사스페셜)되었던 사실에서 그때의 슬픔을 봅니다.

지금은 잠녀(潛女), 잠수(潛嫂), 해녀라고 부르지만, '전복 따는 사람을 얕잡아 부르는 말'로 변해버린 **'비바리'**라는 말이 사실은 우리 겨레의 이상향인 밝음이 임한 땅이었던 비나리, 바나리(波那留)를 꿈꾸는 사람의 뜻으로, 이상향이었던 그때의 땅을 그리워했던 말임을 어찌 가늠이나 하겠습니까? 그럼에도 **'제주해녀문화'**는 19번째로 〈유네스코 인류유산〉으로 등재(2016.11)되지요. 반면, 재팬은 학문적 연구를 토대로 **마고를 잇는다**는 뜻의 **'아마(あま, 亞麻)축제'**로 해외에 광고하고 세계인과 더불어 체험을 하며 아마의 수를 늘여가고 있는데, 해녀의 원조국이라는 우리는 **비바리조차 뭔 뜻인지?** 문화(혼) 없이 모이는 **제주의 '해녀의 방'**은 마치 마고를 가두어 놓은 듯, 자물쇠만 굳게…!

60년대 제주해녀 출처: 오충윤, 제주 대평리 당밧할망당(난드르일뤠당) 재팬해녀(1904년)와 토바시 외국인관광객유치홍보물 출처: 제주해녀박물관 *제주해녀와 일본아마 비교연구

'상전벽해', 잊혀진 것들!

아, 억장이 무너질 때, 이 땅에 그득-했던 **뽕나무**(桑)들이 휩쓸려 사라져 버렸습니다. 지금도 전설처럼 회자되는 '桑田碧海'는 딴 곳 이야기가 아닌, 정작 세상의 해와 달이 처음 뜨는 곳이라는 **부상**(扶桑), 그 뽕나무에서 아침해가 솟았다는 동방의 나라 **상돈**(桑暾), 그래서 **청구국**(靑邱: 푸른 뽕나무 언덕의 나라)이라 불렸던 '우리나라'가 **푸른 바다**로 **변해버린 놀랍고 기막힌 사건**을 말함이었지요.

그래서 우리의 임금님 뒤에 언제나 뽕나무에서 뜨는 해와 달을 그린 '일월부상도'(日月扶桑圖)를 두었던 것은 **상전벽해가 되어버린 땅**에 대한 기억이며 **시원의 나라였음을** 잊지 말라는 상징과 자부심이었음을 이제 알겠습니다.

일월부상도(日月扶桑圖) 출처: 조봉석, 每(매, 마)의 금문의 릭(1,2,3,4), 갑골문 海의
엄마의 젖(5,6) 출처: 〈상고자료사〉, 海의 전서의 피라미드(7,8,9)
출처: http://www.internationalscientific.org/CharacterASP

무엇보다 섬을 뜻하는 '島'(도)가 섬 이전에는 본디 **새들**(鳥=봉황), 즉 **배달겨레가 살던 땅의 산**(山)이었고 바다 '**해**'(海) 또한 **어미**(母, 每-마고)**의 땅에 물**(氵)이 차들어 왔던 이 땅의 **기막힌 역사**였음을 알게 하고 옛날 海의 발음을 [메/미]라고 하고 지금 제주에서 마고를 '**묻혀**(埋) **죽은 노파**'라며 말하는 '**매고**(埋姑)**할망**'이 바다에 묻힌 마고지나

(어미의 나라)였음을 알고… 억장이 무너집니다!

　여기에 재야사학자들은 여성지도자나 엄마를 뜻하는 每(매)자가 금문(金文: 초기 고대한자)에선 '우리 겨레의 상징인 弓(활) 모양을 함축'하고 있고 또한 금문(廣義의)에서 海(해)란 '강(水)에서 여성지도자(젖을 가진 엄마)가 두 팔을 들고 있던 곳'이었으며 갑골문에서는 **활(弓) 잘 쏘는 여성지도자, 또는 북두칠성을 모시는 여성지도자**였고 전서(篆書: 옛 한자)에서는 원래 **강 건너 동방(東: 해가 뜨듯 문명이 동튼 곳)에 피라미드가 있는 곳**이었다는 것까지 밝혀냅니다. 대단들 하십니다.

　이렇듯 한자(이글)에 나타난 문화는 온통 우리 겨레의 정체성뿐!
이상화님의 *춘하추동으로 풀이한 한자의 창제원리와 어원에서는 한자(夷契)의 전 글자였던 "갑골문과 금문은 **우리말을 쓰는 사람들이 순우리말을 가지고 만든 우리의 고유문자이다."** 라고 하여 **한자의 음의 어원이 순 우리말**이었으며 우리의 **상고문화의 모습을 나타내었던 우리의 글자**였음을 밝혀냅니다. 황하문명의 주역국가였다는 **상**(商=殷은) 또한 **순우리말(한국말)을 쓰고 우리말로 한자를 만들던 사람들의 후예**였으니 황하문명 또한 옛 한국인의 문명이라는 것이지요.

　문제는, 여성신이 몰락하고 **부계사회로 바뀌면서 오랜 모계중심이었던 우리나라**로서는 근본이 잊히고 뿌리가 뽑히게 되어 지금의 인류사로 왜곡된 것입니다.
　그래서 '마고할미가 단군과 **자웅을 겨루다 지는 내용'**은
훗날 북쪽에서 세력을 키워 유목화된 **부계사회(환인~단군)에게** 인류

의 시원문명을 이루었던 남쪽의 **마고나라**(모계사회-해양, 농경)**의 체제가 패배**하는 것을 상징하는 말이었고 '마고께서 **산으로 올라가 산신이 되었다**는 전설' 또한 그때의 **이런 상황**들로 마(모, 무)인들이 **더 높은 곳으로 피신하고 이 땅을 떠나면서** 이 땅의 토착문화(해양, 농경)가 **단군문화**(유목, 기마)**에 흡수**당한 것을 상징함이었지요.

그러다 보니 창조신인 마고할미는 오히려 남성창세신화의 주재자인 반고환인씨의 아내(上元夫人)로 바뀌어→ **막지**(莫知)로 불리다 훗날 무지하고 상스럽고 포악한 인간의 모습인→ 무지막지(無知莫知)로 전락하게 되고 점차→ 단순한 무속신앙의 신으로 전락하면서 심지어→ '마귀(魔鬼)할멈'으로 저주를 받게 되자 정작 **인류의 어머니의 나라**는 **창조신화도 없는 짧은 역사로 잊혀졌던** 것입니다.

여신들의 몰락 출처: EBS 다큐프라임, 상전벽해와 진도 뽕할머니 축제 출처: 전남여행, 그리스 신화의 대지의 여신 가이아 출처: *그리스신화

엄마(마고)를 위한 마차례와 메느(나)리

이렇게 되자 선조께선 상전벽해가 된 곳에서 **겨레의 어머니**(마고)**의 뜻**을 받들고 한을 위로하기 위해 제(祭)를 지냈다고 합니다.

이것이 '마차례'의 시작이지요. 그래서 삼신(마고)할미에게 제사를 차릴 때, '볏짚을 깔고 그 위에 하얀 쌀밥에 미역국 그리고 떡에 깨끗한 물 한 그릇을 올리는 것'은 우리가 해양문명과 농경문명을 함께 시작했던 시원의 땅 우리나라의 정체성을 잊지 않으려함이었지요. 박현님은 마차례가 몽고엔 음이 그대로 전해져 맛차례로 재팬엔 마쯔리로, 예(穢, 濊)에겐 무천(舞天)으로 음이 변해 전해졌다고 하지요.

또한 메(궁중어의 밥)를 받아 이어 정성스럽게 나르는(제사를 잇는) 이를 '메(뫼)나리'(메: 진지, 뫼: 산 봉우리 날: 나르다 이: 사람)라 했습니다. 역사학자이며 한글학자이신 강상원 박사님께선 지금의 며느리의 어원을 옛 한국의 토속어에서 퍼져나간 산스크리트(범어)언어 '메느리'[me nri 전라도토속어]에서 찾아내지요. 메는 '관리하다(manage), 헤아리다(consider)', 느리는 '백성과 동포를 거느리는 어른(leader)'이라는 말로 결국 메나(느)리와 같은 뜻이었다고 합니다!

그래요. 훗날 이 땅의 메느리들은 이때의 마고어머니의 노고를 헤아리기 위해 높은(高) 산봉우리(峰)처럼 밥을 올려 제사로써 위로해 드렸던 것이 지금 '고봉'(高峰)이라 부르는 이유이지만, 천손의 자부심을 저버렸던 조선왕조와 일제의 개가 되어 짖었던 식민지 시대를 거친 뒤 다- 잊어 버립니다.

지금은 발음까지 '며느리'로 변하면서 '부모나 아들에 기생하는 몹쓸 여자'란 여성비하어로 왜곡·전락되어 〈여성부〉에서 퇴출어로 지정되는 등 해프닝까지 빚었던 말이지요.

> "자신의 일만을 생각하고 있는 인간은 그 자신도 될 자격조차 없다."
> -탈무드

인류의 종가역사의 흔적들

세상문명을 열었던 이 땅의 터줏대감인 마고의 자손들은 **고인돌**을 세우고 **마차례**(으뜸차례, 참된 차례)로서 천제를 올리고 천손의 종가**로서 하늘의 뜻을 받들었다**고 합니다. 그래서 마사람들의 '**마**'(麻)는 **조칙**(詔勅: 임금의 명령을 알리는 법)이나 **조서**(詔書: 임금의 명령을 알리는 문서)를 뜻하는 말이 된 것이지요. 진수(233~297)가 *삼국지 위서동이전에 "진한의 왕은 항상 **마한에서 세워 대를 이어가게** 하고 진왕 스스로는 자립하여 **왕이 될 수 없다.**" 라고 기록했던 까닭이지요.

숫돌로 **마제석기**(간석기)를 만들어 신석기문명을 열었던 위대한 사람들이었기 때문이며 **마한**(摩갈마韓)이라 불리다가 훗날 북방유목인의 유입으로 **마**(馬말)를 뜻하는 **마환**(馬桓)·**마한**(馬韓)으로, 결국 마고문명지인 남쪽 지리산 높은 곳에 **노고단**(老姑檀: 마고에게 제를 올렸던 단)을 세우고 **우리나라 삼환**(마환, 진환, 변환)**의 뿌리를 마고환**(麻姑桓), **마환**(麻桓)으로 전했던 것입니다.

그래서 상전벽해로 억장이 무너진 후, 따뜻한 남쪽바람이 불 때는 마고인은 고향땅을 생각하며 **마파람**이라 말하고 긴 비가 올 때는 **장마**라 하면서 **마고님의 눈물**을 생각했고, 이 땅의 가늠할 수 없었던 큰일들을 회상하며 **어마어마하다**라는 말을 쓰면서 그때를 전했고, 좁아진 땅에서 기막히고 답답한 일을 당할 땐 '**마…마…**'(경상도, 재팬어의 군말) 하면서 가슴을 절이며 **마당**에 솟대를 세우고 소통하면서 밝고 환하게 처리되길 원하며 **마땅히, 마땅하다**(마고님의 집답다)라며 지난 일들을 그리워해 왔던 것이지요.

그래서 인류의 종가역사를 간직한 **마족, 무족, 모족**으로, 훗날 '인류의 싹'이라는 자부심의 **묘족**(苗씨앗族)으로도 불립니다.

　단군왕검께선 고조선 51년(BCE2282), **마고의 마음을 잇고** 후손의 만세영화를 위해 이 땅에서 가장 기(氣)가 센 곳(강화)을 찾아 '마(머)리산'이라 이름 짓고 정상에 제천단을 세워 봄·가을로 **천제**를 올립니다. **만신**(여자 무당의 존칭)**에게 굿**을 하여 고래잡이의 풍어를 기원하고 풍년을 기약했구요. 이렇게 '**처음, 뿌리, 참, 머리, 으뜸, 최고**' 등을 뜻하는 어머니의 산이었기에 *고려사와 *세종실록지리지, *태종실록 등에 마리산 또는 두악(頭嶽: 머리산)으로 기록되어 있지요.

　그래요. 하루를 살아도 천손(한국인)으로 사는 것은 시원문명의 뿌리인 마고에 대한 자부심인데 언젠가부터 불교식 이름인 마니(摩尼)산으로 바꿔어 한국인의 뿌리와 천손의 혼을 가리더니 1995년에 **마리산으로 다시 제 이름을 찾게** 된 후에도 아직도 입구에 떡 '마니(尼)산'이라고 있네요. 고쳐지지 않는 우리 사회의 의식입니다.

지리산 마고단 출처: 아름다운 누리, 강화도 '마리산'과 입구에 세워진 '마니산' 출처: 유수 최석항, 건국경제, 부산 다대포 무속행위 출처: 국제신문 시민기자 박정도

**"우리의 역사(歷史)를 우리가 고치자는데, 왜- 남의 눈치를 보는가?
이제 잘못된 역사에 분노하자!"** – 역사의병 다물

우리 땅(마당)과 바다를 지키는 '마당쇠'들의 마당굿

그래서 '**사람의 역사**를 시작한 남쪽, 크고 넓은 **우리나라**, 마고의 땅
을 잘 **관리하는 사람**이 되라!' 는 간곡한 조상의 염원이 담긴 말이 전
해집니다. **마**는 크다, 남쪽, 시작, 엄마, 뿌리, 참된 것이란 뜻이고 **당**
은 땅(집)이고 **쇠**는 밝은 사람의 뜻인 '마당쇠'이지요!

　　과거시험도 마당에서 치루면서 문명·문화를 관리했던 자부심은
흩어져 1빼앗긴 **서쪽땅**(만주와 북경, 산동지역과 상해, 광동성지역)은 지금
미세먼지와 바이러스로, 역사침탈로 **한국인의 숨통을 조이는 땅**이
되고 '**한국도 원래 중국**(?)**땅이었다**'는 소리나 듣고 있으며, 2빼앗긴
드넓은 **북녘땅과 간도**의 러시아의 유일한 부동항인 블라디보스톡이
'**동방을 정복하라**'는 치욕스런 러시아말인 줄도 모르고 **문화**(?)**체험**이
라나, **야경이 죽인다**나 무뇌(無腦)가 되어 **보드카를 들고 '블라–디보
스톡**'을 외치며 단체사진들을 찍어오네요. 이러저러 **만주 넘어 북극**
(해)**까지 다– 빼앗기고**, 3남쪽의 **제주도 너머, 태평양 입구의 7광구지
역과 이어도** 등은 단순히 돌과 물로만 보여 인류의 시원문명의 요람
이고 조상의 유골이 묻힌 땅임을 잊고 **반도의 사람**이 되어 **우리 대륙
붕의 소유권**마저 정당히 주장을 못합니다.

　　태초(太初)의 역사를 연 사람들의 바다였기에 **태평양**(太平洋)이라 했
는데, 태평양은커녕, **태평양으로 나가는 입구조차** 빼앗길 형편이니.
에휴–! 게다가 남·북으로 갈려 **세계유일의 분단국가로 조롱을 당하
며** 지나와 재팬의 머슴쯤으로 전락하면서, 이 땅의 영광을 지키라는
마당쇠는 어느덧 **남의 마당이나 쓰는 하인**인, 치욕의 단어가 되었습

니다. **진정한 마당쇠**가 언제나 백마 타고 오실지?

왜곡된 머슴 출처: (사)수영고적민속예술보존협회, 블라디보스톡의 혁명광장
출처: 브런치, 지나와 재팬이 200해리 소유권 주장 분쟁지역(7광구)
밖 태평양의 입구의 이어도(붉은 점) 출처: 나무위키

　　옛날 넓은 바다가 되기 전, 땅 **'큰 마당'**에서는 하늘, 땅 온 세상에 우주적인 개방으로 마음을 열고 **'판'**(세상을 바꾸는 일)을 벌여 **천문과 지리, 과학과 기술 등 온갖 지혜를 뽐내고 난장**(亂場: 섞여 한 마당에서 조화를 이룸)**을 치며 신명나게** 낮밤을 춤추고 노래 부르며 우주적 어머니를 모셨다고 합니다. 그래요, '마당굿'이지요. 마치 **큰 가마솥**(釜)**에 천지자연의 온갖 영험함**(神)**을 끌어들이고 그 속에서 섞여 조화**(harmony)**를 이루려는 몸짓**이었지요!

　　그런데 정작 마당굿이 **인류의 근원**(root)**을 찾아 헤매는 외국인들**에겐 제일 보고싶은 1순위문화라지만, 우리에겐 아직도 미신처럼 홀대 받고 있는 이유는 '판(세상)을 **짜고** 판을 **벌이고** 판을 **바꾸어 왔던** 한국인의 엄청난 역량과 스케일'을 일제가 역사에서 보고서 **한국인의 잠재력을 용출시키는 '마당굿'을 없애고** 나아가 한국땅의 판(산맥과 지형)마저 **다 왜곡시켜** 난장판(뒤죽박죽 부조화, 무질서)만을 생각하게 만들어 버렸기 때문일 것입니다.

그렇기에 지금도 큰 선거를 앞두고는 늘 부산(釜率山)에서부터 유세를 시작하지만, **태곳적 '마당문화'에서 도출되는 큰마음**(가마솥 같은)**과 신명을 잊었기에** 언제나 쪼-잔한 정치뿐인 것이지요.

알들을 지켰던 분- 마누라, 메느(나)리

동쪽에서 출현한 최초의 문명인 마고(麻姑)가 '세상을 거느리는 **존귀한 왕후**(임금)**나 성인이었다**'는 의미는커녕, 우리 역사 속의 **웅녀**(熊女 금녀), **신녀**(금녀)로서, **삼신할머니**로서, 인류의 첫 보물인 옥을 찼던 **옥녀**(玉女)로서, **마누라와 메느**(나)**리** 또 혈육을 챙기고 보살피는 **고모**(姑母)로서… 마고의 정체성을 이어온 줄을 어찌 알겠습니까!

민속학자 강송아 씨는 '**玉女峰**은 광주직할시와 전라남도에만 적어도 80여개가 나타나며 **전국적으로는 수백 개**는 될 정도로 그 수가 **가장 많고, 가장 일반적인 산봉우리이름**'(2012논문)이라고 합니다. 섬이 되어버린 **거제도의 옥녀봉**(555.6m)을 비롯하여 이 땅에 산재한 **마고산과 옥녀봉** 외에 '**옥녀샘, 옥녀탕, 옥녀바위, 옥녀교,… 등 옥녀와 관련된 이름**이 많은 것은 이 땅의 인류의 시원문명을 이룬 자부심과 하늘과 신성을 닮은 마음으로 **옥**(玉)**을 처음 가공하며 이 땅을 지켜온 여인**(메나리)을 기리는 역사의 숨결이었지요.

태고의 유물이 나오는 경남 창원시에는 마고가 사셨다는 **마금산**(일제 전 마고산)과 건너편에는 메느리가 살았다는 **옥녀봉**, 그 사이에 함께 물레질을 했다는 **물레재**도 있습니다.

평대리 마당굿 세경놀이 출처: 놀이패, 경주 여근곡 박물관 앞 삼신할머니상 출전: 정진, 한라산,
"엄마 같애!" 라고 말한 조카(3살)와 고모(姑母) 출처: 박상민 앨범,
한국의 메나리 출처: 영화 며느리(1972)

그러나 '마문명'과 '마고'가 천손의 기억에서 사라지면서 **인류의 조**
상, 지혜의 화신을 뜻하는 '마누라'(manura)마저 **낮추는 말**이 되고 몽
골에서 들어왔다나?

어느덧 메나리와 조화를 이루지 못하는, 고부갈등의 원인제공자인
시어머니(姑母)로 변질시키더니 마귀할멈으로, 후손을 저주하는 병마
인 마마신(천연두)으로 혐오감의 대상이 되어 **첫 어머니**(마고)를 부인
하게 되면서 옥(玉)**처럼 마음과 몸이 깨끗했다는 옥녀**(마고 또는 메느리)
또한 색(sex)을 몹시 밝히는 음탕한 여인이라는 '옹녀'(잡놈 변강쇠의 짝
인 평안도 음녀)로 둔갑시키며 이 **나라의 근본과 정기를 조롱하는 말**이
되었으니 어디까지 추락해야 정신들을 차릴는지…!

그래서 '**나는 왕**(王)**이로소이다**' 라는 시로서 잘 알려진 시인 홍사
용(1900~1947)은 퉁이(동이, 성인)였던 조상의 혼과 기억들을 하얗게
잊고 살아가는 얼빠진 우리에게 *별건곤이란 월간지에서 이들(메나
리, 메느리)이 불렀던 **우리의 슬프고 처량한 음조의 민요가 '메나리'**였
음을 회상시키고 그의 시 '**조선은 메나리의 나라**'에서 "넉시야, 넉시

로다. **이 녁시 무슨 녁**(넋: 얼, 魂魄)**?**"이냐며 '백성과 동포를 거느리며 전통을 이어온 평화롭고 조화로운 어른'의 부재를 자조합니다.

이러한 **마누라와 메느리를** 성노예로 만들게 했던, 더 떨어질 것이 없던 우리의 역사! 한 청년의 용기만큼도 재팬총리로부터 이만한 **답변이나 사과조차 받질 못했던** 정부들! 최민우(조셉 최 하버드 경제학과 2년)는 묻습니다.(2015.4) "재팬정부가 한국여성을 **강제 성노예로 만든데 개입한 사실**을 총리는 부인하는 겁니까?" 라는 질문에 아베신조는 옹색한 답변을 둘러대었지요. "형언할 수 없는 고통을 당한 **인신매매 희생자**들을 생각하면 가슴이 아프다." …? 역사는 반복되는 겁니다! 이 역사가 여러분 가정에 반복되는 것을 원합니까?

마귀할멈 출처: 연합뉴스, 지리산 제일문 아래 이정표 출처: 야수하우스, 삼베 굴건 출전: 국립민속박물관, 하버드대 방문 시 교포2세 최민우의 트럼프와 아베신조에 대한 질문모습 출처: Jtbc

조상의 첫 배꼽인 **마고나라의 모든 영광**은 이제 오히려 **막막**(마가 끊긴)**한 슬픔**이며 **전설**로 전해질 뿐입니다. 그러나 지금 한국인만이 이 세상 떠날 때, **마의**(삼베옷)**로 수의를 입히는 것**은 우리가 인류시원의 **천손마고의 자손**임을 알리는 것이니, 우리 한국인은 **슬퍼도 살아서** 이 마고어머니의 역사를 소중히 전해야 하는 것 아닙니까?

나라를 잃은 신라의 마지막 태자가 **마의**(麻衣)**를 입고 통곡**했다 함도 신라 역시 '**마고나라를 이었다!**'는 자부심 때문이었을 것입니다.

일기철학자 아미엘은 "그 국가의 **민족성**을 알려면, 우선 그 국가의 여성을 보라!" 라고 합니다. 우리의 '**마고와 마누라와 옥녀** 그리고 **메느리, 메나리**'의 호칭이야말로 진정 근원마저 저버린, 천손의 잘못된 역사인식에 대한 피맺힌 통곡의 흔적이며 지금 우리에게 제일 아픈 손가락입니다.

세상을 본 이들만의 말들!

그때, 세상이 경천동지하며 우리나라가 '**상전벽해**'가 될 때, 어머니의 문명이, 천손의 자부심들이 **소~용돌**이 **치~며 바닷~물** 속에 **철~렁**이며 **파~묻혀** 사라져 갑니다. '**이-나라가 어-떤 나라인데-⋯!**' 세상의 중심(대心)에서 **애쓰고 공들여** 쌓았던 **신**과 **영웅들**의 **문명의 땅 마고성**(마고지나, 억장)이 물에 **휩~쓸~려** 억장이 무너질 때, 놀란 가슴을 부여잡고 '**쑥-대머리 귀-신형용**'이 되어 울부짖었더랍니다.

이때의 **안타깝고 초조한 마음**을 이 땅의 사람들은 이렇게 전합니다. '애끓다, 애간장이 끊어진다, 애가 탄다⋯' 애는 창자나 간(肝腸) 그래요. '**내장이 타들어가는 것 같다!**' 라는 말이지요. 지금 **영어가 단순히** "I was worried sick."(아플까봐 두렵다)라고밖에 표현할 수 없음은 서구인들의 짧은 역사적 체험으론 도저히 **한국인의 DNA 속에 전해 오는 깊은 절규**를 표현할 수 없기 때문이지요.

이러한 우리 한국인만의 '애'는 음악적 DNA로 분출되어 **물이 쳐~내리고 흘러~꺾~이는 소리**(退퇴성)**와** 그때의 **놀~라움을 떠~는 소리**(搖요성)**로 표현한** 시나위(민속기악합주곡)로 전하고, 역사의 과정에서 **한**(恨)이 응축되어 훗날 **쉰 목소리로 피를 토**하는 판소리(세계무형문화유산2003)가 됩니다.

누군 **판소리**를 두고 근대에 나타난 장르라 쉽게 말하지만, 실은 **우리 땅의 '판'**이 바뀌며 **뿌리역사와 문화가 사라질 때의 슬픔**을 이어온 **'소리'**를 재현하는 말이었기에 외국인들조차 가슴을 후리어 파내는 판소리의 울림에서 인류의 원초적 DNA를 느끼게 되는 것은 아닐는지…! '목구멍으로 피를 세 번 토할 정도로 소리해야 한다'는 **득음**(得흡: 소리를 득하다)의 과정과 굿을 할 때 **무당이 펄쩍펄쩍 뛰는 이유 모두** 그때의 충격과 세상소리를 기억하려 함이었겠지요.

그래서 우리는 **노래**(song)조차 [노래]라 하질 않고 [소리]라 말하고 **'소리꾼'**이라 말하고 아름다운 새의 노래마저 '새가 노래한다'(The bird sings.)라고 하질 않고 "새가 운다(cry)!" 라고 말해왔던 것입니다. 어릴 적, 손녀를 앞에 세우고 "어디, **소리** 한번 **해** 보렴!" 하셨던 우리 외할머니가 생각납니다.

그리고 이들의 절망, 놀라움과 애탐의 심정을 그때 **물이 쳐들어오는 기억**을 담아 "가슴이 **철렁했다!**" 라는 우리만의 말로 전하고 또 그때 바다(海, 메/미)가 된 곳의 사람들은 산(뫼ㅎ)마루로 오르며 **소리쳐** 안부를 묻던 **마사람**(마한인, 남쪽바닷가 사람)**들의 앓는 소리**는 메(산)를 부딪쳐 메아리(뫼+앓이)가 되었던 것이지요.

이렇게 **한국인의 가슴 깊이 전해지는** '한'(恨)이란 세상(지구)의 **동북쪽**(艮) 지방에서 비롯된 **아픈 심정**(忄)을 전하는 글자였습니다.

한국인에게만 나타나는 우울DNA…! 그래서 지구상 어느 곳보다 깊고 많았던 한은 '울화병'(속이 답답하여 화가 나는 한국인의 병-美 브리태니카사전)의 근원이 되어 '**힘들어 죽겠다!**'(I'm tired to death.)라는 극단적인 말을 해 오고 미쳐야 살 수밖에 없었던 우리의 선조들은 짙은 **해학**(諧謔: 익살스럽고 우스꽝스러운 말이나 행동)으로 견뎌오고 때론 '**좋아 죽겠다!**' '**행복해 죽겠다!**…' 라며 **역설**(逆說)**의 삶**을 드러내고 어느 땐 넋을 잃고 '넋두리'를 늘어놓고 살아왔던 것이지요.

쑥대머리 춘향가 '獄中相逢' 출처: 한국민속대백과사전, 메아리 출처: 김동성 *길벗어린이, 바다가 되어버린 남해와 서해 출처: 준돌님의 장사도, 판소리 소리극 '서편제' 출처: 허익 브레인미디어

그리고 이 땅, 해나라 사람들(마나라 사람들, 알)은 "**아리랑**(알이랑: 해를 최고의 가치로 하는 귀하고 신성한 해님 알이들), **아리랑, 아라리요**(알 앓이오: 이 해나라 사람들이 지금 몹시 아픕니다) **아리랑 고개를 넘어간다**(해님들이 죄다 우리 땅을 넘어 떠나갑니다!)" 를 반복하며 사람의 문명을 시작했던 **마나라**(해님네 세상)**를 애달파하는 사모곡**(思母曲)을 부르고 점차 전 세계로 퍼져나갔습니다.

아-, 물에 묻혀버린 '우리나라', 인류시원의 마당…!

그토록 찾아 헤매던 **인류의 대서사시**가 어째서 한국의 아리랑(알이랑)이고 **세계에서 가장 아름다운 노래**라고 하는 지…, 그래서 한국을 탐구했던 게오로규(노벨문학상 수상)신부가 **"한국의 음악**은 음악이 **아니다. 그것은 통곡**(痛哭)**이다."** 라고 했던 것이지요!

이렇게 먼 옛날, 우리 땅의 한국인에겐 **'많은 일들'**이 있었나 봅니다. 그래서 우리는 '조상'을 떠올리거나 '아리랑'이나 '애국가'를 부를 때, **가슴이 먹먹**해지면서 **멍든 슬픔**이 솟구쳐 **가슴이 메이고**, 우리의 역사를 생각할 때면, **괜시리 억장만 무너졌던 것**이지요. 그래서 우리 역사를 '시작도 알 수 없는 **하늘의 소리였다**'고 하고, '경계도 없는 **바람의 역사, 바람에 새긴 역사였다**'고 전합니다.

하지만―, 지금의 한국인도 '억―장이 무너진다!'는 말은 해오면서도 그때의 오랫―동안 고귀했던 우리의 큰―집, **마고성**(城)**이 무엇인지 알 생각도 안하니**, 얼마나 더 긴―꿈(長恨夢)을 꾸어야 하는지…? 오늘도 역사는 방관자들의 침묵 속에 **빠져** 있고 바람만이 그 바다에 소리 내어 흐르니 제 가슴은 억장이 무너집니다!

지금 이 땅과 사람(夷)을 지켜온 여신(女神)들을 조용히 불러봅니다. **'삼신할미, 마고**(麻姑)**, 직녀**(織女)**, 옥녀**(玉女)**, 여와와 항아와 하백**(河伯)**의 딸들, 유화**(柳花) 또 **바리데기**…. 그리고 버려지고 짓밟히며 이 땅을 이어온 **마누라, 메느리, 고모**(姑母)**와 이모**(姨母) 그리고 **누이**(嫘夷)**들!'** 이제 다시 우리 곁으로 와, 한국인에게 다시 사랑과 활력을 주어야 할 분들이지요. **"알 씨 유!"**

"두껍아, 두껍아, 헌집 줄게 새집 다오!"

아, 님들은 갔습니다! 이렇게 위대했던 이(夷)들의 낙원(억장)이 바다에 묻히자, 인류의 첫 문명인 마문명을 이룬 **남쪽 땅의 영산강과 섬진강 사람들**(동이의 시원지)은 **보금자리를 뭍으로 올려 부활을 꿈꾸며 나라를 다시 건설**해야 했습니다.

"섬진강 사람들아, 이제 새 집을 마련하자!"

마치 뭍과 물을 오가며 사는 양서류 동물인 개구리와 두꺼비처럼 말이죠. 두꺼비(蟾섬)에 나루(津진)를 쓴 **섬진강**은 우리가 **뭍**(최초의 농경)**과 물**(최초의 해양문화)**을 오가며** 강건하게(毒이 있음) **문명을 일구었던 바닷가 사람들의 터전**이었음을 후손에게 기억하게 합니다.

세계에서 가장 오래된, **1억1천만 년 전 *개구리 발자국 화석**이 발견(진주혁신도시 2018.12.24)된 곳! 그래서 쳐다만 보아도 슬─픔이 묻어나는 강이지요. 특히 전북 진안군 **팔공산**(1147m) **자락, 천상데미**(하늘에 오르는 봉우리) 서쪽 **옥녀봉 아래** '데미샘'(옥녀봉 샘)**에서 발원**하여 전남을 거치고 경상도 하동을 지나 남해로 흘러 들어가는 **오백오십 리 섬진강**(223.86km, 유역면적 4911.89㎢)을 '괜시리 **눈물이 고이고 설움**이 복받치는 강'이라 하는 것은 이렇게 옛 마고자손의 슬픔이 서려있기 때문은 아닐까?

섬진강 출처: 국토교통부, 두꺼비 출처: pixabay, 무령왕릉에서 출토된 허리띠에 두꺼비문양
출처: 도로테아, 국립경주박물관 토우 두꺼비 출처: 담헌(湛軒)

억장이 무너졌을 때, 뭍과 바다에서 함께 문명문화를 이루었던 마고인들의 오랜 역사를, 다산과 회귀본능이 있는 '두꺼비'로써, '달'로써 기억시키고자 했었겠지요. 태곳적 해와 달의 나라였던 마고(여성지도자)의 시대가, 물속에 묻히고 그래서 북쪽으로 옮겨가면서 남성시대에 가려져 더 이상 빛나는 해가 아닌 빛을 숨긴 달로서 점차 역사의 뒷켠으로 사라지는 그때의 상황을 말함입니다.

그래서 흉측하게 생긴 두꺼비가 여성과 물(水)의 신인 달(月)을 상징하고 재생의 동물이라 하고 또한 두꺼비꿈을 가정의 풍요와 화목은 물론 재물을 가져 오는 상서로운 꿈이라 말하고 두꺼비가 쌀독 안에 들어앉아 있으면 쌀이 줄어들지 않는다는 말이 전해졌던 것은 뭍과 물(바다)에서 문명·문화를 이루었던 이 땅의 사람을 살리고 풍요를 지키는 구렁이와 함께 '업신'(業神)으로 여겼기 때문이며 평화롭고 풍요로웠던 그때, 마고어머니 시대를 그리워함이었습니다.

빙하기 때, 다양한 생물의 서식지며 마지막 피난처였다는 우리나라! 10만 년 전, 가장 발달된 중·후기 구석기 문화와 함께 인류의 신석기 문화가 처음 시작된 곳, 고인돌과 돌무덤들이 시작되고 가장 많고 고인돌 위에 별과 별자리까지 새겨 놓고 문명인의 땅임을 알렸던 땅, 그래요 문화의 어머니 마고의 땅이었지요!

그래서 첨성대(瞻星臺)에 별을 바라보다(瞻첨)는 말이 있듯, 蟾(두꺼비)에도 하늘을 바라보는 詹이 있고 '두꺼비가 앞일을 예견한다'는 말이 천체를 처음 관측했던 천손 한국인의 정체성을 드러낸 것임을 이제 알겠습니다. 여기에 두꺼비를 '달의 정령'으로, '여신'(女神)으로, 삼족오(三足烏)처럼 달 속에 다리 셋인 '삼족섬'(三足蟾)이 있다고 믿어 온 것도, 온통 우리 마고겨레의 정체성이었지요.

이렇게 천체를 관측하고 높은 과학으로, **육지는 물론 역사의 근원인 남쪽 바닷가세력**까지 다살렸던 옛 마고인들은 훗날 겨레의 영웅인 **치우**(蚩尤)**천왕**(배달국 14대 환웅)**의 눈망울을 왕방울 두꺼비눈으로** 전해왔던 것이지요. 또한 '**치**'(蚩)가 느린 걸음을 뜻하는 글자였다는 것은 투구와 갑옷으로 **중무장한 치우의 군사들의 걸음이 느릿느릿 한 두꺼비**와 닮았기 때문이었을 것입니다.

그래서 고리(려) 32대 우왕 때, '**두치강**(섬진강)에 침략한 왜구를 수십만 두꺼비 떼가 울부짖어 물리쳤다'는 이야기는 마고문명의 후손들이 **선조의 땅을 지켜냈던 것**을 비유했던 일화였고 '**떡두꺼비 같은 아이**'를 소원하며 빌었던 것은 **이 땅을 이어가겠다는 다짐**이었지요.

이러한 우리의 두꺼비는 **고구리 고분벽화**(무용총과 각저총, 개마총, 장천 1호분, 안악 1·3호분, 복사리 벽화고분, 태성리 연화총, 약수리, 삼묘기 중묘, 쌍영총, 덕흥리 고분과 덕화리 1·2호, 진파리 1·4호분, 우산하묘구 사신총, 오회분 4·5호묘 등)에서 달 속의 두꺼비로 나오고 백제 무령왕릉에서 출토된 **허리띠에 두꺼비문양**으로 나오고, 신라 적석목곽분에서 **두꺼비 토우**로 나타나고 사찰의 **사천왕과 귀면와**에서도⋯ 왜왕은 지금도 즉위식 때 **두꺼비가 새겨져 있는 곤룡포**를 입는다지요!

"우리의 역사, 아무도 모른다! 이상한 것은, 우리의 역사를 가만 놔두질 않고 끝없이 왜곡하는 것이다. 무엇이 두려운 것인가?"

어릴 적 모래를 손등에 쌓으며 **"두껍아-, 두껍아-, 헌집 줄게 새-집 다-오!"** 라며 간절히 외쳤던 것은 상전벽해가 되어버린 **이 땅 사람들이 겨레의 정체성을 이을 새로운 보금자릴 소망했던 애탐**이 전해진 것일까요?

 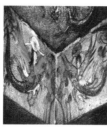  

경주 월지(안압지) 귀면와 출처: 솔바람소리, 고구리 5회분4호묘 달 속의 두꺼비 출처: 국립중앙박물관, '달속의 두꺼비' 출처: 고구리 쌍영총, 영월군 각동리 아이들의 "두껍아, 새 집 다오!" 출처: 코리아루트, 왜왕의 즉위식의 곤룡포(우: 두꺼비 달, 좌: 삼족오 해) 출처: STB

엄마(마고, 알)문명의 대-이동

이렇게 **서해대평원**은 수차례 바닷물로 차올라 억장(億丈)이 무너지고 늦게는 5~6천 년 전 사이 엄청난 지구홍수로 인해 **남쪽으로 내려온 북쪽 유목민에 의해 남성적·가부장적인 부계사회가 등장**하면서 사랑과 화합, 조화와 나눔과 공생의 **모계사회**(마고나라)는 혼란의 시대를 겪으며 망(마땅이 증발하다)하지요.

이렇게 마문명(환문명)을 기본으로 삼고 **남으로, 북으로 퍼져** 가는 곳마다 돌을 쌓고 세우며 흔적을 남겨놓습니다. 전 세계의 **신석기 유물이 한결같이 8000년 전부터 시작**되고 지금 뿌리의 조국을 父國이 아닌 '母國'(mother country)이라 말하는 이유이지요.

그러나 오호 통재(痛哉)라! 천손 한국인의 근원이었던, 마(무)문명의 땅, 마고의 집, 마당(麻堂)이 바닷물로 다 묻히자, 씨동무들은 높은 곳으로, 북쪽으로 옮기고 터(土)를 닦아 다시 마당을 트며 다시 문명을 세웠습니다.

남한강과 북한강 줄기인 →**한강변**(양평군, 이천, 춘천, 강화 등)**으로 문명을 이동**하지요. 지금은 많은 홍수와 댐건설로 사라졌지만, **팔당 호에는 많은 고인돌들이 잠겨있다**고 합니다. 이어서 황해도와 대동강 쪽에 →**대동강문명**(1만5천 고인돌)을 이루고 다시 북쪽 압록강 너머 집안에 →**백두산문명**(1만5천 넘는 피라미드, 지금은 1만2천)을 이루고 → **흑룡강**(아무르강; 뇌문토기, 편두모양의 아무르의 비너스조각)**문명**을 남기지요. 그리고 →**요동반도를 비롯하여 길림성 지역으로!**

이곳에는 **아직도 많은 고인돌들**이 남아있습니다.

두꺼비들이 지었던 새 집, 새 문명이었지요. 반면, 비슷한 시기 **지나땅의 고분벽화 등에서도 두꺼비가 보이는 것은 천손의 문화 자부심을 드러내고픈 마음**이었겠지요.

이렇게 〈인류문명의 中心〉은 1**우리나라**(서해 · 남해평원 포함)에서 2 **한머리**(한반도) **위**(↑)**쪽으로**, 다음은 서쪽(←) 3**만주땅**(요녕성) 심양으로 옮겨 **새롭게**(新) **즐거운**(樂) **문명을 시작한다는** 모계씨족의 유적인 *신러문화(新樂 BCE8000 타제석기 출토)에서 꽃피우고 그 다음은 더 서쪽(←) 지금의 요하를 거쳐 요서의 만주땅 4발해만 위 적봉(赤峰 붉은 땅)지방으로 옮겨 또다시 천손의 **어머니**(마고)**문명**을 이어가지요. 바로 세계 4대문명의 밑거름이 된 '요하(紅山 밝달, 밝은 땅)문명'입니다.

한(마)문명의 확산 출처: 국민뉴스 윤복현 객원논설위원, 요령성 심양 박물관 신러문화 홍보상
(모계씨족) 출처: 위키백과, 만리장성 위쪽과 동쪽의 만주문명 출처: 우실하 교수

이렇게 **해**와 해신인 **봉황**(새)과 수신(水神)인 **용**을 숭상했던 **남쪽의
인류최초의 문명인**들은 **북쪽 부계중심의 유목문명**(먼 옛날 우리 땅을 떠
났던)과 만나 밝달(배달)문명을 더 활짝 꽃을 피웠던 것입니다.

그래서 ＊요하문명(지나측 용어-광의의 홍산문명)이란, 1**신러문화**
(BCE8000~7000) 2**소하서문화**(BCE7000) 3**흥륭와문화**(BCE6200) 4**사해
문화**(BCE6000) 5**부하문화**(BCE5200) 6**조보구문화**(BCE5000) 7**홍산문화**
(BCE4500) 8**소하연문화**(BCE3000) 9**하가점하층문화**(BCE2000) 등을 말
함이지요. 우리가 허구라고 그렇게나 부정했던 환문명(桓: 환하다 밝달
문명-한국 BCE7197~)**의 실체가 오롯이 만주에서** 나타난 것입니다.

그래서인지 백두산 너머 요령성에는 **우리나라의 상징인
버드나무**가 유난히도 많습니다. 물의 사람들 마고의 자손인 하(河)백
의 사람들과 유(柳: 버들)**화부인이 지나간 길이었기 때문**이지요. 그러
하기에 **한국인의 DNA가 담긴 문화유물들**이 나오는 것이지요. 비록
지역이 바뀌고 사회의 중심역할이 여성에서 **남성으로 바뀌고** 농경·
해양문명에 **유목문화가 더해졌을 뿐…** !

다 우리 땅 마고의 후예들이 꽃피운 발전된 문명이었습니다. 대대로 지나의 어느 왕조도 지금의 **만리장성 동쪽을 함부로 넘지 못했기에**, 요하문명은 우리 한국의 문명일 뿐이지요.

그래서 **북(↑)으로 이동한 만주문명의 '만'**에는 옛적 남쪽한국 문명·문화와 마고의 향수가 남아있지요. 만은 마의 사람 즉 **남쪽지방 사람**이란 뜻이라고 합니다. 우리말의 **마가** 지금도 **'처음'**(beginning)과 **'참'**(truth)과 **'뿌리'**(root)와 **'남쪽'**(south)을 뜻하는 말임을 생각할 때, 이들이 **'벼문화와 해양문화를 비롯한 뿌리문명을 처음 갖고 온 남쪽의 참사람**(문명인)'이었다는 말이지요.

그래서 이들을 **벼 화(禾)부수를 붙여 穢族**(예족)으로 불렸던 것입니다. 훗날 이 **자부심의 글자인 예**(穢)는 훗날 지나족의 ×질투에 의해 **'더럽다, 지저분하다, 거칠다, 나쁘다'** 등의 뜻으로 바뀌고 그것도 부족하여 **'똥, 더럽다'란 뜻의 濊**(예)**로 글자마저** 바꾸어 우리 동이를 부르는 말인 동예(東濊)가 되어 위대한 역사가 왜곡된 것이지요.

그리고 옛적 요동반도와 산동반도가 거의 이어져 있던 시절, **고대한국문명이 서쪽(←) 산동반도**로 옮겨져 중국의 문명의 기초가 됩니다. 이렇게 현 인류의 문명은 **우리나라에서 시작되어 세계로 퍼져 나간 것**이지요. 지금도 산동반도의 사람과 문화, 심지어 진돗개마저 유독 이 땅과 유사한 이유이지요. 그러나 산동반도에 **고인돌이 거의** 남아 있지 않은 것은 **진시황의 분서갱유와** 모택동의 **문화혁명**(文化革命)**의 수난**을 거치는 동안 한국문화를 **모조리 파괴**했기 때문입니다.

이것이 우리의 **서쪽**(←)에 있는 '**지나 한족**이 세계의 문명을 일으켰다(?)'고 억지를 쓰며 정신승리를 하면서도 동이의 글자인 **물건**(物件, thing)이란 말조차 우리처럼 [물건]이라 말하지 않고 생뚱맞게 [뚱시] 즉 '**동서**'(東西: 동에서 서로 온 것)라고 말해 왔던 것은 차이나가 누리고 있는 **물건과 제도와 문자와 철학** 등이 해 뜨는 동(東)방에서 **시작**되어 서(西)쪽으로 간 것이었다는 명쾌한 증거이지요.

지금 천제국(천제를 지내며 천자와 제후를 임명하는 나라)**의 위치**를 넘겨주어 천손의 역사를 잊고 있을 뿐, 도도히 흘러왔던 '인류사가 어디에서 시작'되었고 문화의 굴기(崛起: 우뚝 솟은 산 앞에서 느끼는 마음)**가 어디**에 있었는지, 세상의 **中心**(中國)**이 어디**였는지를 알게 합니다.

마고문명의 꽃, 홍산문화 – 세계문명을 피우다!

1906년 일제하 도리이 류조우(鳥居龍藏)에 의해 세계고고학계의 지축을 흔드는 발견이 시작됩니다. 차이나의 문명이 아닌 **한국 고유의 유물들!** 옛 배달나라 강역인 **홍산문화터**(廣義)! 1963, 1979, 1987년을 이어 계속 쏟아졌지요!

*홍륭와유적(6200~5200BCE)에서는 규모가 크고 오래된 신석기 집단거주지와 함께 한국고유의 문화였던 옥(마고)문화를 웅변하는 옥귀걸이, 옥도끼 등 **약 100여점의 옥기**가 출토됩니다. 차이나는 홍륭와유적을 '중화제일촌'(中華第一村)이라 하고 옥귀걸이를 **세계에서 가장 오래된 것**이라고 보도합니다.

그러나 **제주도 고산리보다 2000년 늦은** 옥귀걸이였고 이들 옥기의 분석결과 신의주와 가까운 단동쪽 옛 우리 땅 **수암현에서 생산되는 옥이었고…!** 이 외에도 홍산문화권에서 옥비녀와 옥팔찌, 옥봉, 옥룡, 옥잠(누에), 옥고(상투를 고정시키는 장신구) 등이 출토되지만…,

온통 한국문화DNA!

더구나 내몽고 *나만기유적에서 출토된 두 개의 옥인장(4500~3000BCE)! 차이나정부는 '중화민족제일인'(第一印)이라 명명했지만, 지나(한)족의 힘이 미친 적이 없었던 곳!

옥인장은 1한겨레의 특징인 **햇**(빛)**살무늬토기를 포함한 새김무늬와 기하학적 질그릇과 함께 출토**되었을 뿐 아니라 2'5~6천 년 전, 지나족이 **동남아시아에, 기껏해야 양자강 남쪽에 존재했다**'는 〈상해 복단대 연구프로젝트〉의 발표와 무엇보다 3당시 '한족문화권에서는 옥산지가 없었다'는 점들을 고려한다면, 인장의 주체는 자명한 것이지요. 박선희 교수(상명대)는 말합니다. **"홍산옥인장의 주체는 중화족이 아니라 환웅천왕 때의** '신시(神市) 문화유산'이었다."

그래요! 한국인에게 전설로 내려오는 '환인께서 **환웅에게 천손의 나라를 맡긴다**는 상징적 도장', 천부인(天符印)의 전설이 참역사였던 것이지요. 또한 인장의 출현은 **교역 등 사회발전에 따른 약속** 등으로 정치지도자가 직권을 행사하는 상징물이 필요했던 수준 높은 사회였다는 것이지요. **질그릇에서 숱하게 발견되는** 인장과 수많은 **이 땅의 암벽화의 무늬들**은 왜, 인장이 한국인의 산물인가를 웅변합니다.

흥륭와 옥귀걸이 출처: 박선희 교수, 요령성 출토 옥봉(鳳), 옥웅룡(熊龍), 옥고 출처: 나르샤,
홍산문화(내몽고자치구) 출토 옥인장 출처: http://blog.donga.com/milhoon/archives/384

더구나 *사해문화(BCE6000)에서는 **동이의 신전**(神殿)과 함께 최초의 용(龍)문화의 유물인 용돌무지(19.7m)**가 출토**되면서 용(龍)의 자손(?)이라던 지나족 용유물(호북용)보다 **1000년을 앞서게 되자**, 차이나정부는 '중화제일용'(中華第一龍)이라며 또 가로채버리지요. 중국(中國?)의 문화로 알았던 용(龍) 또한 한국인의 고유문화였을 뿐입니다.

이렇듯 홍산문화터에서는 신석기문명의 꽃이며 한국고유의 문명인 **햇**(빛)**살무늬토기**며 한국인의 소원을 들어주던 **두꺼비문양 토기**, 소도문화를 상징하는 **새 소조상**과 도(道)의 나라에서 나온다는, 새무리의 우두머리를 상징하는 **봉황토기**도 여기에 최초의 문자(?)라는 **암각·골각문자**까지…, 온통 한국의 전체성뿐!

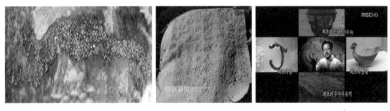

사해문명의 용 출처: SBS 역사 다큐 '3천년의 퍼즐, 낙화암 마고詩 탁본 출처: 경상일보, 홍산문명의
최초(? 지나입장)의 문자, 봉황토기, 옥용, 주거지(모두 한국문명) 출처: MBC HD

또한 **조양시 *우하량 유적지**에선 한국 고유의 적석총(돌무지무덤 3500BCE경)과 석관묘(돌널무덤), 이집트 조세르왕조(2630~2612BCE)의 초기(계단식)피라미드보다 **1000년을 앞선** 고대한국의 피라미드('동방의 피라미드'—한 변100m)와 앞에 제단(60×40m)도 발굴되고 지나의 청동기 연대(BCE22C)보다 **1000여년 앞선** 청동기 흔적(BCE35C~30C경 청동찌 꺼기, 청동주물그릇)까지 나오자 인류최초의 문화였음을 알게 합니다.

이렇게, 돌무덤의 기원지(?)라던 시베리아의 알타이 페시체르킨 로 크Ⅰ 돌무지무덤(BCE25~12C)보다 **우하량 유적에서 발견된 돌널무덤 의 축조연대**(BCE35C)**가** 오히려 1500~1000년이나 빠르고 시베리아 바이칼호 연안에 있는 판석묘(BCE13~6C)보다는 **무려 2000년 이상이 나 앞서자 지나는** 돌널무덤의 기원을 **홍산문화라고 하면서 우리 땅의 문화가 모두 홍산문화에서** **남하한 것**이라고 또 왜곡을 하지요.

참~! 그런데요. 고래의 도시 울산에선 ***홍산문화와 거의 똑 같은 암각화, 석관묘, 원형제단**(울산 방기리)이 나오고 요령성 우하량 아래 ***동산취** 제사유적에서 나온 임신한 여인의 조각상과 흡사한 **흙으로 빚은 여인상 '신암리 비너스상'**이 출토되었고 웅(熊곰)토테미즘과 관 련이 있는 **웅촌**이 있고 **많은 고인돌**과 함께 신 (금)의 마을이라는 **검단 리**(儉丹里)가 있고 울산 낙화암에 **'마고의 시(詩)'**가 있어 진정 잊혀진 시원문명의 발원지가 어디였었나를 생각하게 합니다.

'한국은 고대 세계의 수도였다'는 인류학자 M.G. 라클리 교수(콜로 라도대)의 말을 입증하듯 **'가장 발달된 구석기문화'**로 **'가장 앞서**(만년 이상) **신석기문명'**을 꽃피워 세계최초라는 유물들을 쏟아냈던 땅!

그런 우리 땅인데, 문명이 겨우 홍산에서 내려온 것일까?

신용하(서울대) 명예교수님은 정작 '적석총이나 석관묘가 홍산이 아닌 우리나라가 원조였다'고 합니다. 지금도 석관묘(돌널무덤)를 사용하는 곳이 있다는 우리나라지요. 그래요. 돌(石)로써 인류의 구석기와 신석기의 산업혁명을 일으켰던 선조께서 **주검까지도 돌로써, 시원문명의 자부심**을 지켜드리고 싶었던 것은 자연스러운 발상이었을 것입니다. 이 땅의 문명이 올라갔다는 말이지요.

적석총분포도 출처: KBS1, 창원의 돌널무덤 출처: 김해박물관, 충북 제천 청동기 돌널무덤 출처: 제천시, 우하량 제2지점 적석총 유적 전경 출처: 이형구 교수

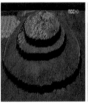

우하량 아래 동산취 제사유적의 여인조각상(왼쪽)과 울산 신암리 '흙으로 빚은 여인상 출처: 울산신문, 울산 방기리에서 발견된 원형제단 출처: 코리아 히스토리 타임스, 우하량 3단원형제단 출처: MBC 다큐멘터리, 우하량문화의 대형 피라미드 복원. 출처: KBS 역사스페셜

여기에 적봉시 *오한기에서 단군상과 권장(權杖: 권력을 상징하는 지팡이)마저 나옵니다.(2012.7) 지나의 인물상과는 달리 **상투를 틀고 관모**(모자)를 쓴, **흙으로 구운 남신상**(높이 55cm)은 '**정신수행자의 소조**

상'으로 이미 한국인의 사회가 원시미개사회가 아닌 고도의 정신문화 사회였음을 증명하는 유물이었습니다.

전설로만 치부되었던 **신선**(神仙) 또는 **성인**(聖人), **대인**(大人)으로 추앙되었던 옛 한국인의 실체가 드러난 것이요. 권력으로 다스리지 않고 **도**(道)**로써 다스리는 나라**였습니다. 또한 고대엔 아무나 쓸 수 없었다는 모자는 한족(漢族)문화유적에선 '모자 쓴 인물상'이 **출토된 적이 없는 반면**, 홍산문화 유적에서 출토된 **모든 인물토기상은 모자**를 썼습니다. 그래요. 우리가 대인의 나라였기 때문이었지요.

그 옆에서 흙으로 빚은 **곰과 옥웅룡**(玉熊龍) 그리고 제물로 쓰였을 **실제 곰의 아래턱뼈**가 나왔으니 아, 저들은 우리처럼 **곰**(곰)**토템인**이었습니다. 여기에 **매**(鷹)**로 추정되는 발톱과 날개**까지 나왔으니 그래요. **북두칠성을 모시고 신**(곰)**녀를 따르는** 마고의 후예였다는 것이지요. 역사천문학회의 노중평 회장은 지금도 **무당**이나 **방상씨**(장례행렬을 인도하는 이)**가 곰가죽을 두르는 것**이 모두 마고의 후예인 웅족(熊族)임을 나타내려는 신화적 변용이라고 말합니다.

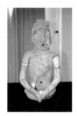

정신수행자의 남신소조상 출처: 正北方网, 우하량 여신묘의 곰발 출처: 나르샤, 여신(마고) 수행상
출처: 코리안루트를 찾아서, 우하량 실제 얼굴 크기의 여신(마고) 출처: 대한사랑K역사문화
채널, 아나톨리안(터키) 문명박물관의 지모신 출처: 토마스 Free Kim & Lee

조양의 *우하량 유물의 백미는 여신신전인 **여신묘**(女神廟)에서 사람크기에서 3배 크기까지의 **반가부좌**(한겨레만의 좌법, 우리 천손이 잘함)한 **여신 6~7분**, 무엇보다 세 여신이 서로 꼭 껴안고 있는 '소조상'(삼신상)의 발견(1984)이었지요.

그래요! 지구의 가장 오랜 문명지에서, 전설과 신화로만 전해왔던 한국(하늘나라)의 어머니 '마고삼신'(엄마 마고와 두 딸인 소희와 궁희)이었습니다. 특히 사람 크기의 돌로 조각된 '**여신상**'(마고상)의 눈동자는 반원형으로 갈아서 넣은 청옥(靑玉)이었구요. 이 또한 우리의 선조가 거쳐간 우리 땅 **압록강 근처 수암**에서 가져온 옥이었으니… 지나 문명권 어디서도 찾을 수 없는 **여신문화와 옥문화**였습니다!

아, 신화로 치부되던 것들이 **다 한국의 실재역사**였지요.
바로 **두껍이에게 소원했던 화려한 새 집**(새 문화)이었던 것이었지요!
북녘 발해로 이동한 홍산문화(4700~3000BCE)는 인류의 시원문명인, 우리나라의 남쪽 마문명에서 모태된 문명으로서 **어머니 마고를 소중히 모시고 밝달나라로 이어온 역사**였습니다.

혹자는 이 얼굴상을 **단군조선의 웅녀**로 보기도 하지만, 사랑과 화합, 관계와 조화, 나눔과 공생의 **대지모**(大地母)상의 특징이 골고루 있어 한국인이라면, 한국의 첫 어머니인 **마고** 즉 **옥녀**(玉女)임을 쉽게 알 수 있을 것입니다. 남성지도자 체제로 바뀐 후에도 마고의 정통을 이어갔던 신녀(금녀, 웅녀)문화였던 것이지요.

그래서 훗날 부여, 고구리, 백제, 신라에서도 **신전**(神殿)을 짓고 하늘과 소통하고 신성한 뜻을 받드는 **신녀**(神女금녀)를 두었던 것이었으니 임금 또한 함부로 대하지 못했던 것은 '우리나라'가 본디 **마고라는 여성지도자로부터 시작된 나라**였고 이들이 **토착한국인**으로서 문명을 선도해온 터주대감이었기 때문이었습니다.

　*우하량 여신신전의 여신묘는 한국인이 잊고 있었던 배꼽문명(배고문명)과 뿌리역사(환문명, 밝달문명, 단군조선)의 실체를 밝혀준 것이었고 **모계사회로부터 출발했다는 그**(The) **인류사회와 그**(The) **땅이 어디였나**를 실증하는 유물이었지요.

　그래요. 생각해 보면, 차이나가 왜곡하여 동쪽으로 여러 번 옮겨 조작했다는 만리장성 끝에 산해관을 세우고 **'천하제일관'**(天下第一關)이라는 현판을 세웠던 것은 '하늘 아래 최고의 문'이란 뜻이 아닌, '장성 너머는 **천상**(하늘나라)**의 나라**이니, 이 문은 **천하**(하늘 아래)**로 내려오는 첫 번째 관문'**이라는 신(신선, 대인, 군자)의 나라를 존중했던 말이었는데, 우린 역사를 망실하고 거꾸로 알았던 것이었습니다.

　그래서 지금 요하문명의 거점인 **조양**(朝陽: 조선의 태양)**의 골동품거리 벽면**에는 흥미로운 문구가 있다고 합니다. "중화문명 **1000년 역사**를 보려면 **북경**을, **3000년 역사**를 보려면 서안을, **5000년 역사**를 보려면 **조양**(하남성에서 바뀜)을 보라."

　이것을 윤복현 교수는 명쾌하게 설명합니다.

　*우리나라(마문명)→한반도(한문명)→**만주**(백두산문명)→**요하**(홍산문화 포함)→**산동**(대문구문명)→**황하**(황하문명)!

천하제일관 출처: G중해. 조양의 봉황산 출처: 선명상, '동북아고대국가의 역사' 학술토론회
동북공정 비판 역사학자들(2007.10.2. 블라디보스토크) 출처: 동아일보.
홍산문화 유적지 현대식 돔 내부 출처: 박문호의 자연과학 세상

이렇게 홍산문화(만리장성 위)에서 한국 고유의 옛 문화가 대거 출토되자, 차이나는 정신적 충격을 받고 **중화(?)문명의 위기**를 감지하고 공개를 꺼리게 됩니다. '만리장성 위쪽은 상종 못할 야만인'이라고 저주를 퍼붓던 저들의 역사였기 때문이지요.

〈세계인류학계〉는 술렁이고 **공개를 요구하는 거센 압력**에 의해 만주 적봉시에서는 유례없이 무려 열흘간 미국, 영국, 재팬 등 세계 11개국(100여 명) 학자들이 대거 참가하여 〈중국 북방고대문화 국제학술연토회〉를 벌입니다.(1993.8) 그리고 이 자리에서 이렇게 공인합니다. '이 문화(홍산)는 **토착동이인**(고대 한국)**의 문화**로서 동방문명의 발원지이며 세계문명의 창시문명이다.' 그래요. 토착인은 우리 조상뿐이었지요!

신용하 명예교수 또한 "당시의 **기후변화, 지형, 구석기·신석기 유물을 종합적**으로 검토한 바, 동아시아 문명은 한반도에서 태동했다고 결론 내렸다. 기후변화에 따라 **한반도인들이 북상**했고 현재의 **홍산문화지역에 정착하여 홍산문화**를 이루었다."(고조선단군학회 주관 서울역사박물관 2015.5.2)라고 발표합니다.

그런데 어처구니없게도 한국의 강단사학자(일부? 대학교수들-사학계 실세)들은 **식민사관과 중화사관에 씌워져** 스스로 제 문명임을 부정하고 있고 대부분의 한국인들은 역사에 대해 아-무 생각이 **없다는 사실을 알고서…** 차이나는 초현대식 돔기념관까지 지어놓고 **자기들도 동이의 후손**이라고 하며 국제학술회를 거치면서 용(龍)돌무지는 '**중화제일용**'으로 빼앗고 봉황토기는 '**중화제일봉**'이라 주장하고 한국의 단군상도 '**중화의 조상신**'으로 대대적으로 왜곡보도 해버립니다. "**요하문명**(홍산문화 포함)은 **중국인의 선조가 구축했던 문명**으로 중국의 문화적 유산이다. 그것이 나중에 **한반도 전체로 확산됐다.**"

그리고 군 · 관 · 민이 하나가 되어 영어와 중국어로 **온라인 공간을 도배**하면서 요하문명을 지나의 문명으로 가로채버리지요!

마고- 기억의 흔적들

고구리와 백제, 신라에는 **마고에 대한 기억**이 존재합니다. 노중평 회장은 우리말에서 잊혀진 비밀코드(마고)를 찾아내지요.

"우리가 '**처음**'을 뜻하는 말을 흔히 '**첨-**'(僉)이라고 말하는데, 첨은 **단군왕검**(王儉)**의 검**(儉)과 관련되는 문자로 파자하면, 僉+亻 즉 **처음으로 임금**이 된 사람을 뜻한다. 그런데 단군왕검에 앞서 첨(檐)은 마고와 관련되는 문자이다. **단군왕검이 마고를 계승**했기 때문이다.

또한 **고마**는 백제의 다른 이름이기도 하다. *남사(南史) 백제전에는 '**백제의 국호**는 왕이 머무르는 도성으로 하여 **고마**

(固麻: 마고를 지킨다)'읍, 첨로라고도 한다'(百濟國號 王所都城 曰 固麻邑曰檐魯)라고 전한다. 첨(檐: 처마처럼 된 모자, 갓)은 木+詹, 첨(詹)은 별을 본다는 뜻의 瞻(첨)과 같은 뜻으로 **하늘에서 별을 살피는 일을 하는 사람들** 즉 마고의 자손이고 노(魯)는 日+魚, **일관**(日官: 해·천체를 살피는 관리)**으로 있는 어씨족**(魚氏族: 어부)이 되는 것이다."

훌륭합니다! 우리가 **마고의 자손으로 첨**(처음) **바닷가에서 고기**(고래)**를 잡으며 첨 천문을 관찰하며 첨 문명을 시작했던 겨레**(아이)였음을 찾아낸 것이지요. 우리가 **어씨족, 물가의 사람들로 누구보다 기상을 중요하게 여겼기에 하늘의 별을 관찰했던 사람들**이었다는 것입니다.

그래서 해양문명이라는 **고인돌 위에 많은 별들이 새겨져 있었고** 세계의 **고인돌 중 70%가 우리 땅**에 있었던 것이지요. 그래요. 사람의 문화를 처음 시작했던 '엄마의 땅'이었기에 **신**(神−검)과 **처음**(처+엄 첨)과 **하늘을 관찰**(첨, 첨성)하는 일에 '**엄**'을 붙였던 것입니다.

아, 유레카! 그래서 백제가 남하하여 처음 건국한 곳이, **마고님이 첨**(처음) **나라를 열고 오랫동안 이어온 땅**이라 자부하며 신전을 짓고 **마고를 모시는 도읍을 '고마'**(固麻)라고 했던 것이고 성을 세우고 마고 땅을 지켜온 사람들과 마고의 거룩한 공덕을 기리는 뜻에서 '위례성'(월위로하고 禮예를 갖추는城)이라 이름 지었던 것이었지요.

예전엔 '성(城)이름을 왜, 하필 위례라 했나? 누구에게? 왜? 위로를 하고 예(禮)까지? 갖추어야 하는가?' 참, 이−상했었지요.

별하늘과 첨성대 출처: artist: J.C.Park, 화순 관청바위(바둑판식) 출처: 고인돌사랑회,
일왕 아키히토 부부 '고마신사' 참배(2017.9) 출처: 연합뉴스

왜(倭) 또한 고대조선을 이은 **고구리와 고리를 'コマ'**(코마=마고)라고
부른 것이 이해가 갑니다. 구야님은 왜(倭)의 천황가 제사 中 초혼(招
魂)의식에서 여신을 맞이하는 축문 中 '아지매 오, 오, 오, 오/ 오게'에
나오는 **아지매**(阿知女) 여신은 위대하신 **매금**(寐錦 女여인錦비단)이라는
말로서 **'위대하신 어머니 또는 웅녀**(곰녀, 신녀)'였다고 합니다. 군주의
칭호라는 매금이란 **지모신을 모시는** 신궁(달신궁)**의 전대 여왕들**을 말
하는 것이며 **매**(女, 寐잠자다, 죽다)**라는 글은 모**(母)에서 나왔을 것이라
고 하니 아, 죽은 신(神) 마고어머니였습니다.

신라 역시 마고땅의 백성을 기반으로 나라를 세웠기에 시조(박혁
거세)의 어머니를 **선도성모**(仙挑聖母) 즉 **성스러운 어머니 마고**라 하고
27대 선덕여왕은 생전의 왕호를 **성조황고**(聖祖皇姑) 즉 **성스러운 여황
제 마고**라 하며 **첨성대**(瞻星臺)**를 여인의 모습으로** 갖추어 옛 마고의
공덕을 이어받고자 했던 것이지요.

그러고 보니 *설문해자에서 "*虞書(우서)에 이르기를 僉(첨, 첫+엄)
은 **夷**(이: 옛 한국인)**의 우두머리**(伯)**를 말함이다**(僉曰伯夷) 라고 했던 까
닭을 이제 알겠습니다. 夷가 인류의 문명을 처음 시작했던 **마고**(엄)의

자손들이고 그래서 신(神검) 같은 존재였기 때문이었지요.

그래서 **마고의 자손들은** '엄'을 자랑스럽게 여기면서 첫 손가락을 신(神)을 대신하는 것이라 해서 '**엄지**'라는 말로 불렀습니다. 그리고 땅의 신에도 엄을 넣어 **검**(ㄱ+엄)이라 하고 **땅신을 대신하는 것이라** 해서 **검**(劍 sword, +엄)이라 하고 죄인을 **엄-히** 다스렸던 것이지요.

노중평 회장 또한 '별을 보고 하늘을 살피는 사람을 **첨**(僉처+엄), **첨** (詹+엄), **첨**(瞻+엄-첨성대)이라 했으며 이들이 **처마처럼 된 모자를 쓴 것**에서 갓을 뜻하는 **첨**(檐+엄)**이란 글자가 나왔다**'고 합니다. 아, '**첨**' 은 우리가 **시원문명의 겨레였음을 오롯이 간직했던** 비밀코드였지요.

온통 우리의 모신(母神) 마고 였습니다.

이렇게 이들이 처음 **하늘에서 별을 살피는 일**을 했기에, 1만 년 전 쯤 이어진 **마고문명**에서 **단군**(天을 대표하는 君師, Tengri: 拜天者)**왕검**에게, 훗날 무(巫)에게 전해졌던 '**천부인**'(하늘의 도장)이 있었다고 하는 것이지요. 세속에선 **해와 달과 북두칠성을 새긴 '명두**'(明斗: 日+月+斗) 라고 부르고 **구리거울**로 변했지만, 분명 우리가 마고의 적통(嫡統)**임 을 알리는 상징물**이었습니다. 다 버려버린 우리의 뿌리역사이지요.

神의 얼굴로 간주하는 명두 출처: 한국민속신앙사전, 유일무이한 서양명두 네브라천반
출처: James Park(리이니어 신당), 고구리 무용총 벽화를 재현한 평창올림픽
출처: NIKKEI, 무용총벽화의 인면조 출처: 서울신문

문화의 시조새, 인면조

〈평창올림픽〉 개막식에서 **고구리 무용총벽화의 무용수들**과 함께 마스코트로 등장한 '인면조'(人面鳥)는 차이나의 역사찬탈(동북공정)을 뒤집고 마고역사의 부활을 **전 세계에 알리는 멋진 무대**였지요.

玉女와 함께 그려져 있는 덕흥리고분의 **두 인면조**(천추새, 만세새)는 천추를 기리고 만세를 기원하는 **우리의 시조새**로서 첨 역사를 시작했던 마고한국의 신조(鳥)였음을 알 수 있었기 때문입니다.

더불어 삼실총, 무용총 등 고구리 **고분 벽화**와 신라 식리총(5C 후반)에서 출토된 **신발 바닥**에서, 백제의 **금동대향로**(7C 전반)와 무령왕릉에서 출토된 **은찻잔 받침**에서도 인면조가 발견되지요.

그런데 **동양과 유럽 등에 전해져** 왔던 것은, 인면조가 인류의 시조새로서 전 세계를 아우르는 커다란 문화(사상)적 현상이었음을 웅변하는 것입니다. 송승환 총감독, 애-쓰셨습니다!

우리(동양)에겐, '**천추**(千秋: 과거의 무지 오랜 세월)나 **만세**(萬歲: 미래의 영원한 삶)'로, 장수를 상징하는 길조(吉鳥)로, 극락에 깃들여 사는 상서로운 새로 여겨지는 인면조의 등장을 재팬은 '**인면조로써 한국의 역사와 문화**를 마음껏 어필했다'고 보도하지요. 반면, 지나는 -답게 갈홍(283~343 쯤의 도학자)이 쓴 *포박자 내편에 '**천세와 만세**'로 기록된 인면조가 있다며 또 차이나 문화라고 주장합니다.

분명 그 책엔 **천추**(과거)는 없었으니, 우리에게 문명·문화를 수유(젖 받아 묵다)받았던 지나의 짧은 역사에 **무슨 천추**가 있었겠습니까? 우리에겐 압록강가에 '**천추만세**'(千秋萬歲)란 명문이 새겨진 벽돌이 출토된 '**천추릉**'마저 있고 더군다나 '**秋**'는 벼(禾)농사를 첨(처음) **시작한 사람들의 문화**였는데, 그냥-, 웃지요! 혹자는 인면조를 불교의 인두 조신 '가릉빈가'라 말하나 겨우 2500년 전 역사일 뿐입니다.

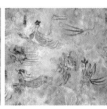

고구려 덕흥리 고분 벽화의 인면조 1'千秋之像'과 3'萬歲之像' 사이의 2마고의 상징 '옥녀'
출처: 조선일보, 4천추릉 명문 출토 '천추만세 출처: 김용만(우리역사문화소장)

그럼에도 차이나는 자랑하지만, 동이계 신화서(손작은 주장)라는 *
산해경 中 해외동경(海外東經)편에는 "동쪽나라(옛 한국)의 구망(勾芒: 동
방의 신)은 새의 몸에 **얼굴은 사람**인데 **두 마리의 용**을 타고 있다."(東
方勾芒 鳥身人面조신인면 乘兩龍) 라고 했으니…, 그때 동쪽은 **누구의 땅**
이었으며 용문화도 **누구의 문화**였습니까? 더구나 차이나에선 **입춘에
동교**(東郊: 동쪽 국경)**에서 동방의 신에게 제를 올리는 것**이 전통이었다
고 하니, 인면조는 **누구에게서 나온 문화**이겠습니까?

반면 서양에서는 **인면조가 불길한 흉조**였을 뿐입니다!
지금은 군대나 경찰차, 소방차나 민방공 훈련 때 울리는, **경보로 위
험을 알려 목숨을 구하는 '사이렌'**이란 말로 변했지만, 본디 고대 그
리스의 유적에는 여성의 얼굴과 몸에 새의 날개를 한 인면조(하르피이
아 또는 harpy)로 나타나고 호메로스(BCE8C경 그리스 말 유랑시인)의 서

사시 '오디세이아'에서는 **아름다운 목소리로 노래를 불러 뱃사람들을** 홀린 뒤 암초로 유인해 배를 난파시킨다는 **'세이렌'**(The Sirens마녀)이란 인면조였으니, 저들 서양문화는 아니었지요.

그래요. 인면조는 **오랜 세월**(천추) **속에 발달된 문명**으로 서양의 체재와 문화를 위협했던 동방의 문화였을 것입니다. 지금 세계적인 커피전문점 **스타벅스**가 재빨리 주인 잃은 이 문화를 선점하여 로고를 **'세이렌'**으로 하여 세계인의 미각과 마음을 사로잡으려는 것이지요. 한국인은 알아야 합니다. 마고가 이끈 문화를 상징하는 **'문화의 시조새, 인면조'**를 빼앗긴다면, 우린 千秋의 한을 남기게…!

백제 무령왕릉 은찻잔 받침의 인면조 출처: Chosun.com, 지나 책에 나온 동방의 구망
출처: Baidu百科, 그리스 정령과 호메로스의 '오디세이아'의 인면조 세이렌
출처: 에펨코리아, 스타벅스 로고의 세이렌 출처: 서울신문

마고의 나들이

마고의 터전인 억장이 무너졌던 그날 이후, **바다로 변한 서해엔 많은 지진과 해일로 풍랑이 일렁였습니다.** 훗날 *조선왕조실록에도 서해 위쪽바다를 **'물이 솟아오르는 모양**에서 발(渤)이라 하여 **발해**(渤海)라 했다'고 기록하고 있지요. 그 길목에 풍랑이 심하고 소용돌이치는 곳을 훗날 '인당수'(印塘水: 저수지에 담긴 물)라 하고 그곳에 용(龍)이 있어

'용궁'(龍宮)이 있다고 믿으며 뱃사람들은 **어머니**(마고)**를 여윈 '심청이'**를 지어내어 무사항해를 빌었다고 전합니다.

그래서 **당**(唐)**과 송**(宋)**의 상인**들 또한 풍랑이 심한 서해를 오갈 땐 (자기네 바다가 아니기에), **'동신성모'**(東神聖母: 동방의 성모신–선도산성모, 바다의 신)를 부르고 사당에 **동신성모상**을 모셨다고 하고, **왜**(倭)**의 상인** 또한 **'명신성모'**(明神聖母: 밝은 나라의 성모신)라 부르며 **"어머니, 살려줘요!"** 라고 외쳤다고 전합니다. 정작 우리가 잊고 있고 버렸던 우리의 어머니, 대조신(大祖神) 마고였는데 말이지요.

인당수의 심청이 출처: 란일러스트 이유선 작가, 경주 선도산의 여산신인 선도산성모 출처: Ohmy Photo, 왜의 아마테라스 오오카미 출처: 위키백과, 마토르시카 출처: Llliana 인터네셔널

그럼에도 ☞재팬에서는 **아마데라스 오오미카미**(天照大神)**가** '인류의 여신'이라고 주장합니다. 노중평 역사천문학회 회장은 말하지요. "아마데라스 오오미카미는 단군조선시대나 가야제국시대의 **왜땅으로 흘러들어간 우리 고어**로 볼 수 있다. 아마데라스를 한자(漢字도 우리 문자)로 풀면 '**阿麻洞窟宿**'(아마동굴수)가 된다. 이를 풀이하면, **阿**는 나라의 도읍지나 임금의 무덤으로, **麻**는 마고로, **洞窟**은 절, **宿**는 별로 볼 수 있다. 즉 '**마고를 모신 동굴을 비추는 별**'이 된다."

그러고 보니 아마데라스가 태어난 곳이 수상해요!

우리와 제일 가까운 **남쪽섬 후쿠오카**…! 누구는 신라의 동신성모 (선도성모)였다고 하지만, 거슬러 올라가면, **마고의 변신**이지요. 그리고 **다산과 다복 그리고 풍요**를 가져다준다며 집집마다 내보이는 러시아의 **토속인형 마토르시카**(어머니 인형) 또한 19C 말 마고의 변형인 (재)인형을 **러시아가 수입**하여 만든 관광상품일 뿐이라네요.

☞대만에서는 **마주**(媽祖: 어미 조상)**라는 여신**이 민간신앙으로 전해옵니다. 전설에 의하면, **겨우 송**(宋) **때 복건성**에서 태어난(960) **임묵**(林默)이란 여인을 **바다의 여신, 항해의 수호신**으로 섬겼으나 오늘날에는 **재난을 물리치고 안전과 이익을 보장해주는 '만능신'**으로 숭상되면서 뜬금없이 '마주'라며 시조모에 대한 존칭으로 전해지는 여신이지요. 모시는 사원만 **3000여 곳**, 마주묘가 **510곳**, 그리고 〈마주문화원〉이 있을 정도로 대표신앙이라는데…, kidding me?

요즘은 **천상성모**라고 승격시켜 **인형에 옷을 입혀 주민등록증까지** 발급하고 비행기 이동 시 **좌석에 수행원까지** 대동시키는 등 거대한 축제를 치루며 민족의 결집을 이루고 외화까지 벌어들이고 있네요.

인류의 **모국**(母國)**인 한국이 미신으로 몰아버린 그**(The) **인류의 여신 마고**를 지나와 대만, 베트남, 태국, 말레이시아 등지에서는 '시조모'(始祖母)로 문화의 구심체 역할을 하는데, 우린 제 역사와 문화의 탯줄인 신화와 시조어미는 **몰라도**, 안중근 의사의 유해가 어디 묻혔는지 **몰라도**, 성노예 할미의 피맺힌 한(恨)이 **들려도** 무궁화 파헤치고 심은 벚꽃 구경은 **해마다 해야 합니다!** 우리가 '동포'일까?

대만 마조여신 승선과 주민증 출처: 차이나랩 이현제, 대만 임묵공원 출처: 여행작가 양소희.
중화권의 도교 사당의 마조. 차이나의 마주행사 출처: 유네스코한국위원회

☞차이나 또한 대만처럼 **마주**(媽祖mazu)를 '항해의 여신'으로 섬기고 마주신앙이 발원했다는 동남쪽 복건성에서 **큰 행사**를 벌이고 7월15일을 큰 바다의 여신을 위로하는 **마주절**로 정해놓고 제사를 올리면서 2009년엔 '**마주신앙과 관습**'(The Mazu belief and customs)을 〈인류무형문화유산〉으로 등재해 버리며 **마조를 통해서 중국의 통합**을 꾀하고 있지요. 명(明)의 정화(鄭和) 제독도 마주신앙에 의지해 항해했고 마카오도 마조의 표현이었다고 합니다!

그럼에도 지나는 마주보다 **금모낭낭**(金母娘娘)이나 **서왕모**(西王母)를 구원의 여신으로 여기고 있습니다. 왜냐하면 마주신(神)의 역사는 천년밖에 안 되고 스케일도 큰 정신도 **없기에** 인류문명의 시원을 상징하는 어머니를 갖고 싶었기 때문이지요. 그래서 천산(天山) 등지에 마고사당을 지어 놓고 마고, 금모낭낭이라고 부르고 있고 **명산이나 동굴을 흔히 마고라 이름** 붙여 전한다고 합니다.

그러나 정작 지나는 **마고의 자손이 정착하는 곳에 마고삼신을 상징하는 세 마리의 오리를 앉혀 세웠던 '솟대문화, 소도문화'도 없습니다.** 더구나 금모(낭낭)라 부르면서도 금(금)이 신(神)이라는 한국말인

줄 모르기에 금모(검모)가 '한국의 신어머니'인 줄도 모르면서…,

자기네 여신이라고 우기지요!

손노선 박사는 금(金)모란 **한겨레의 신(金)어머니**이고 낭모(囊謨)는 어린아이를 품고 있는 주머니 즉 아이를 점지하는 여인(金)인 마고를 의미하는 것이라고 하여 **오롯이 한겨레의 정체성의 말**이었음을 일깨웁니다. 그래서 한국인에게 **마고반점**도 있는 것인데… 그런데 지나 원종은 마고반점이 **없잖아요!** 또 혹자는 지나의 천지창조의 신 반고(盤古)가 마고라고 하나 **그는 남자**이지요!

마고의 이러한 변화를 노중평 회장은 이렇게 정리합니다. "지나 한족은 약 5천 년 전부터 서서히 **한겨레로부터의 독립을 시작**하더니 **한(漢)** 때에 마고를 서왕모로 바꾸어 지나의 신화로 만들었다. 풍이족이 구려족(九黎族)으로 불리던 시대에, **구려(리)족에서 하화(지나)족으로 섞여 분화해 나가면서, 마고를 금모낭낭으로 부르다가 다시 서왕모로 바꾸었다.**" 그래요. 글자 그대로의 서왕모(西往母)라고 해도 **서쪽으로 간(西往) 조모, 즉 마고**였으니 맞지요. 오호 애재라! 우리의 시조 **마고가 서왕모(西王母)**로 바뀌었던 것입니다!

그래서 지나의 시조모라는 **서왕모 이야기**는 √오류투성이임을 알 수 있지요!
서왕모를 **모든 신선들의 어머니(?)**라 하면서 √옛 신화와 지리서 *산해경에는 **'반인반수의 여신**으로 오형과 하늘의 재앙이나 돌림병 등을 전하고 손발을 자르거나 코를 베는 등 잔인한 형벌을 관장하는 운명의 여신'이었다고 전해지고 게다가 √서왕모가 **서쪽 곤륜**(崑崙?)산에 살고 있고 사람 얼굴에 호랑이 이빨, 표범의 꼬리를 하고 있는 신인이라며 **괴이한 모습**으로 변해 전해지지요.

어느 땐 **사랑과 미의 여신선**이라고 하면서, 한국인의 대표설화인 '**견우 · 직녀설화**'를 차이나설화라며 〈국가무형문화유산〉에 등재해 놓았지만 √**정작 제 백성(?)**이라는 **견우와 직녀의 만남**을 훼방 놓지를 않나, 또한 √**마고를 인류의 어머니, 자기의 시조모(?)**라 하면서 정작 마고를 서왕모 생신날(음3.3 삼짇날)에 **찾아온 많은 신선 중에 하나**로 전락시켜 놓고 √서왕모의 명이나 받고 동방삭을 잡으러 다니는 하찮은 모습으로 격하시키는가 하면 **죽음을 관장하던 여신**이라면서 √**장수**(長壽: 오랜 역사)의 의미인 **천도복숭아를 들고 있는…** 등

참 이상하고 뒤_죽−박_죽입니다. 서왕모나 견우 · 직녀 설화, 마고가 정작 **지나의 역사와 문화가 아니었**기에 모두 **우리의 신화를 표절하다가 나온 해프닝이었을 뿐…!**

玉이 나고 서왕모가 산다는 곤륜산 출처: J.Munroe, 지나 산동성 미산현 양성향 서왕모 출처: 조정육의 행복한 그림읽기, 지나 사천성 신도현의 한대의 서왕모 탁본(삼족오, 구미호, 용, 두꺼비와 도끼) 출처: 야후백과사전, 역대신선통감출처: 상고사학회

지나의 대표적인 신화(神話)학자 원가(袁珂위안커)는 *중국신화사에서 *박물지(博物志)의 한무고사 및 *한무제내전을 인용하면서 밝힌-, 서왕모와 한무제의 연회모습에서 '서왕모는 **상투를 틀고, 관을 썼으**며, 검은 **옥 장식**에다 **봉황 무늬**를 그린 신을 신고 있었던 것이나, 시녀에게 가져오라 한 복숭아 수효가 **한겨레의 상징수인 일곱**(7)이었고 씨를 챙겨 씨앗을 심으려 한 한무제에게 이 **복숭아**(반도)**는 3천년에 한 번 열매를 맺는데, 중국은 땅이 메말라 심어도 살지 못한다**' 고 기록하여 서왕모의 정체성이 어디에 있었는가를 알게 합니다.

아, **천도복숭아**(마고나라의 오랜 역사, 늙지 않는 신선)**가 나오는 땅**은 지나가 아닌 **동**(東)**방의 땅-**! '땅위에서 불(문명)을 밝힌 것은 동이'(地火明夷)라는 *易經의 기록이 맞았습니다.

아, 이태백이 *산중문답에서 소원했던 '**별유천지비인간**'(別有天地非人間)이며 도원명이 *도화원기에서 꿈꾸었던 **무릉도원**(武陵桃源)……!

아, 우리의 '**복숭아-꽃 살구-꽃~~**'의 유래는 바로 한국인이 잃어버린 낙원, 마고의 땅을 그리워함이었습니다.

그래서인지 옛 동이의 지역인 산동성(미산현 양성향)에서 출토된 **서왕모 화상**에는 **신수**(神樹)와 우리 한겨레(동이)의 토템인 **새와 용**이 한 몸인 채, 새들로 둘러싸여 있고 사천성(신도현)**의 서왕모 화상석** 또한 한겨레의 상징이며 인류문명의 시작을 상징하는 **옥**(玉), **옥비녀**를 꽂고 **용**(뱀?)**과 곰**(범?)**을** 좌우로, **삼족오와 구미호와 두꺼비**로 둘러싸여 있는… 온통 한국의 문화였습니다.

그래요. **산동반도 동쪽의 곤륜산**(장도) 또한 점차 서쪽 산(감숙성과 위구르 일대)으로 옮겨지면서, 요상한 괴물로 변질된 것이었으며 **천도복숭아**(마고나라의 오랜 역사) 또한 의미도 모르면서 **마고를 흉내 낸 것**이었고 그래서 **서왕모에게 반도**(蟠桃: 3천 년에 한 번 맺는 복숭아)**를 진상하는 신선이 오히려 마고**인 작품들로 왜곡되어 전해진 것이고 심지어 청(淸) 말기 강희제에 의해 편찬된 *역대신선통감에 마고를 **막지**(莫知) **천제환인의 아내**(上元夫人)**로까지 왜곡시켜 놓음으로써 마고를 역사의 뒤켠으로 숨겨버렸던 것이지요.

그럼에도 홍산지역(우하량)에서 **여신사당과 함께 마고의 소조상과 마고삼신상마저 출토되자**(1984), 지나는 즉각 '중화의 어머니'라고 발표하며 **우리 역사와 문화의 근본**(배꼽 core)**을 가로채** 버립니다. 이렇게 **허구의 중국**(?)**에 남**(하늘나라 한국)**의 시원의 역사와 문화의 옷을 입혀, 중국**(문명의 중심국가?)**답게 자존심을 세우면서 '동북공정'의 마지막 단계인, 시원문명**(알씨)**의 근원인 시조모마저 가로채는, '탐원**(貪源)**공정'을 정부주도 하에** 완벽하게 진행해 버린 것이지요.

변산반도 내소사(來蘇寺)의 마고(신라의 선도성모, 사소) 출처: 오두의 문화비평, 반도를
들고 있는 마고의 초상 출처: 澗松文華 제77호, 마고헌수도 출처: 청의 화가 임훈,
반수반인 서왕모 출처: 제이누리 이권홍 교수, 무릉도원 출처: Emperor

오호, 통재라! 바로 옆 국가는 지도자가 앞서 **자기네 시조모라며 안(安)방에 모시고** 국민의 단합을 이끌어 내는데, 우리 지도자들은 **큰 그림을 못 보고 얕은 표(票)만 의식하고 미신이라며…** 시원문명으로 세상을 이(夷)끌었던 제 역사를 차버렸기에, 지금 한국인은 **신화(神話)도 시조모도 없는 사생아가 되어 조상을 부인하고 역사를 부정**하며 세상을 떠돕니다. 그리고 우리를 애틋한 마음으로 챙겨 줄 어머니신도 고향도 없기에 한국인은 **서로 다투며 고독해** 합니다.

"별 하나에 사랑과/ 별 하나에 쓸쓸함과/ 별 하나에 憧憬과/ 별 하나에 詩와/ 별 하나에 어머니, 어머님// 어머님, 나는 별 하나에 아름다운 말 한마디씩 불러봅니다. … 나는 무엇인지 그러워/ 이 많은 별빛이 나린 언덕 우에/ 내 일홈자를 써보고/ 흙으로 덥허 버리엿습니다. " -윤동주 *별 헤는 밤

공교롭게도 ☞차이나가 '마주신앙과 관습'을 〈인류문화유산〉으로 등재해 버린 2009년 **고대인디언의 성지**이며 세계적인 힐–링명소로, 연 500만 명이 찾는 미국 애리조나주의 〈세도나 한국민속문화촌〉에 **솟대, 장승과 함께 지구를 품에 안은 12m의 마고상 제막식**이 있었습니다. 아, 인류의 어머니의 평화를 꿈꿉니다.

홍산의 여신(마고)수행상 출처: 코리안루트를 찾아서, 애리조나주 세도나한인회 마고지구공원
마고상 제막식 출처: 뉴스통영, 세도나 마고가든의 솟대와 장승 출처: 코리안스피릿

안타까운 것은 얼마 후 '어떤 보이지 않는 손'에 의해 마고상은 철거됩니다. 한인동포사회의 어느 인사는 '마치 마녀사냥과도 같았다'며 언론의 태도를 지적합니다. **지구어머니**(마고)**를 빼앗긴다고 느끼는 자가 누-구겠습니까?** 그래요. 어쩌면 마고께서는 그곳이 싫으셨나 봅니다. 우리 천손이 시조모의 역사를 하루빨리 찾아 '**인류시원의 땅, 홍익의 땅, 어머니의 고향땅**'에 모셔드리는 것이 후손의 바른 도리이고 그래서 한국땅이 문화의 메카(Mecca: 聖地, 발생지, 중심지)가 되어 세계인이 찾게 하는 것이 순리일 것 같아 위안을 삼습니다!

마고를 버린 근세조선!

우리 겨레에게 **마고가 지워지고 인류시원의 역사가 사라지게** 된 것은 천제국으로 이어온 고조선이 붕하면서 **모든 것**(core)**이 다 거꾸로 왜곡**된 때문이지요. 그러나 학자들은 말합니다. '**우리의 강토에서** 부여로, 고구리, 백제, 가야, 신라, 진(발해), 고리로 갈라져 국가와 체제가 망해도 **대외적인 국호만 달라질 뿐,** 백성들은 이 큰 땅(울+이+나루)을 인류의 첫 문명을 시작한 자부심으로 간직하면서 백성들이 **사랑하며 불렀던 이름은** 우리나라의 첫 이름인 마고지나였다'

그래서 *고리사(高麗史)에는 백제 땅에서 일어난 고리의 충혜왕(28대)이 **원**(元)**에 잡혀가 독살**당하여 돌아오지 못하게 되자, **온 백성이 '아야요'를 부를 때,** 고리(高麗)라 하지 않고 마고지나(麻古之那)라고 했던 사실을 기록합니다. "阿也 麻古之那 從今去何時來"

(아아, 마고의 나라여, 이제 가면 어느 때 오려나?)

그래요! '마고지나'란 그—냥 나왔다 사라지는 그런 국가가 아니라, **신석기 인류를 품어** 농사와 가축과 고래잡이를 시작하고 옷을 지어 입고 사람의 역사를 시작하며 **시원문명으로 세상을 다스렸던** 자부심의 나라, 지구의 문화코어(core)였습니다.

그래서 '세상의 (문명을) 처음(甲) 시작한 새(鳥)'라는 의미로 마을 입구에 오리(鴨)를 얹힌 솟대를 세우고 **혼례 때 오리를 들려 보냈던** 것은 오리가 마고의 자손임과 문명의 시작을 드러내는 징표였고 우리의 정체성을 상징했기 때문이지요. 울산 낙화암에는 **사라져간 마고의 시대**를 그리워하는 시가 전합니다.

"忽逢海村女 舉手喚麻姑 (홀봉해촌녀 거수환마고)

홀연히 바다마을 여인을 만나/ 손을 흔들며 **마고를** 외쳤지만

過劫鯨濤外 翠巖會見無"(과겁경도외 취암회견무)

고래등 같은 파도 너머로 휩쓸린 뒤/ 다시는 옥색 바위에 보이지 않네.

현대중공업 영빈관 뜰 낙화암의 시 출처: 울산매일UTV, 明 주원장(남경 명효릉) 출처: 중은우시

오호, 통재라! 그러나 시원문화의 상징인 마고와 마고지나를 조선왕조는 건국하면서 버려 버립니다!

본디 **여진**(女眞: 마고의 후손)**의 장수였던 이성계**에겐 북방기병 수만이 그를 따랐지요. 불과 '기병 수십으로 2천의 송(宋)의 보병을 전멸'시킨 적도 있었던 금(金: 여진)의 기병이었으니, 여기에 원(元)의 병력 또한 수십만이니 최영 장군의 뜻대로 明정벌이 성사되었다면, 명의 **주원장은 고려 · 원의 연합군에게 틀림없이 목숨을 구걸했을 것을…!**

통재라! "**소국**(?)**이 대국을 상대로 싸우는 것은 불가능**(?)**한** 일로 상책이 아니다!" 라는 √이성계의 〈위화도회군 4불가론〉으로 인해 우린 고토회복의 기회를 잃고 지구어머니의 역사를 잊게 됩니다.

명(明)왕이 된 **주원장**(전라남도 해남 출생설이 있음)은 허풍으로 근세 조선을 위압했지만, 뿌리 깊은 **문화의 천제국**이 두려웠지요. 조선의 청백리로 명망이 높았던 우재 손중돈(1463~1529)은 '주원장이 **조선이 조공하기 전까지 잠을 이루지 못할 정도**로 두려워했다.'는 일화를 남겨 **조상의 자부심을 내팽개친** 조선의 역사를 애달파 합니다.

'**명**(明)**이 역사를 이야기 하는 것은 개가 짖는 것**과 같다!'라는 말이 있을 정도로 **역사왜곡이 심했다**는 당시의 역사왜곡은 이렇게 시작되지요. 역사의 종주국이고 단군(檀君)의 자손이라고 자부하는 조선의 사신 √권근을 맞아 주원장은 '**단군**'(檀君)**으로 운**을 뗀 후 권근의 입에서 '**하늘 끝 땅 끝까지 닿은 곳이 중화**(中華)'라는 충성맹세를 들은 뒤, 마지막 시제(詩題)를 내어 조선의 의중을 떠봅니다.

"시고개벽 동이주?"(始古開闢 東夷主: 태고에 하늘과 땅을 열어 역사를 시작했다던 동이의 주인은 누구인고 *조선왕조실록)… 권근은 明보다 조선의 역사가 깊음을 버거워하는 주원장의 마음 즉 **'개벽주**(마고–한인–한웅–고조선)**역사 없애라!'**는 의중을 헤아려 "우리 조선은 **기자**(箕子)**로 대를 이었기에 조선**(朝鮮)**이라 했습…** " 이렇게 우리 역사에 **없던 기자**(箕子)**조선을 공식적으로 인정**하면서 우리 **역사의 시작을** 중국사에 예속되게 합니다. 정작 기자는 단군조선의 서쪽 변방인 번조선(부단군)의 땅이었던 **산서성에서 은**(殷 동이의 국가)**의 망명객으로** 조용히 살다가 떠나 **산동성 조현**에 초라하게 묻힌 망명객일 뿐인데 말이지요.

이렇게 권근은 **시원문명으로 개벽을 한 마고**와 배달나라, 고조선의 **역사를 없애기로 묵계**하고 (기개를 내세운 신하 셋은 죽음) 홀로 귀국합니다. 우선 명을 따라 유교를 표방한 조선은 여성중심적인 것은 음사(淫事: 음란한 것)로, 마고와 관련된 한국전통과 여성의 신성(神性)은 미신으로 선포하고 **마고와 고대조선의 문화서와 역사서를 왕마다 대–를 이어 수거해 불살라**버립니다. '옛 조선의 역사나 사상이 감히 **중원보다 앞섰다는 글들은** 요사스러운 것, 그러니 **다– 없애야 한다!'** 는 소위 요서율(妖書律)이란 법으로 조선은 미쳐버리지요!

(지금부턴 각자 성(姓)을 내려놓고 '우리'라는 대승적인 관점으로 봐 주세요.)
탁월한(?) 외교관으로 명망 높았다던 √하 륜은 **전국의 사당에 모셔져 있던 삼성**(三聖: 조상의 세 성인)**의 목상들을 혁파**(없앰)하고 위패만을 모실 것을 건의한 뒤, 또 상징성이 있는 **구월산**(궐: 만 년의 역사 상징)**의 삼성당의 목상을 혁파**합니다. √조광조는 **선조의 제기와 신위 등을 파묻어** 버리고요.

√정인지는 *고리사에서 **고리 태조의 연호인 '천수'**(天授: 하늘의 정통성을 받다)조차 표시하지 않고 **고리의 전조**(前朝: 황제국)**국사를 본기**(本紀: 제왕의 역사)가 아닌 굳이 **세가**(世家: 제후의 역사)**로 기록**하는 등 **지나중심 사서인 *자치통감에 기본을 두어 썼다**고 하며 √서거정은 *동국통감에서 **단군조선에서 삼한까지를 마치 다른 나라 역사처럼 외기**(外紀)**에 기술**하여 **아**(我: 나, 우리)**와 비아**(非我: 남)**를 구분 못할 정도였고 *삼국사절요 서문에서 "먼저 중국의 연기를 내세운 것은 천자를 높인 것이며 **신라가 독립국가의 연호를 사용한 것은 참람**(분수없이 방자함)**한 일**이기에 삭제한다." 라고까지 할 정도였습니다.

김일성의 명령으로 폭파(1969)되기 전 기자묘(1102년 고려 숙종 때 축조) 출처: NEWSIS, 산동성의 실재 기자묘 출처: 박경순 우리역사연구가, 고려사, 동국통감 출처: 한국학중앙연구원

그리고 '동방의 명현'이라는 √퇴계 이황은 明을 **'본조'**(本朝: 뿌리 나라)라 하며 '기자(箕子)가 **봉해지고 나서 겨우 문자가 통했다. 삼국시대 이전은 별로 논할 것이 없다'**(출처: *대동야승)라고 할 정도로 자주성이 없이 평생을 주자(朱子)의 **대중화주의를 신앙처럼 받들어 제 나라와 남을 분간조차** 못했으며 √율곡 이이 또한 그의 *율곡전서에서 明조정을 **천조**(天朝), **성조**(聖朝)라 하고 **明군주를 우리의 황상**(皇上)이라 할 정도였고 *기자실기(箕子實記)에선 '우리(조선) 백성을 천한 오랑

캐로 여기지 않고 **후하게 길러 주시니**, 우리나라는 **기자에게 한없는 은혜를…**. 집집마다 찬양하고 잘 모셔야한다. 단군의 출현은 **문헌상 상고할 수 없다**'고 할 정도로 **사대**(事大)·**중화에 미쳐 앞장서 선동을** 했으니…! 이렇게 시조모 마고는 미신이 되고 이방인이 됩니다.

또한 '조선의 주자'(朱子)라 하여 송자(宋子)라 불리던 √송시열 (1607~1689)은 淸의 간섭을 받으면서도 **목숨을 걸고 明의 왕인 신종 과 의종의 위패를 모신 '만동묘'**(충북 괴산 화양구곡)를 지어 중화사대 주의의 성지를 세우고 **말년에는 明의 관복을 착복**하고 지금도 유행 하는 말인 **'대~명천지 숭정~일월'**(大明天地: 큰 明 중심의 세상 崇禎日月: 명의 연호 숭정처럼 밝은 세상)**이란 글귀**를 새겨 놓으며 사대의 모범을 보였다고 하지요. 그래서 영남지방에서는 제 집의 **개**(犬)**의 이름**을 '시열이'라고 지었을 정도였다는데, 지금도 **조선을 대표하는 대학자 로 숭앙**받고 있으니 아-, 뭐죠?

이러한 √이황 √이이 √송시열이 '**종묘 배향 6현**'으로 존경받던 세 상이었으니…, 당시 환경자체가 이런 분위기였지요. **중화에 반하면, 사문난적**(斯文亂賊)으로 몰리는 세상이니 일반 선비나 무지한 백성이야 오죽했겠습니까! 조선천지 묘비마다 '**유명조선국**'(有明朝鮮國) 명에 속 한 조선의 아무개라 새겨 광기를 부리며 사대의 좀비가 되었으니…!
　병들고 악-취 나는 사회! 신채호 선생께서 "조선의 역사는 **無정 신의 역사다!**"(*독사신론)라고 말했을 때, 얼마나 비감했겠습니까?
　이렇게 조선이 천제국의 자부심을 **시궁창에 처박자**,

만동묘 출처: 등불, 상주 경천대의 '大明天地 崇禎日月' 출처: 앵봉, 종묘 배향 모습 출처: Logo
MatrizPCI, 서울역사박물관 앞뜰의 수치스런 비석들 '유명조선국' 출처: 백유선 기자

　　마고로부터 시작되는 시원의 역사는 허구의 신화가 되고
사마천이 *사기(史記)에서 왜곡한 '중원의 주(周) **무왕의 신하**(×)였다'
는 **기자에게 조선**(朝鮮)**이 문화를 배워 역사를 시작했다**면서 단군조선
마저 없어지고 그마저 **한**(漢)**에 망해 사군으로 식민통치를 받았다**는
왜곡으로 식민사관이 적립이 되며 남의 종으로 전락하고 맙니다.

　　겨레의 웅지는 사라지고 기회주의만 만연하자, 이 땅의 아리따운
여인들은 **공녀로 수치없이 끌려가 바쳐지고** 마침내 마고(麻姑)는 자손을
괴롭히는 무서운 **마귀**(魔鬼)가 되고 메느(나)리는 **며느리로, 옹녀로, 탕
녀**로 변하고 마누라는 **하층민의 단어**가 되면서 한국인은 선천적으로
미개하고 무능한 종족이라는 능욕을 후손에게 전하게 된 것이지요.

　　이러한 **조선왕조의 사대와 굴종과 패배의 정서**는 청산되지 않은
채, 친일의 정서와 식민사학으로 이어졌기에 '나라'의 근본과 정체
성도 모르는 자들이 **"이게 나라냐?"** 라며 외치질 않나, '우리 역사는
2000년!'이라 말하는 자가 **교육부 장학관**과 우리나라 **최고**(?)**의 대학
의 교수**가 되질 않나, 소위 민족사학의 교수라는 자는 '안중군은 **테러
리스트**', '정신대 위안부는 **자발적**이었다'며 망발까지 하고…!

아ㅡ, 개천(開天)의 뜻도 모르고 국조를 단군이라는 지도자들!

이래ㅡ도 우린 지도자부터 **천손의 꿈?** 아ㅡ무 **관심이 없지요!**

그래서 **무궁화를** 패어 **없앴듯,** 아무것도 모르면서 봉황을 없애려 했습니다. 지금 차이나의 골통품상가에선 용의 나라에서 해를 물고 있는 봉황(닭)이 있는 '금동백제대향로'가 **지나의 유물로** 둔갑하고 지나의 마지막 왕조 청국(淸國)은 우리의 **봉황마저 집어가 중화민국의 휘장으로** 만들어 버렸는데도 쓰라린 아픔은커녕…?

청와대와 대통령이 나서서 **위대한 역사와 문화를 박멸**하네요. IMF의 영광을 씌어준 김OO이 대통령이 되더니 관에서 **봉황이 사라지고** 이OO의 대통령 취임식 때엔 봉황 대신 '**천사의 나팔**'이 보이면서 **청와대 봉황 엠블렘의 제거를 고려**한다는 소문이 돌아 얼마나 마음들을 졸이고 가슴이 탔었는지, 아, 제 것을 모르는 무서움이여!

심지어 차이나의 〈동북공정〉에 나라역사를 지키라고 국비를 지원받는 자들이 오히려 차이나측의 왜곡된 '**한사군**'에 동조하며 식민지역사로 만들어 세계에 배포하고 있으니…, 아, 그래서 우리의 역사를 '벽장에서 냄새나는, 썩어문드러진 시체'라고 합니다!

아, 온ㅡ통 좀비가 된 내 나라!

청 말기 국가앰블런휘장, 봉황, 청룡의 중화민국휘장, 청와대 음양태극 이미지의 원형 쌍봉황 출처: Wikipedia, 대통령취임식의 천사의 나팔 출처: 오두방정문화칼럼, 순한 토끼, 한반도 출처: 오버워치인벤, 호랑이로 외국에 소개하는 우리 영토 출처: prosthetic knowledge

왜냐하면요, 한국사람을 세상의 '보통사람'으로 격하시켰던 노○○ 때부터 어느 대통령도 **나라의 생일인 개천절(開天節) 행사에 한 번도 참석하지 않았기 때문이지요!** 제 조상의 역사를 종교 아래 두는 국가는 **없건만**, 독립국가라면서 **제 나라의 (최소한)연혁인 단기(檀紀)조차 부활시킬** 생각은 못하고 온통 **선거의 표를 의식하면서** 서기(西紀)를 쓰고 개천절행사에 참석하지 않는 자들이 이 땅의 대통령들이었으니 봉황과 용은커녕 지렁이도 못되는 것들! **이건 패륜이지요!**

이렇게 지도자부터 역사의 혼(魂)이 없고 교육자들은 '우리 조상은 **나약**하여 나라는 **보잘 것 없었고** 땅도 **작았다**'라고 암묵적으로 가르쳐 조용히 꾸겨져서 살아야 하는 국민을 만들고 말았고 그래서 배울수록 어른과 조상을 무시한다는 이상한 나라가 된 것이지요. **똑─똑─히 기억해** 나라를 바로 세우는 데 척도로 삼아야 할 것입니다!

현 인류의 신석기문명을 시작했기에, 우리나라를 **'한국'**(땅의 나라를 이끄는 하늘나라)이라 했고 평범한 건국이 아닌 **'개천'**(開天: 하늘을 엶, 사람의 세상을 엶)이라 했던 장쾌했던 역사를, 그래서 옛적 **문화대국으로 판을 짰던 '우리나라'의 대통령**이 전 세계의 소통령들의 왕(王. 天帝. King of kings) 그래서 임금(검 · 곰)님이라 불렀던 것을 몰라요!

스스로 국격(國格)을 낮추니 세계가 비웃는 것이지요.
세계의 석학이나 옆의 재팬이나 차이나의 식자층은 다─ 알고 있습니다. 그래서 장엄한 역사와 기(氣)가 두려워 일제는 **'토끼'** 모양이라 축소 · 왜곡했던 것인데, 이젠 **'토끼가 아닌 범'**으로 고쳐 집안에 걸어놓습니다. 단지 범으로 바뀐…, 같은 크기의 반도사관일 뿐…!

그래요. 우리의 지도자부터 깊고 **오묘한 문화를 알고 당당히 이해**한다면, 세계 어느 지도자도 **우리를 품격**(品格) **있게 대하고 존중해서** 힘든 외교문제도 격(格) 있게 해결할 수 있을 텐데…, 영어 좀 잘 한다고, 삼국지 많이 읽어 권모술수에 능해야 지도자가 되는 것쯤으로 쪼잔하게 생각하니, **외교는 구걸하러 다니는 것이 되고 정치는 큰 정신이 없어 국민을 실망시키는 것**이지요.

역사의식이 망실되면서 뺏기는 것이 **역사의 혼과 문화자산만**인 줄 아십니까? 남의 땅이 되어버린 대마도와 드넓은 만주땅, 지금 아무 주장도 못하고 있는 **서간도**(중국), **북간도**(중국), **동간도**(중국, 러시아)와 **연해주**(러시아) 땅들은 언제 찾을 것이며 기억도 희미한 **이어도**(거의 중국)며 **제7광구**(한·중·일 공동)며 **서해**(중국의 동해, 황해)는 물론, **동해**(일본해)며 **독도**(다케시마)며 다─ 지켜내야 하는데… ?

문제는 〈상해임시정부〉 시절의 '**우리나라 강토규정**'이었던 "대한민국의 강토(疆土: 북두칠성이 돌아 비추는 땅)는 대한(大韓: 거대한 '우리나라'를 이루었던 3한)의 고유한 판도로 한다." 라는 것을 1948년 **대한민국정부**가 수립되면서 "**대한민국 영토**(차지하고 있는 땅)**는 한반도**(압록강, 두만강 아래)**와 그 부속도서**(섬)**로 한다.**" 라고 헌법에, 그것도 '영토조항'(제3조)으로 규정함으로써 **우리의 고유판도**였던 간도와 만주땅마저도 스스로 포기했다는 것이지요.

청룡과 봉황의 혼을 잊고 **스스로 참새로 전락한 한국사람들!**

예비역 군인모임에서 〈국방인재개발원〉 원장 문병호 소장의 "미래 조국통일과 중공의 붕괴를 대비해서라도 **헌법의 잘못된 영토규정을 시급히 바꾸고 바른 역사혼과 문화의식에 눈을 떠** 선조의 고토인 강토를 회복해야 한다!" 라는 사자후에서~

우리 천손의 한(恨)과 빼앗긴 대륙의 봄을 봅니다.

그런데 **더 웃기는 것**은요! 피 흘려 항쟁했던 숭고한 3·1독립투쟁일 또는 3·1혁명을 마치 <u>어린애 운동회를 하듯 '3·1운동'</u>이라고 말하는, **아직까지도 재팬의 시각**을 벗어나지 못한 국민의식입니다! 〈대한민국 헌법전문〉조차도 "대한국민은 3·1운동**으로 건립된** 대한민국 임시정부의 법통과 … 어쩌구"

3·1절이 **백 번이 지난** 며칠 후, 心山 김창숙(金昌淑 1879~1962 영남 성주 東岡의 자손, 유학자, 독립항쟁가)의 외손을 만났습니다.

"을사늑약이 체결되자, **을사오적의 처형을 요구하는 상소**를 올리고 3·1독립항쟁이 발발하자, **전국유림대표들이 서명한 독립탄원서**를 〈파리만국평화회의〉에 보냈던 영남의 유학자 집안 출신이었지요.

그 후 상해로 건너가 **임정국무위원**으로 백범선생을 도와 광복투쟁 모금 등으로 애쓰시다 **체포된 뒤 뜻을 굽히지 않아** 일경의 고문으로 두 다리가 마비되어 앉은뱅이가 되고 **아들 둘은 모두 일제의 손에 죽었지만**, 100년이 지난 지금도 '**항쟁**'이라 말하지 않고 '삼일운동'이라 말하는 국민의 의식이 참으로 애달픕니다. 목숨을 걸고 세상을 바꾸려 했는데 **아직도 운동**이라고 스스로 폄하하고 있으니…!"

무저항주의로 독립을 주장한 인도의 간디에게도 세계는 '**비폭력투쟁**'이라 부르는데, 이제 최소한 '3·1혁명'이나 '3·1독립항(鬪)쟁'이라고 불러드리는 것이 숭고한 뜻과 희생에 **격**(格)**도 맞고** 지금 자유를 누리고 사는 **후손의 도리**라 생각합니다. 아ー무 생각 없이 살기에 우리의 세상이 흉흉해 지는 것은 아닐까?

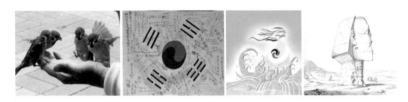

손바닥 위의 참새 출처: 구글, 광복군 서명이 들어간 태극기 출처: BBC뉴스, 인류 문화의 대모(大母), 한국의 시조모 마고 출처: *더 코어랑 표지, 코 없는 스핑크스 출처: 구글

지금 우리는 역사가 분탕되고 국론이 분열되어 **제 나라의 시조**(始祖: 첫 조상)**를 모시는 번듯한 '국조전'**(國祖殿) 하나 마련하지 못하고 있는 형편이지요. 요사이 '국조전 건립운동'이 벌어지고 있으나, 분명한 것은 시조를 단군이 아닌, '마고'(麻姑)로 해야 한다는 것입니다.

왜냐하면, **단군**은 가장 늦은 **중시조일 뿐이고, 단군으로는** 지나와 왜의 동북공정과 식민사관의 **왜곡의 논리를 극복할 수 없고** 나아가 우리나라의 참정체성과 첫 시조를 찾아낼 수 없기 때문이지요.

'마고의 역사를 버렸다'는 것은 한국인에게 **코가 없는 것!** 인류의 시원역사를 **내동댕이친** 것이요, 우리의 엄마를 **팔아버림**이며 그래서 **우리 겨레의 영혼이 쉴 집을 잃어버림**을 의미하는 것입니다. 지금 김소월의 詩 *개여울이 들려옵니다. "날마다 개여울에 나와 앉아서 하염없이 무엇을 생각합니다. 가도 아주 가지는 않노라심은 굳이 잊지 말라는 부탁인지요?"

집단수면 중인 한국, "주인님 늘 뜨세요!"

지금 한국인은 누가 말했듯 **더러운 잠**을 자고 있습니다. 스스로 천손의 명예를 버린 근세조선에 이어 **일제식민 35년**을 거치면서 눈 감고, 귀 막고, 입 막고 아무 생각 없이 살다가 **해**와 **알**도 옥(玉)도, 돌(石)도, **쇠**(金)와 **검**(劍)도, **지구의 주인이었던 공룡의 땅**도, **지구에서 가장 큰 동물인 고-래**도, **세상으로 퍼져나갔던** 용과 봉황, 대붕, 솟대도 직녀성과 북두칠성, 삼태성도 **다- 잊더니** 인류시원(core)문화국의 자부심인 '**한국**'도, '**배달**'도 한국인의 둥지 '**알씨의 나라**', '**물**(井)**의 나라 우리나라**'와 '**겨레**'란 뜻마저도 다- 잊게 된 것입니다.

그래서 왜, 마을마다 **솟대들**이 세워져 있었고 **인류최초의 유물과 인류시원의 영아기**(갓난아기)**의 문화**가 유독 많은지, 왜, 우리 땅을 여명(黎明: 어둠이 밝아오는)의 땅이라고 하는지, 왜, '인류의 문명이 동쪽에서 시작되었다'고 하는지, 왜, 우리말에는 **불**(火)**과 해**(sun)**와 알**(卵)**의 말들 투성이**고 **종교의 뿌리가 이 땅**에 있었다는 건지, 왜, 유별나게 '**홍익인간**'과 '**재세이화**'라는 말을 전해오는지… 싹- 다!

왜, **동 · 서언어의 뿌리라는 산스크리트**가 우리 조상님이 몇 만 년부터 써온 **한국의 토속향토어였다**고 하고 어찌하여 세계 각계의 석학들의 최후에 찾아오는 나라가 한국인지, 왜, 우리의 '**아리랑**'이 세계인의 가슴을 울리고 우리의 **애국가가 그렇게 장엄하게** 들리며 '**대한 사람 대한으로 길-이 보전하세**' 라는 가사가 **그토록 가슴을 사무치게 하는지**를…! 이제 모든 한국인이 알았으면 참, 좋겠습니다.

그리곤 마침내 저 황량한 산꼭대기 곤륜산맥과 천산산맥을 우리의
고향이었다고 우기다가 겨레의 시조며 문화의 엄마인 '마고'마저 잊
게 되면서 세상의 주인(core)도 겨레의 정체성도 다 사라져…!
아직 거대한 수면 중- !

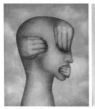

Rene Magritte의 작품 '고립'(프), 한국의 문(門) "깨우지 마시오!" 출처: zentrade, "썩어빠진
조선 아래서는 감히 버젓한 집을 가질 수 없었다." 윤치호 출처: 이자베라 · 버드(영)의 *조선
기행, R · A · 토레이 출처: 위키백과, 1000번째 수요일 김복동 할머니 출처: 여성가족부

목사로서, 그리고 교육자와 작가, 전도사로서 지대한 자취를 남긴
루벤 아처 토레이(R · A · Torrey 1856~1928)는 한국인에게 이렇게 조
언합니다. "내 생각에는, 한국인은 자신의 참 정체성에 대한 기억을
상실한 사람 같다는 인상을 나에게 준다. 지금 한국인에게 가장 시
급한 일은 **자신들이 누구인지**를 찾는 것이고, **자신의 정체성을** 되찾
는 것이다."(In my opinion, Koreans give me an impression like people
who lost their memories of their true identity. The most urgent task for
Koreans is to find who they are and to restore their identity.)

억-장이 무너지는 이 밤, 세계의 석학들의 말이 생각납니다.
"인간에게 있어서 가장 중요한 것은 **자기 자신을 아는 것이다!**" 자랑
스러운 **정체성을 완전히** 잊어버리고 온-통 집단적 정신질환에 걸린

대한민국! 그래서 위안부 피해 할머니의 말씀이 더욱 한(限)스럽게 들리는 밤이지요. "우째, 니들은 구-경만 하구 있노?" 이렇게 '역사의 혼불' 없이 살다 자식 또한 성장하면, 타인(他人)이 되고 말 것을…!

집-단-기-억-상-실-증에 걸린 한국!

그래서 당대의 석학 만해(卍海) 한용운은 이렇게 **침묵 속에 오열했**던 것입니다. "아, 님은 갔습니다. 사랑하는 나의 님은 갔습니다!" 지금 〈멍때리기 대회〉가 한국에서 시작되어 세계의 대회(4회)로 된 것조차 아이러니하지요. 지금 "이게 나라냐!"를 외치는 사람이 많아도 **정작 바뀌지 않는 것**은 이들조차 '나라는커녕 아리랑과 한국과 겨레와 배달의 뜻도 모르는 멍때리는 사람들'이기 때문입니다.

'I SEE YOU' (지금 당신을 봅니다!) 출처: 영화 아바타, '한국, 조용한 문화 초강대국' 2편
출처: BBC, 바다가 되어버린 억장! 남해와 서해 출처: 준돌님의 장사도

아, 엄청난 '**억장의 무너짐**' 속에서, 허물어진 배꼽을 뒤로 하고 한(恨)이 되어 세상을 떠돌다 **문명의 시원지도 잊고 자신의 깊은 역사와 문화를 몰랐던 것**은 아닐까? 그래서 공룡도 고래도 상상을 못하고 그저 손바닥 위의 참새(sparrow)가 되어 **주인으로서 큰 생각과 큰 그림**으로 볼 수 없었기에 **제 엄마마저 몰라보았던 것**이다.

"이제, 정신을 깨어 우리가 지켜야 할 나라입니다!"

인류의 대부분의 시기를, **문명 · 문화의 core**에서 **제왕의 품격**으로 전 세계의 엔진을 힘차게 돌려왔던 **위대했던 'CORE-A'!**

　그런데 지금 **대한민국의 거대한 코어는 동력을 잃고** 있다고 합니다. 왜냐하면, **대한민국**(CORE-A)**은 큰 정신**(얼)**으로 움직이는 나라**인데, 대한민국을 움직이는 큰 역사정신(魂)이 없기 때문이지요.

　이제 **시조어머니 마고**(신화와 역사)**를 찾아 마음의 평화**(Magoism)**와 천손**(天孫)**의 정체성과 자부심을 되찾아** '우리가 변두리문명이 결코 아닌 세상의 판(版)을 짰던 인류의 시원문명의 그(The) 주인이었고 우리 땅이 바로 지구의 그(The) 코어(core)였던 존재감'을 확인해야 합니다.

　중화주의와 식민사상의 고삐를 끊어내어 우리에게서 사라진 '우리'도, '소통'도, 서로에 대한 '비나리'(축복의 말)도 다시 찾아 굳어진 **한국인의 얼굴에** '신명과 품격'을 피게 해야 합니다.

　그래서 아름답고 강력한 코어문화의 동력으로 세상의 엔진을 돌렸던 **코리아나의 지구정신과 기개를 기억**하여 '팍스 코리아나'(Pax CORE-A-NA)**의 질서로 다시 한번 큰 판**(版)**을 짜 보는 것이** 어떻습니까?

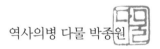

역사의병 다물 박종원

"잊지 않겠습니다. 우리의 뿌리를,
아픈 대한의 역사와 …함께 해 온 당신을!"

'한국인 자부심 더 코어랑'
참고문헌 / 참고논문
REFERENCES

"한 줄기 압록강을 넘어서면, 벌써 우리 땅은 아니다!
우리 조상이 살던 옛 강토가 남의 손에 들어간 지 얼마요.
이제 그 해독이 날로 심하니,
옛날이 그립고 오늘이 슬퍼 안타까움을 금할 길이 없다.

만일 하늘이 내게 장수를 누리게 한다면, 이 역사를 완성하게 되겠지만,
이 또한 국사를 완성하는 선구적 역할을 하는데 지나지 않을 것이다.

슬프다! 후세에 만일 이 책을 잡고 우는 사람이 있다면,
내 넋이라도 한없이 기뻐하리라."

숙종 원년(1674) 삼월 상순,
북애노인의 *규원사화 서문

참고문헌

- 팍스 몽골리카 박윤 김영사 1996.6.30
- 관념의 모험(Adventures of Ideas) White Head 오영환 역 한길사 1996
- 산스크리트 영어 옥스포드 사전(1904) Sir William Jones
- 애급어(Egyptian Language) E. A 월리스 버지 경 1910
- 기자의 피라미드와 신전들 플린더스 페트리에 경 1880~1882
- SARUM Edward Rutherfurd ・ARROW
- 과정과 실재 White Head 오영환 역 민음사 2003.10.2
- 자아폭발(The Fall) 스티브 테일러 다른 세상 2011.9.30
- 25時 C. V. 게오르규우(Gheorghiu) 김송 역 동아문화사 1952
- 신의 봉인 그래이엄 핸콕(Graham Hancock) 까치 2004.2.5
- 단군문화기행 박성수 석필 2009.5.5 −고조선문명의 사회사 신용하 지식산업사 2018.8.1
- 고조선의 天符印 백부영, 백덕기 도서출판 영 2019.2.15
- 한국고대역사지리 구자일 북캠프 2005.4.23
- 중국사전사화(中國史前史話) 서량지 1943.10
- 산해경 이중재 역 아세아문화사 200011.10
- 황제내경 정종한 역 의성당 2010.12.20
- 영혼의 새 사라 넬슨(Sarah M. Nelson) 이광표 역 동방미디어 2002.12.1
- 고인돌과 거석문화 변광현 미리내 2000.8.25
- 검의 기원 변광현 미리내 2002.10.30
- 무당내력 해제 서대석 무당내력 영인본, 서울대학교 규장각 1996
- 한국인의 정신적 고향 이어령 삼성출판사 1968.11.30
- 흙 속에 저 바람 속에(이것이 한국이다) 이어령 갑인출판사 1984.1.1
- 한국인의 신화 이어령 서문당 1996.7.31
- 한국인 이야기(너 어디서 왔니) 이어령 파람북 2020.2.12
- 한국고대문화의 비밀 이형구 새녘출판사 2012.12.27
- 우리 문화의 수수께끼 주강현 한겨레신문사 1996.6.13
- 한국 · 수메르 · 이스라엘 역사 문정창 한뿌리 2008.10.30

- 우리 민족의 대이동 손성태 코리 2014.8.1
- 서양 고대 101가지 이야기 슈테판 레베니히 성원book 2006.12.4
- 단군의 나라 카자흐스탄 김정민 글로벌콘텐츠 2016.4.15
- 나는 박물관 간다 오동석 · 김용호 상생출판 2018.3.20
- 처음으로 밝혀진 한민족사 이중재 명문당 1990.9.27
- 서양문화사 민석홍 · 나종일 서울대학교 출판부 1985.8.25
- 조선古語사전 실담어주역사전 강상원 조선세종태학원 2002.6.14
- 우리말 어원사전 김민수 태학사 1997
- 우리말과 한겨레 박영홍 백양사 2010.10.9
- 민족의 뿌리 최재충 한민족 1985.1.5
- 금문의 비밀 김대성 책사랑 2002.2.28
- 우리 문화를 찾아서 중앙공무원 교육원 1993.9
- 불함문화론 최남선 정재승 · 이주현 역주 우리역사연구재단 2008.12.12
- 한국인에게 역사는 있는가 김종윤 바움 2009.6.30
- 한국인만 모르는 다른 대한민국 Emanuel Pastreich 21C북스 2013. 8.16
- 한국의 놀이 Stewart Culin 윤광봉 역 열화당 2003.1.20
- 마고의 세계 노중평 · 박경중 수서원 2013.1.25
- The Mago Way 김황 혜숙 2015
- 유적에 나타난 북두칠성 노중평 백영사 1997
- 역사는 수메르에서 시작되었다 Samuel Kramer 박성식 역 가람기획 2018.3.30
- 한국방언자료집 한국정신문화연구원 1987.5.25
- 한단고기 계연수 임승국 주역 정신세계사 1986.5.10
- 통곡하는 민족혼 안원전 대원출판 1989.2.28
- 맥이 박문기 정신세계사 1999.4.8
- 설문해자 조옥구 역 브라운힐 2015.10.25
- 삼국지 위지동이전 진수 도디드 출판
- 사기(史記) 사마천 소준섭 역 서해문집 2008.11.10
- 한서10 반고 진기환 역 명문당 2017.9.15
- 논어(論語) 이가원 감수 홍산문화사 1999.4.30
- 예기(禮記) 이상옥 명문당 2018.7.4

- 고금주(古今注) 김장환 역 지식을만드는지식 2001.2.28
- 고조선은 대륙의 지배자였다 이덕일 · 김병기 역사의 아침 2006.11.30
- 겨레의 얼을 찾아서 박정학 백암 2007.3.5
- 신토불이 우리 문화유산 이종호 지음 한문화 멀티미디어 2003.1.9
- 세계최고의 우리 문화유산 이종호 컬처라인 2001. 2.28
- 한국의 7대 불가사의 이종호 역사의 아침 2008.10.10.
- 하늘의 역사 박석재 동아엠앤비 2019.8.15
- 한국의 전통과학 천문학 박창범 이화여자대학교 출판부 2007
- 고조선 력사개관 허종호 외 사회과학원 출판사 중심 2001.3.5
- 제왕운기 이승휴 신종원 세창출판사 2019.11.27
- 제왕일화 이상비 우성출판서 1970.11.26
- 부도지 박제상 김은수 역 한문화 2012.2
- 규원사화 북애자 고동영 역 흔뿌리 2005.1.30
- 흠정만주원류고 淸의 한림원 남주성 역주 글모아출판 2010.4.30
- 한국무속인열전 서정범 우석출판사 2002.12.15
- 단군세기 이암 (재)홍익인간재단 2017.12.28
- 신단민사 김교헌 고동영 주역 한뿌리 1986.6.10
- 신단실기 김교헌 이민수 한뿌리 1986.5.20
- 행촌선생연구총서 제1집 (사)행촌학술문화진흥원 2003.2.20
- 조선상고문화사 신채호 박기봉 옮김 비봉출판사 2007.3.5
- 중국사학입문 하계군 조관희 옮김 고려원문화총서 1989.1.20
- 일본설화선 전대석 역 경서원 2000.8.5
- 중국신화전설 위앤커, 전인초 · 김선자 역 민음사 1999 – 한국인의 신화 한상수 문음사 1980
- 오주연문장전산고 이규경 규장각
- 고구려의 그 많던 수레는 다 어디로 갔을까 김용만 바다출판사 1999.11.27
- 고구려는 천자의 제국이었다 이덕일 김병기 역사의 아침 2007.8.25
- 고구려 왕조실록 박영규 웅진닷컴 1997.6.25
- 고구려 전란사 (사)상고사학회 2005.5.25
- 잃어버린 백제 김용필 청어 2007.6.10
- 중국진출 백제인의 해상활동 천오백년 김성호 맑은소리 1996.3.1

- 삼국사기 김부식 김종권 역 광조출판사 1974.8.30
- 삼국유사 일연 이민수 주역 을유문화사 1975.2.20
- 삼국유사 일연 리상호 옮김 북한사회과학원 민족고전연구소. 까치글방 1999.5.10
- 젊은이여 한국을 이야기하자 이어령 문학사상 2009.1.15
- 가위바위보 문명론 이어령 허숙 주역 마로니에북스 2015.7
- 한국근대사상가 선집 신채호 안병직 편 한길사 1979.12.25
- 화교유태인 교포 그들은 누구인가 이구홍 성안당 2010.7.26
- 친일파 99인 반민족연구소 1993.3.25

참고논문

- 민속학술자료총서, 민속공예1 도서출판 터 우리마당 2001.11.30
- 민속학술자료총서, 장승신앙1 도서출판 터 우리마당 2001.11.30
- 고구려벽화고분 보존실태 조사보고서 남북공동 남북역사학협의회. 국립문화재연구소, 중앙문화인쇄 2006.9.28
- 한국고대무기체계 육군본부 1979
- 한국무기발달사 국방부 서울 군사편찬연구소 1994
- 마조신앙의 국가공인화 과정과 의미 李有鎭 중국어문학연구회 2011
- 한·중 해신신앙의 성격과 전파 金仁喜 한국민속학회 2001
- 중국의 마조신화(媽祖) 유채원 대구사학회 2019
- 한반도 소재 媽祖 문물과 현황 朴現圭 한국역사민속학회 2015
- 신모신화연구 김준기 경희대 박사학위논문 1995
- 마고할미 설화에 나타난 여성신 관념 강진옥 한국민속학회 1993

"잊지 않겠습니다. 우리의 뿌리를,
아픈 대한의 역사와 …함께 해 온 당신을!"

한국인 자부심

더 코어랑

초판 1쇄 발행 2020년 05월 05일
개정판 1쇄 발행 2022년 03월 01일
지은이 박종원

펴낸이 김양수
펴낸곳 도서출판 맑은샘
출판등록 제2012-000035
주소 경기도 고양시 일산서구 중앙로 1456 서현프라자 604호
전화 031) 906-5006
팩스 031) 906-5079
홈페이지 www.booksam.kr
블로그 http://blog.naver.com/okbook1234
이메일 okbook1234@naver.com

ISBN 979-11-5778-537-7 (04910)
　　　　979-11-5778-533-9 (SET)

* 이 책은 저작권법에 의해 보호를 받는 저작물이므로 무단전재와 무단복제를 금지하며, 이 책 내용의 전부 또는 일부를 이용하려면 반드시 저작권자와 도서출판 맑은샘의 서면동의를 받아야 합니다.

* 파손된 책은 구입처에서 교환해 드립니다.　　　* 책값은 뒤표지에 있습니다.